3rd Edition

Doing Research with Children
A Practical Guide

Anne Greig   Jayne Taylor   Tommy MacKay

如何做儿童研究

[英]安妮·格雷格 [英]杰恩·泰勒 [英]汤米·麦凯 著

郭力平 邹雪城 张晓娜 译

上海教育出版社
SHANGHAI EDUCATIONAL
PUBLISHING HOUSE

图书在版编目(CIP)数据

如何做儿童研究 / (英)安妮·格雷格,(英)杰恩
·泰勒,(英)汤米·麦凯著;郭力平,邹雪城,张晓娜
译. —上海:上海教育出版社,2019.10
(儿童研究系列)
ISBN 978-7-5444-9424-3

Ⅰ.①如… Ⅱ.①安…②杰…③汤…④郭…⑤邹
…⑥张… Ⅲ.①儿童教育-研究 Ⅳ.①G61

中国版本图书馆 CIP 数据核字(2019)第 231988 号

责任编辑　王　蕾　谢冬华
封面设计　郑　艺

儿童研究系列

如何做儿童研究
[英]安妮·格雷格　[英]杰恩·泰勒　[英]汤米·麦凯　著
郭力平　邹雪城　张晓娜　译

出版发行　上海教育出版社有限公司
官　　网　www.seph.com.cn
地　　址　上海永福路 123 号
邮　　编　200031
印　　刷　启东市人民印刷有限公司
开　　本　700×1000　1/16　印张 20.75
字　　数　315 千字
版　　次　2019 年 10 月第 1 版
印　　次　2019 年 10 月第 1 次印刷
书　　号　ISBN 978-7-5444-9424-3/B·0166
定　　价　69.00 元

如发现质量问题,读者可向本社调换　　电话:021-64377165

目　　录

第一部分　儿童研究中儿童的特殊性：理论与取向

第二部分　做儿童研究：评价、设计和开展儿童研究

第三部分　特 殊 议 题

第一部分

儿童研究中儿童的特殊性：
理论与取向

第一章
研究与儿童：一种特殊的关系

本章目标：

- 介绍儿童研究的特点以及儿童研究不同于成人研究的原因。
- 探讨研究技能获取过程中的培训和教育问题。
- 了解儿童研究的主要主题。

将生理特征相似的两个儿童放在不同的环境中抚养，他们的行为、体格、动机和成就肯定会有所不同。抚养两个生理特征不同的儿童，给他们相似的机会和经历，他们也会有所不同。正是这些令人费解的现象，促使生物学、教育学、健康学、心理学和社会学领域的学者从事儿童研究，理解儿童行为的成因。过去一百多年建立的知识体系，对作为研究对象的儿童的思想和行为有着惊人的洞察。今天，作为儿童工作者，我们非常感激那些兢兢业业的学者，正是他们花费毕生精力探索和研究，才使我们能够更好地理解儿童，进而更有效率地工作。

我们在写本书第一版时目的明确，即确保 20 世纪 90 年代及以后不会被视为儿童研究停滞的时期。我们写第二版和第三版的目的也是一样的。我们所做的研究表明，这并不是毫无根据的目的。在 20 世纪的许多时期，知识的获取似乎受到限制，而在其他时期，知识的获取获得了惊人的动力。我们将在本章概述一些主要的研究主题。对我们拥有的知识心存感激固然重要，但是与此同时，我们必须确保自己不断向前迈进，不断探寻新的知识，以及不断追求对知识更深层次的理解。

获取知识的方式有很多，无论我们在哪个领域工作，最重要的获取知识的方式是培训。我们承认，很少有读者会以纯粹的研究为生，但我们也认识到，无论是刚接受培训的专业人员，还是具有一定资历的专业人员，都需要具备良好的从事研究与应用的知识。本书是一本关于从事研究与应用的书，因而在本质上，它是一本实用的书。本书专门写给两类专业人员：一是正从事或打算从事儿童工作的专业人员；二是将儿童研究作为教育的一部分或将儿童研究（即使是非常小规模的）作为职业生涯一部分的专业人员。

本书的实用性还在于，它认识到这一事实：我们将在进一步追求知识的过程中研究儿童。儿童不存在于真空中，他们的生活自然是复杂的。如果儿童长大成年，就必须具备现代生活所必需的技能和行为。因此我们认识到，在研究培训中必须关注影响发展和行为的许多变量，从整体上看待儿童和儿童的环境。我们已经在生物学、教育学、健康学、心理学和社会学领域进行过关于研究的讨论和对儿童参与者的思考。我们明确认识到，儿童是特殊的，那么儿童研究和儿童研究培训也一定是特殊的。

不仅儿童是特殊的，儿童的社会地位也是非常特殊的。虽然一些研究为获得对儿童的理解，让儿童做一些和遭受一些令人震惊的事情，但是大多数研究还是遵循正确的伦理原则，谨慎开展的。我们将在第十章重点讨论儿童研究伦理这一主题，但在开篇，我们应先肯定儿童在当代社会所处的特殊地位。但是情况并不总是如此，至少在研究儿童保育的历史观点时留下的印象是这样的。正如我们将在本章讨论的，今天的儿童拥有大家普遍享有的权利，这些权利得到广泛尊重，在大多数西方社会也受立法监督。

儿童是特殊的

正如前文所述，儿童是非常特殊的。但是对我们所谓的特殊作出界定是一项复杂而困难的任务。我们所谓的特殊可能是，儿童不同于我们所知道的控制和描述世界的成人，也可能是儿童是我们物种存在的必需，还可能是儿童是一个谜——对于儿童我们不了解的事情太多，因此他们令我们感到困惑。除此之外，还有可能以上原因都不是或以上原因都有可能。从圣经时代至今，非常明显的一点是，我们在不同程度上将儿童作为特殊生物单独挑选出来，并给予特殊考虑。我们将儿童视作对生命的外在庆祝、下一代以及人类的未来。儿童最终也会长大成人，这也许能让我们进一步了解他们被视作特殊的原因。学校历史课本中的著名人物以及臭名昭著的人物都曾是儿童，这让我们想知道，为什么他们是以这样的方式发展起来的。有时，我们可以回顾一些成年人（包括我们自己）的童年经历，以及我们认为可以解释一个成年人为何会变成这样的关键事件或经历，但通常很难找到线索，留给我们的只有疑惑。

特殊与非常特殊

本书的目的不是详细阐述儿童的社会地位，因为许多书已经对此有充分地阐述。但是，因为进行儿童研究是本书的重点，所以我们必须花一些时间观察社会中的儿童，这样才能探索更广泛的研究背景。

人们生孩子的原因有很多。有的人将孩子视作有价值的财产（Agiobu-Kemmer，1992），有的人将孩子视作成年人晚年生活的保障，有的人将孩子视作生育能力的标志，还有一些人生孩子是因为不相信安全避孕工具的使用效果或无法获得安全的避孕工具。一些宗教规定，结婚的目的是生育。事实上，在17世纪的英国，没有孩子甚至被视为犯罪（Fraser，1985）。在宏观层面，任何社会都必须确保能够繁衍才能存在。而在个人层面，许多文化认为，成年人最终都将结婚生子。

不管人们是有目的地还是无奈地生孩子，孩子一旦出生便受法律保护，享有一定的权利。儿童享有基本的生命权，杀害儿童会受到最严厉的惩罚。而儿童也有权受到保护，免受伤害和忽视，有权上学和接受教育。正如我们将在后续各章所讨论的，在英国，英格兰和威尔士分别于1989年和2004年颁布了《儿童法案》（Children Acts），苏格兰和北爱尔兰的类似法律以及若干宪章，包括《儿童权

利公约》(Convention on the Rights of the Child)，都详细阐述了儿童的权利
(United Nations Children's Fund，1989)。但是这些只是社会应赋予儿童的最
基本的权利。对于大多数父母和社会人士来说，儿童是他们的未来，他们努力确
保下一代不重蹈覆辙。父母都希望自己的孩子能够拥有自己未曾拥有的东西，
他们希望孩子获得更多的机会，遇到更少的困难，取得更大的成功，等等。

　　为确保儿童实现社会对他们的期望，我们必须对每一代人进行分析和评估，
并采取措施纠正过去的错误。我们必须了解儿童，了解他们是如何发展的，了解
有哪些因素不利于他们发展，哪些因素能促进他们获得最佳的发展。了解这些，
是过去、现在和未来儿童研究的动力，是儿童研究跨越专业界限的动力。尽管生
物学家、教育学家、遗传学家、心理学家和社会学家在哲学观、研究传统以及研究
方法上存在差异，但他们都在为更好地理解儿童而奋斗，这点是相同的。

　　儿童在社会中占有特殊的地位，如果我们接受这一观点，我们就必须认识
到，由于各种原因，许多儿童比一般儿童更特殊。这些儿童不同于同龄人：有的
拥有非凡的天赋，有的存在躯体或心理功能障碍，有的特别容易受到伤害，等等。
无论是过去还是现在，这些儿童都是大量研究活动的焦点，这些研究活动旨在发
现儿童存在差异的原因以及这些差异对他们现在和未来发展的影响。在此，我
们应该强调的是，所有儿童享有平等的权利，研究者和专业人员对所有儿童的责
任至少要保持相同。正如我们将在下一部分讨论的，在许多情况下，对这些非常
特殊的儿童进行研究需要更多的培训。平衡儿童参与研究活动的需要和保护非
常脆弱的儿童的需要，对研究者来说是一个特别的挑战。我们将在第九章和第
十章更详细地讨论这一内容。

特殊的但不是新的

　　新一代很容易掉进对过去作假设的陷阱。专业人员一般会在培训中学习专
业史，而历史上对待儿童的方式令他们感到恐惧。例如，过去，在儿童住院期间，
为防止父母扰乱患儿心情，医院分离患儿和父母。又如，学校为实现儿童的道德
发展惩罚儿童。在此，我们要认识到的重要一点是，这些事情的发生并不是因为

专业人员没有将儿童特殊看待，而是恰恰相反。一般的做法只有在遭受质疑后才会发生改变，否则会永远止于现状。毫无疑问，我们自己的专业做法在未来几年里也将遭受质疑，因此我们不应认为自己高人一等。我们只能确保自己尽力质疑我们所有的做法，并尽力将我们的做法建立在可靠的研究和证据之上。这涉及两种不同但相关的观点。首先，所有专业人员都有责任确保自己了解当下的研究，能合理地解释研究，将可靠的研究运用于实践。这将在第四章详细讨论。其次，我们都应该不断地提出问题，在缺乏研究的领域，鼓励调查研究（详见第二章）。这可能意味着我们需要自己进行研究或请他人进行研究并为其提供便利。但是，这些研究活动需要培训，尤其是在研究涉及儿童时（正如我们将在本书后续各章发现的），因为我们已经多次谈到儿童是特殊的。我们幸运地生活在一个非常重视"满足儿童需要"的时代。英国卫生部（Department of Health，2010，p.4）在一份出版物中明确指出："没有什么比为儿童做正确的事情更重要了。"

为研究而培训

随着所有的专业都在走向研究生学历，未来所有的专业人员在获得专业资格时都应接受一些研究培训。许多人将这视作提高初级培训项目学术期望的一个正向效益。

除了教育和护理这两个专业，绝大多数的儿童保育专业都要求专业人员在专门从事儿童工作之前先接受通识培训。通识培训旨在提供广泛的知识库。在许多情况下，通识培训也可以为专业人员提供与各种小组（包括不同年龄的小组）一起工作的"体验"。因此，通识培训往往是一般性的，很少考虑到儿童研究和成人研究的差别。但是，两者确实有非常重要的差别。正如我们已经谈到的，儿童既不是缩小版的成人，也不是孤立存在的个体。儿童期的社会和情感关系比人类生命中的任何时候都更容易受到影响，因此不容忽视。例如，如果不结合自然情境中的儿童研究，实验室情境中的儿童研究将限制对儿童的理解（Dunn，

1996；Greene & Hill，2005）。我们将在本书后面各章探讨这一内容。

将一般儿童的研究和特殊儿童的研究区分开来同样重要。由于各种原因，所有儿童都是脆弱的，有些儿童更为脆弱。正是儿童的这种差异，使得他们成为有吸引力和有趣的研究参与者，我们已经在许多方面将这些儿童单独挑选出来。但是，为避免公开强调差异和伤害特殊儿童，研究者需要掌握特殊的技能。这些技能包括了解儿童的特点，掌握关于知情同意等问题的知识以及对儿童的个体差异高度敏感。谢弗（Schaffer，1998）讨论了这一点，并对过去注重差异消极方面的做法提出质疑。质疑后的趋势是，不再调查儿童差异的消极方面，转而关注相似儿童的复原力，这是一个可喜的进展（Lewis & Kellett，2004）。

研究意识和研究技能

研究培训是一个比小规模调查或实验更宽泛的概念。我们在前文提到，研究培训也包括将研究运用于实践。与其他技能相比，这种技能可能更为重要。如果不能将研究运用于实践，那么一个具有良好研究基础的专业就没有存在的意义了。如果忽视研究并且不能将研究应用于实践，那么不仅浪费了大量的研究时间和研究经费，而且儿童及其家人得到的关照将继续比应得的少。

在许多情况下，一个专业的研究基础通常依赖于经验丰富的大学研究者，他们提出研究建议，随后实践者加以应用。我们将在第四章进一步探讨这一内容。而问题是，虽然研究意识和研究技能都是必需的，但对于大多数实践者来说，能够将研究应用于实践才是最重要的。实践应以证据为基础，但证据不应来自个人研究，而应来自对专业内外的研究及其实践应用的更为全面的了解。

小规模研究有何价值

尽管不像之前那么平常，但一些学生还是有机会在初级培训中开展一项小规模研究。将小规模研究作为培训的一部分，目的是让培训对象有机会在更有经验的研究者的监督下，亲身体验做研究的过程。小规模研究不太关注结果，更关注学习"做"研究的过程。

严谨和组织能力是优秀研究者所需的两大素养，亲身体验做研究的过程确实有助于提升我们对这两大素养的理解。在这个过程中，我们有机会看到整个研究的过程，尝试不同的方法、收集数据的工具、取样技术、分析和撰写报告等。

尽管小规模研究会导致知识泛化，无法取代大规模研究，但是在小规模研究中可以深入学习研究原则，这有助于专业人员在整个职业生涯中解决各种没有明确解决方案的问题。运用系统思维深入探究问题并想出一个基于证据的解决方案，是我们在做研究的过程中获得的一种具有持久价值的能力。事实上，做研究——不管规模多小——确实为我们提供了学习一系列技能的好机会，这些技能在整个职业生涯中都是有用的。

跨专业的研究技能

我们已经谈到儿童研究培训不同于成人研究培训。更复杂的问题是，儿童保育是一项涉及多个专业的活动，然而专业人员所受的教育多种多样，因此他们的研究观点也多种多样。从医生、药师青睐的偏向实证和演绎的方法，到社会科学家、护士及教师更加偏爱的质性和归纳的方法，大多数专业都有自己的研究传统（见第三章）。如果我们真的想要全面照顾儿童，进而研究儿童，采用跨专业的方法是非常重要的。这意味着，在当代实践中，专业人员不仅需要了解本专业的研究传统，还应该重视并了解其他专业的研究传统（Repko et al.，2012）。

在培训跨专业技能的过程中，要克服的一大障碍是一些专业在研究方法上所持的僵化和等级观念。殷（Yin，2008）讨论了这一问题并认为多元化是一种更恰当的研究方法观。我们应该以不同的方式应用各种研究方法，僵化只会阻碍创新。例如，殷认为，案例研究可以使用探索性、描述性和解释性的策略，正如实验（传统上被视为发现因果关系的唯一途径）具有探索动机一样。这里的重要问题是，研究一名儿童或一群儿童的实践问题，过程固然重要，但是结果也同样重要。对于"基层水平"的研究，只要研究过程严谨、系统，研究建议基于可靠有效的数据，具体采用哪种研究方法并不重要（进一步讨论见第五章）。

　　还有一个关于尊重特定专业群体研究传统的问题，这与殷（Yin，2008）的多元化观点有关。这在推动研究发展上发挥着极其重要的作用。无论是当代实践，还是当代研究，合作都是一个"流行词"，被视为是可取的，因为它促进了儿童工作中整体观的发展。尊重意味着理解和接纳，虽然两种观点存在差异，但这并不意味着一种观点的价值低于另一种观点。我们很容易产生自我中心的世界观并以自己的专业背景作为评判他人的理由。

　　但是，隧道的尽头有光。越来越多的教育项目，尤其是初级培训项目，都将共同学习融入课程，大师水平或更高水平的项目也是如此。在社会主流的驱动下，它可以发展得更好。伊恩·肯尼迪（Ian Kennedy，2010）在对儿童服务的审查中，讨论了发展共同课程和共同培训的必要性。他写道：

　　　　目的很明显。团队合作是现代医疗保健的核心特征。共同培训打破了走向专业孤立主义的文化倾向，也促进了专业对彼此角色和贡献的理解，为更全面地照顾儿童奠定基础。事实上，最终目标必须是从只关注单一的带有特定目标的专业单位和身份转向只关注儿童需要的结果。也就是说，工作应该转向从儿童开始，"我的存在是为了满足你的需要"，而不是从专业人员开始，"这是我作为一个专业人员应该做的"。（Kennedy，2010，p.102）

主要的研究主题

　　正如我们已经讨论过的，对于专业人员，能够通过研究推动专业和基于证据的实践向前发展是重要的。在某些方面，传统上存在的一些专业间的障碍和竞争很可能推动专业进步，尽管是以一种隐秘的方式。每个专业都有自尊，都不愿落后或被指责阻碍进步。正如我们将在下一部分讨论的，有证据表明，这种情况曾在过去发生过且产生的影响值得我们注意（Taylor & Woods，2005）。

11　　但显而易见的是，由于童年的复杂性，一个专业进行的有关童年某一方面的研究，不可避免会影响另一个专业或其他几个专业的实践。抵制专业间的影响和宣扬小团体主义（过去观察到的一种反应）不利于儿童、家庭和社会的发展，最终也不利于专业人员自己的发展。这既可能是专业停滞发展的原因之一，也可能是专业在过去某些时候似乎没有扩充或巩固现有知识库的原因之一。我们希望，随着对共同学习和共同培训的日益重视以及研究与实践合作的日益增强，未来不会出现抵制专业变革的事例，因为这对儿童是有害的。

在本章的开头，我们提到儿童知识发展的高峰和低谷，对此我们只能猜测原因。上文提到的专业抵制可能是一个原因。当一个专业孤立无援时，很难取得进步。解决内部冲突消耗了大量能量，因此研究变得不那么重要了。同理，当一个社会孤立无援或经历冲突时，同样的事情也会发生。20世纪经历了战争、经济的萧条和衰退、大规模的流行病以及政治变革，这一切无疑影响了研究前进的势头。毫无疑问，社会内部的冲突也会影响专业活动，因此我们很难解释研究停滞或研究发展的原因。研究活动是对专业问题和社会问题的反映，可以说这是正确的。研究是解决实际问题，20世纪和21世纪头十年的主要研究主题都与社会内部发生的变革有关。我们将在下面探讨其中的一些研究主题。显然，我们不能涵盖所有研究主题，只能提供少数例子来说明先前的讨论。这些例子集中在两个方面：第一，社会问题如何引发研究；第二，一个专业的研究如何影响其他专业的研究。

学习

在20世纪，学习是一个主要的研究领域，是我们关注的第一个研究主题。研究者试图从各个角度来研究儿童是如何学习的，从这类研究中获得的知识几乎影响了所有人，即使不是所有人，至少影响了从事儿童工作的专业人员。早期的学习研究大多局限于动物，例如，伊万·彼得罗维奇·巴甫洛夫（Ivan Petrovich Pavlov，1927）在对狗的研究中对被称为经典性条件作用的学习过程作出了界定，爱德华·李·桑代克（Edward Lee Thorndike）在对猫的研究中发现效果律（Carlson et al., 2010），伯尔赫斯·弗雷德里克·斯金纳（Burrhus Frederic Skinner，1938）在对鸽子和猫的研究中对被称为操作性条件作用的学

12

习过程作出了界定。这些理论在人的学习,特别是儿童学习中的应用值得我们注意,而且这些早期研究为进一步研究人的学习和人格奠定了基础。例如,班杜拉(Bandura,1977)将斯金纳的强化理论与自己的观点结合,创造了社会学习理论(和其他理论),这一理论和其他理论详见第二章。

学习心理学的研究不仅使自身得到更为广泛的应用,还推动其他与儿童保育相关的专业实践的发展。先是社会学家借鉴了这些理论,例如,埃佩尔(Eppel,1966)研究早期学习对后期道德行为的影响。然后,教育学家也使用学习理论(正如人们期望的)来指导课堂活动(Bruce,2004;Child,1997;Greenhow et al.,2009;Panton,1945;Raban et al.,2003)。此外,卫生保健专业人员,特别是参与儿童健康促进活动的专业人员(Davis et al.,2011;Klebanoff & Muramatsu,2002;Taylor & Thurtle,2005)也借用这些理论来支持自己的工作。

显然,在那时,一个专业的研究已经对其他专业的实践产生重大影响。同样有趣的是,我们注意到推动这项研究的大部分力量来自两次世界大战之前、之间和之后。猜测学习为什么会成为并始终是研究议程的重点也很有趣。这个领域证据的缺乏使得我们开始猜测(而不是假装知道一些或全部答案),可能是弗雷德里克·威廉·奥古斯特·福禄培尔(Friedrich Wilhelm August Fröbel)在德国的开创性工作(Woods,2005)引发了教育学家的一些行动,也可能是与其他发达国家的学术对比促使人们认为有必要确保儿童不落后,还可能是当时对青少年道德行为的关注。这样的猜测数不胜数。

青少年越轨、犯罪和道德

青少年的道德价值观和道德标准一直是研究者感兴趣的主题,也是我们关注的第二个研究主题。在 20 世纪 50 年代之前很长的一段时间里,人们对这个主题的关注显而易见。然而,在 20 世纪 50 年代和 20 世纪 60 年代,它成为一个爆炸性的主题和大量研究的焦点。越轨和犯罪是遗传影响的结果,还是环境影响的结果,抑或是两者共同影响的结果,存在很多猜测,而且特别强调增强早期环境变量对后期犯罪行为影响的认识。谢弗（Schaffer，1998）对存在异常行为而不是正常行为的青少年的特别描述是一个很好的例子。

同样，由于缺乏证据，我们只能对这一领域的活动为什么在这几十年里突然激增进行猜测。可能是出于对第二次世界大战期间或之后的青少年的关注，因为他们的青春期正处于"权力归花"（flower power）时期——一个与性自由、非法吸食毒品和质疑传统文化习俗有关的时期。也可能是社会尝试和需要在 20 世纪 60 年代找到青少年行为的原因，因为这些行为在之前的青少年身上很少出现。还有可能是社会希望将青少年道德沦丧的责任归咎于避孕药、电视、毒品、酒精或流行音乐等，从而撇清自己的责任。

无论原因是什么，正如我们已经谈到的，这一领域的研究产生了重大影响，不仅影响了教育学家、心理学家和社会学家，还影响了当时的专业实践。为满足一般读者的需要，许多研究以平装书形式出版，这也影响了媒体和舆论。其中值得我们注意的研究包括：关于青少年道德价值观与困境的研究（Eppel & Eppel，1966），莫尔斯（Morse，1965）有关 3 名社会工作者花费 3 年时间帮助经历不同程度家庭破裂的青少年走出困境的"无所依恋"研究，艾森克（Eysenck，1964）的"犯罪与人格"研究以及斯托尔（Storr，1964）关于童年期对之后反常性行为影响的探索研究。类似这样的研究还有很多。

家庭破裂问题，作为数百万儿童日常生活的一部分，虽然已不再是这一工作的关注焦点，但如今，青少年越轨、犯罪和道德问题依旧吸引着我们。同时，我们对文化差异、宗教对青少年道德的影响以及大规模移民的影响更感兴趣（Duriez & Soenens，2006；Rutland et al.，2010；Svensson et al.，2010；Wikström & Svensson，2010；Woods & Jagers，2003）。

儿童的关系

我们关注的第三个研究主题是儿童与父母的关系，特别是与父母"不寻常"的关系及其对儿童发展的影响。这一主题在 20 世纪早期的文学作品中极为常见，但是直到鲍尔比（Bowlby，1951）大胆宣称，早期的关爱关系对日后爱的能力的发展至关重要这一观点后,该主题才成为研究议程的重点(该理论以及其他有关情感和关系的理论详见第二章)。鲍尔比的研究产生了极大的影响。世界卫生组织专家委员会(World Health Organization Expert Committee,1951)宣称,婴幼儿看护所和托儿所的增加将对后代情感的发展造成永久性伤害。

我们在前文对研究的原因进行了猜测,在这里,我们也将继续这么做。猜测研究该主题的原因并不难。第二次世界大战后的经济环境致使政府鼓励妇女重返家庭,这样从战争回来的男人就可以找到工作,而在战争年代,这些工作由妇女承担。

在鲍尔比发表研究后的几年里,人们进行了大量研究,试图证实或推翻鲍尔比的观点。这些研究包括安斯沃思等人(Ainsworth et al.,1978)的安全依恋和不安全依恋研究,纽森(Newson,1963)的婴儿养育模式研究,斯特恩(Stern,1977)的母婴关系研究以及罗伯逊夫妇(Robertson & Robertson,1989)的分离研究。

然而,这一领域的研究并没有就此结束。心理学家通过研究,批判分离患儿和父母的做法,但起初护理专业是忽视这些研究的。道格拉斯(Douglas,1975)和霍索恩(Hawthorn,1974)在其发表的研究中强调,分离患儿和父母会对患儿产生直接和潜在的长期影响。最终,英国全国医院儿童福利协会(National Association for the Welfare of Children in Hospital,NAWCH),通过一场有组织的运动,即"患儿行动"(Action for Sick Children),改变了医院的做法。但直到这些研究发表数年后,这些做法才有了大规模的改变。

在过去三十年中,该领域的研究重点已转变为离婚对儿童的影响,以及生活在单亲家庭和重组家庭对儿童的影响。英国 2001 年人口普查结果显示,22% 的儿童生活在单亲家庭中(Office for National Statistics,2003),2012 年普查结果显示,24% 的儿童生活在单亲家庭中,百分比上升了。邓恩(Dunn,2004)、邓恩和迪特-戴卡德(Dunn & Deater-Deckard,2001)、圭杜巴尔迪等人(Guidubaldi et al.,1986)、赫瑟林顿和斯坦利-哈根(Hetherington & Stanley-Hagan,1999)、赫瑟林顿等人(Hetherington et al.,1979,1985)以及库尔卡和温加滕(Kulka &

Weingarten，1979)的研究，虽然难以得出一般性的结论，但都强调了影响儿童在不同情况下如何受影响的重要变量。显然，这是另一个通过研究反映当代社会问题的例子——离婚率与该领域研究活动的数量呈正相关。

在过去十年里，随着实践的变化，研究重点再次发生转变。例如，由于母亲工作和离婚而经历保育的儿童是如此常见，所以将这些儿童单独挑选出来，研究保育对儿童发展的影响，当然也不足为奇。随后，研究重点再次随着社会问题的变化而变化。例如，很多研究都在关注多种族家庭生活（Crawford & Alaggia，2008；Song，2010；Wright et al.，2003）以及移民（Madianou & Miller，2011；Wong et al.，2010)等问题。

儿童健康和疾病

我们将重点讨论的最后一个主题与儿童健康及这一领域的研究有关。儿童的健康和幸福一直是研究关注的焦点，有的研究曾错误地假设，过去人们生活在大家庭中，希望自己的一些孩子去世，因此一个孩子的死亡在某种程度上无关紧要。死亡和疾病确实有着重要的关系。在20世纪前十年，每一千名儿童仍有一百多名在一岁之前死亡。这一事实意味着，依然在世的老人可以证明兄弟姐妹死亡带来的痛苦。肺结核、霍乱、伤寒、白喉等传染病在当时流行并在社区中传播，通常能在几天或几周内夺走数位家人的生命。

20世纪取得了重大进展。抗生素的发现，大规模疫苗的引进以及1948年英国国民医疗服务体系（National Health Service，NHS)的建立，儿童的死亡率和发病率大规模下降。但是，目前这一领域的研究再次成为社会关注的焦点。当儿童死于传染病时，研究的重点是治疗和预防。在20世纪80年代末90年代初，婴儿死亡的主要原因是婴儿猝死（sudden infant death，SID)，于是研究者将注意力转向这一领域。作为研究的一个结果（例如可见婴儿死亡研究基金会网站)，儿童保育的做法已发生变化，包括让婴儿仰着睡，把婴儿的脚放在床尾附近以防滑落，选择最佳室温以及禁止在婴儿附近吸烟等。

作为对儿童保育方面社会问题的直接回应，进一步的研究以带有人体免疫缺陷病毒(human immunodeficiency virus，HIV)和患有获得性免疫缺陷综合征(acquired immune deficiency syndrome，AIDS)相关疾病的儿童和家人为研究对象。当人们第一次发现儿童被人体免疫缺陷病毒，即艾滋病病毒感染和侵袭，特别是被污染的血液和血液产品感染时，研究的重点往往是感染率。后来，研究更多地集中在预防感染和治疗被感染和侵袭的儿童的方法上（Miller et al.，2006；Stine，1997）。研究不仅限于从事医学研究的医生，还扩大到教育学、心理学和社会学领域的研究者，他们通过各种视角研究艾滋病病毒和艾滋病的影响，进一步扩充自己专业和其他专业的知识体系（Bauman et al.，2002；Goodwin et al.，2004；Richter et al.，2009；Scanlan，2010）。

　　儿童健康是主要的研究主题的最后一个简单的例子。正如我们开头谈到的，我们既不可能对所有的儿童研究领域一视同仁，也不会尝试这么做。举这些例子，目的是让我们了解儿童研究是如何开展的，并强调儿童研究如何反映以及应该如何反映社会问题。我们不仅在例子中特别研究了文化、移民等问题对研究议程的影响，还通过例子来说明一个领域的研究将如何影响其他领域的研究，由此导致一系列研究虽然有相似的研究主题，但都有其独特的方法和观点。

本 章 小 结

　　对一个专业的健康而言，研究至关重要，研究同样也反映了一个专业的健康状况。正如我们在过去几十年里看到的，在一些时期，研究可能会停止发展，无法增加或扩大现有知识库。可是，在其他时期，一个特定的研究主题会从社会中萌发并引发研究者的想象。在这些时期，许多专业的研究者会就同一研究主题的不同方面进行单独研究或合作研究。只有这样，专业才能真正进步。

　　研究不仅对一个专业的健康至关重要，而且对这个专业服务的客户群体，在这里指的是儿童及其家人，也非常重要。本书将在后面详细阐述研究对我们所选择的客户群体，一个需要特殊考虑的特殊群体的重要意义。

参 考 文 献

Agiobu-Kemmer，I. S. (1992). *Child survival and child development in Africa*. *Bernard van Leer studies and evaluation papers 6*. The Hague：Bernard van Leer Foundation.

Ainsworth，M. D. S.，Blehar，M. C.，Waters，C. C. E.，& Wall，S. (1978). *Patterns of attachment: A psychological study of the strange situation*. Hillsdale，NJ：Erlbaum.

Bandura，A. (1977). *Social learning theory*. Englewood Cliffs，NJ：Prentice Hall.

Bauman，L. J.，Camacho，S.，Silver，E. J.，Hudis，J.，& Draimin，B. (2002). Behavioral problems in school-aged children of mothers with HIV/AIDS. *Clinical Child Psychology and Psychiatry*，*7* (1)，39 – 54.

Bowlby，J. (1951). *Maternal care and mental health*. Geneva：World Health Organization.　　17

Bruce，T. (2004). *Developing learning in early childhood*. London：Paul Chapman Publishing.

Carlson，N. R.，Miller，H. L.，Heth，D. S.，Donahoe，J. W.，& Martin，N. G. (2010). *Psychology: The science of behavior* (7th ed.). Boston：Pearson.

Child，D. (1997). *Psychology and the teacher*. London：Continuum International Publishing Group Ltd.

Crawford，S. E.，& Alaggia，R. (2008). The best of both worlds? Family influences on mixed race youth identity development. *Qualitative Social Work*，*7* (1)，81 – 98.

Davis，D. S.，Goldmon，M. V.，& Coker-Appiah，D. S. (2011). Using a community-based participation research approach to develop a faith-based obesity intervention for African American children. *Health Promotion Practice*，*12* (6)，811 – 822.

Department of Health. (2010). *Achieving equity and excellence for children: How liberating the NHS will help us meet the needs of children and young people*. London：Department of Health.

Douglas，J. W. (1975). Early hospital admission and later disturbances of behaviour and learning. *Developmental Medicine and Child Neurology*，*17*(4)，456 – 480.

Dunn，J. (1996). The Emanuel Miller Memorial Lecture 1995. Children's relationships：Bridging the divide between cognitive and social development. *Journal of Child Psychology and Psychiatry*，*37*(5)，507 – 518.

Dunn，J. (2004). Annotation：Children's relationships with their non-resident fathers. *Journal of Child Psychology and Psychiatry, and Allied Disciplines*，*45*(4)，659 – 671.

Dunn，J.，& Deater-Deckard，K. (2001). *Children views of their changing families*. York：Joseph Rowntree Foundation.

Duriez，B.，& Soenens，B. (2006). Religiosity，moral attitudes and moral competence：A critical investigation of the religiosity-morality relation. *International Journal of Behavioral Development*，*30*(1)，76 – 83.

Eppel，E. M.，& Eppel，M. (1966). *Adolescents and morality: A study of some moral values and dilemmas of working with adolescents in the context of a changing climate of opinion*. London: Routledge and Kegan Paul.

Eysenck, H. J. (1964). *Crime and personality*. London: Paladin.

Foundation for the study of infant deaths. Retrieved February 15, 2012, from the World Wide Web: http://www.fsid.org.uk.

Fraser, A. (1985). *The weaker vessel: Woman's lot in seventeenth-century England*. London: Methuen.

Goodwin, R., Kozlova, A., Nizharadze, G., & Polyakova, G. (2004). HIV/AIDS among adolescents in Eastern Europe: Knowledge of HIV/AIDS, social representations of risk and sexual activity among school children and homeless adolescents in Russia, Georgia and the Ukrain. *Journal of Health Psychology*, *9*(3), 381 – 396.

Greene, S., & Hill, M. (2005). Researching children's experience: Methods and methodological issues. In S. Greene & D. Hogan (Eds.), *Researching children's experiences: Approaches and methods* (pp. 1 – 21). London: Sage Publications Ltd.

Greenhow, C., Robelia, B., & Hughes, J. E. (2009). Learning, teaching and scholarship in a digital age. Web 2.0 and classroom research: What path should we take now? *Educational Researcher*, *38*(4), 246 – 259.

Guidubaldi, J., Cleminshaw, H. K., Perry, J. D., Nastasi, B. K., & Lightel, J. (1986). The role of selected family environment factors in children's post divorce adjustment. *Family Relation*, *35*(1), 141 – 151.

Hawthorn, P. (1974). *Nurse, I want my mummy*! London: Royal College of Nursing.

Hetherington, E. M., & Stanley-Hagan, M. (1999). The adjustment of children with divorced parents: A risk and resiliency perspective. *Journal of Child Psychology and Psychiatry, and Allied Disciplines*, *40*(1), 129 – 140.

Hetherington, E. M., Cox, M., & Cox, R. (1979). Play and social interaction in children following divorce. *Journal of Social Issues*, *35*(4), 26 – 49.

Hetherington, E. M., Cox, M., & Cox, R. (1985). Long-term effects of divorce and remarriage on the adjustment of children. *Journal of the American Academy of Child Psychiatry*, *24*(5), 518 – 530.

Husson, R. N., Comeau, A. M., & Hoff, R. (1990). Diagnosis of human immunodeficiency virus infection in infants and children. *Pediatrics*, *86*(1), 1 – 10.

Kennedy, I. (2010). *Getting it right for children and young people: Overcoming cultural barriers in the NHS so as to meet their needs*. London: Department of Health. Retrieved February 16, 2012, from the World Wide Web: http://www. dh. gov. uk/en/ Publicationsandstatistics/Publications/PublicationsPolicyAndGuidance/DH_119445.

Klebanoff, R., & Muramatsu, N. (2002). A community-based physical education and activity intervention for African American preadolescent girls: A strategy to reduce racial disparities in health. *Health Promotion Practice*, *3*(2), 276 – 285.

Kulka, R. A., & Weingarten, H. (1979). The long-term effects of parental divorce in childhood on adult adjustment. *Journal of Social Issues*, *35*(4), 50 – 78.

Lewis, V., & Kellett, M. (2004). Disability. In Fraser, S., Lewis, V., Ding, S., Kellett M., & Robinson, C. (Eds.), *Doing research with children and young people* (pp. 191 - 205). London: Sage Publications Ltd.

Madianou, M., & Miller, D. (2011). Mobile phone parenting: Reconfiguring relationships between Filipina migrant mothers and their left-behind children. *New Medio and Society*, *13*(3), 457 - 470.

Miller, M. F., ZVITAMSO Study Group., Humphrey, J. H., lliff, P. J., Malaba, L. C., Mbuya, N. V., & Stoltzfus, R. I. (2006). Neonatal erythropoiesis and subsequent anemia in HIV-positive and HIV-negative Zimbabwean babies during the first year of life: A longitudinal study. *BMC Infectious Diseases*, *6*, 1.

Morse, M. (1965). *The unattached*. Harmondsworth: Penguin.

Newson, J., & Newson, E. (1963). *Patterns of infant care in on urban community*. Harmondsworth: Penguin.

Office for National Statistics. (2003). Gateway to UK National Statistics. Retrieved February 16, 2012, from the World Wide Web: http://www.statistics.gov.uk/hub/index.html.

Panton, J. H. (1945). *Modern teaching practice and technique*. London: Longmans, Green and Co.

Pavlov, I. P. (1927). *Conditioned reflexes*. Oxford: Oxford University Press.

Prose, N. S. (1990). HIV infection in children. *Journal of the American Academy of Dermatology*, *22*(6 Pt 2), 1223 - 1231.

Raban, B., Ure, C., & Waniganayake, M. (2003). Multiple perspectives: Acknowledging the virtue of complexity in measuring quality. *Early Years: Journal of International Research and Development*, *23*(1), 67 - 77.

Repko, A. F., Newell, W. H., & Szostak, R. (2012). *Case studies in interdisciplinary research*. Thousand Oaks, CA: Sage Publications, Inc.

Richter, L., Chandan, U., & Rochat, T. (2009). Improving hospital care for young children in the context of HIV/AIDS and poverty. *Journal of Child Health Care*, *13*(3), 198 - 211.

Robertson, J., & Robertson, J. (1989). *Separation and the very young*. London: Free Association Books.

Rutland, A., Abrams, D., & Killen, M. (2010). A new social-cognitive developmental perspective on prejudice: The interplay between morality and group identity. *Perspectives on Psychological Science*, *5*(3), 279 - 291.

Scanlan, S. J. (2010). Gender, development, and HIV/AIDs: Implications for child mortality in less industrialized countries. *International Journal of Comparative Sociology*, *51*(3), 211 - 232.

Schaffer, H. R. (1998). *Making decision about children: Psychological questions and answers* (2nd ed.). Oxford: Willey-Blackwell.

Skinner, B. F. (1938). *The behaviour of organisms*. New York: Appleton-Century-Crofts.

Song, M. (2010). Is there "a" mixed race group in Britain? The diversity of multiracial identification and experience. *Critical Social Policy: A Journal of Theory and Practice in Social Welfare*, *30*(3), 337 - 358.

Stern, D. N. (1977). *The first relationship: Infant and mother*. Cambridge, MA: Harvard University Press.

Stine, G. J. (1997). *AIDS update 1997: An annual overview of acquired immune deficiency syndrome*. Upper Saddle River, NJ: Prentice Hall.

Storr, A. (1964). *Sexual deviation*. Baltimore: Penguin Books.

Svensson, R., Pauwels, L., & Weerman, F. M. (2010). Does the effects of self-control on adolescent offending vary by level of morality? A test in three countries. *Criminal Justice and Behavior*, *37*(6), 732 - 743.

Taylor, J., & Thurtle, V. (2005). Child health. In J. Taylor J. & M. Woods (Eds.), *Early childhood studies: On holistic introduction* (2nd ed.) (pp. 244 - 256). London: Hodder Arnold.

Taylor, J., & Woods, M. (Eds.). (2005). *Early childhood studies: An holistic introduction* (2nd ed.). London: Hodder Arnold.

United Nations Children's Fund (1989). *Convention on the Rights of the Child*. Retrieved February 16, 2012, from the World Wide Web: http://www.unicef.org/crc/.

Wikström, P-O. H., & Svensson, R. (2010). When does self-control matter? The interaction between morality and self-control in crime causation. *European Journal of Criminology*, *7*(5), 395 - 410.

Wong, D. F., Chang, Y., He, X., & Wu, Q. (2010). The protective functions of relationships, social support and self-esteem in the life satisfaction of children of migrant workers in Shanghai, China. *International Journal of Social Psychiatry*, *56*(2), 143 - 157.

Woods, M. (2005). Early childhood studies: First principles. In J. Taylor & M. Woods (Eds.), *Early childhood studies: An holistic introduction* (2nd ed.) (pp. 1 - 22). London: Hodder Arnold.

Woods, L., & Jagers, R. (2003). Are cultural values predictors of moral reasoning in African American adolescents? *Journal of Black Psychology*, *29*(1), 102 - 118.

World Health Organization Expert Committee. (1951). *Expert committee on mental health: Report on the second session*, *Geneva*, *11 - 16 September 1950*. *Technical report series* (*World Health Oragnization*) *No. 31*. Geneva: World Health Organization.

Wright, R., Houston, S., Ellis, M., Holloway, S., & Hudson, M. (2003). Crossing racial lines: Geographies of mixed race partnering and multiraciality in the United States. *Progress in Human Geography*, *27*(4), 457 - 474.

Yin, R. K. (2008). *Case study research: Design and methods* (4th ed.). London: Sage.

推 荐 阅 读

Lewis，V.，Kellett，M.，Robinson，C.，Fraser，S.，& Ding，S.（2004）. *The reality of research with children and young people*. London：Sage in association with the Open University.

Taylor，J.，& Woods，M.（Eds.）.（2005）. *Early childhood studies: An holistic introduction* (2nd ed.). London：Hodder Arnold.

Tisdall，K.，Davis，J. M.，& Gallagher，M.（2009）. *Researching with children and young people: Research design*，*methods*，*and analysis* . Los Angeles，CA：Sage.

第二章

儿童研究与实践的理论

本章目标：

- 说明理论在儿童研究中的重要性。
- 概述有关心理学和社会学的主要理论及其对儿童研究的启示。
- 强调情境和内容在儿童研究中的重要性。

情境 1： 某位母亲看了一档备受争议的访谈节目后询问幼儿园教师，自己是不是应该把孩子接回家，放弃工作专心在家带孩子。她认为，幼儿园环境不如家庭环境，母亲忙于工作而把孩子放在幼儿园会使孩子遭罪。这名教师应该如何回应？

情境 2： 一名护士对一名长期患病且经常需要完全隔离的孩子感到担忧，护士认为，这可能会影响和伤害孩子及其家人。这名护士可以做些什么来更好地理解这一过程，同时为孩子家人提供支持？

情境 3： 一篇文章在一本流行的女性杂志上发表之后，代养和收养支持小组的热线电话就响个不停，大家纷纷咨询培养被收养儿童和亲生母亲关系的价值。热线服务者该如何给予合理的回应？

> **情境 4**：一位儿科医生注意到，受父母焦虑影响的焦虑型儿童不能对标准化建议和干预给予良好回应。这位儿科医生应该如何帮助父母理解自己对孩子的影响，提高干预的结果？

21

> **情境 5**：一家青年俱乐部坐落在市中心的破旧塔楼街区，俱乐部的管理者发现，所有年龄段的儿童很难以持久、适宜的方式一起建设性地玩耍和建立友谊。这位管理者应该如何改进这些问题并使之发生改变？

> **情境 6**：一位家庭顾问正在帮助一对受分居困扰的父母，他们有三个年龄分别为 4 岁、8 岁和 13 岁的孩子并且这三个孩子在学校的表现令人担忧。这位家庭顾问应采取什么措施，与家长一起改变孩子的表现？在改变的过程中会面临什么挑战？

　　并非只有实践者或研究者才能寻求影响儿童的重要而复杂的问题的答案。对于情境 1 至情境 6 中描述的每一个实践情境，人们已经根据相关的理论和研究建立了一个知识库。这些知识为在儿童保育和发展领域工作或研究的人提供信息和指导。例如，人们对亲子依恋、分离和亡故已经有很多了解。人们对家庭和幼儿园或者父母和教师对儿童教育的相对贡献知之甚多。但是，其中一些问题在理论和研究中并没有像其他问题一样得到广泛研究。例如，与对母亲的广泛研究相比，对父亲的了解相对较少，或者很少有研究关注年龄和性别等因素对创伤复原力的影响。有关维持被领养儿童和亲生母亲关系的成本和好处的研究也较少。这并不意味着理论在这些领域没有价值。相反，在这些重要但容易被忽视的领域，我们可以改造相关领域现有的理论或创造新的理论，从而指导和形成目前急需的研究。

　　然而，只要一提到"理论"一词，从事研究的学生和实践者就会感到恐惧。从事研究的学生感到恐惧，是因为意识到理论是一个复杂且庞大的系统，而自己只接触到皮毛。实践者感到恐惧，是因为他们依赖自己的实践、经验或直觉，并体会到自己拥有的知识将不再有价值的威胁。对于我们这些教授理论在研究和实

22

践中的作用的人来说,明显能感受到的一点是,在大学生群体中,甚至在教室、病房、家庭和社区之外,"理论"都被视作一个肮脏的词。

事实上,我们希望通过本章说明,理论是一位有价值的、重要的并且有用的朋友。大学生需要认识到,对理论的良好掌握——就像所有好的友谊一样——需要经过一段时间的努力和发展。而依靠直觉的实践者也不需要感到不安,因为经验创造了有效识别理论和运用理论的优势。我们都需要认识到,理论并不是上等人赐予我们的神秘事物,而是人类每天都要思考的普通事物。

事实上,理论化是一种自然的人类冲动,有助于我们组织我们对世界的看法,从而使我们更容易作出预测和控制。例如,一位发现自己 8 岁的孩子存在退缩行为和排斥上学的母亲,面临着一种不可预测的局面,这种局面将扰乱她的正常生活,并对她的长期适应和安全构成威胁。因此,找出行为的原因,描述它、解释它、预测它和控制它是一个关乎生存的问题。人们将理论描述为用来捕捉我们所谓的"世界",使其合理化,解释并掌握它的网。在这里,你可以用儿童发展理论来解释上述例子中的问题:母子关系中的一个潜在问题导致这个 8 岁的儿童产生行为障碍。接着,你可以调查这一母子关系的特点,描述问题的症结并找到解决措施。或者你也可以用如下理论来解释:儿童的行为是父母奖惩制度失效的结果。那么,接下来你将描述奖惩制度,解释问题,预测模式以及实施相应的措施来控制和改变问题行为。正如这两个例子所呈现的,理论是观察和实验的基础,并在指导研究和实践的过程中发挥重要的实际作用。

儿童工作者为什么需要理论

每个与儿童打交道的人都有一种非常人性化的需要,那就是理解儿童。如果小本在幼儿园、寄养中心和医院病房里经常捣乱,那么观察、描述、解释他的行为,并找到解决措施是至关重要的。对小本行为的解释不仅能预测他的行为,还能预测其他类似儿童的行为和情况。最终,你就能理解或预测这类行为并设计出一种控制、预防和治疗这类行为的方法。描述、解释、预测和控制的过程不仅是理论的本质,还是教育、健康、社会福利领域专业人员的日常工作。在许多情况下,关乎儿童未来的意义深远的决定必须在理论化的基础上作出。因此,全面理解理论至关重要。

然而,目前有许多不同的看待人类发展的理论观点,许多不同的"看"世界的方式,因此,对于任何一种特定的情况,会有许多不同的解释和解决方法。例如,就儿童的破坏性行为咨询意见的母亲可能会得到不同的、相互矛盾的解释和解决方法,这取决于咨询哪个专业人员。教育心理学家可能认为,破坏性行为的症结在于学习障碍并建议母亲为儿童的学习提供更多的支持。卫生访视员可能认为,导致儿童问题行为的原因是食用了不耐受的食物并建议母亲去咨询营养师。社会工作者可能认为,社会困难和养育不足是行为问题的根源并建议实施育儿技能和社会支持方案。更为极端的情况是,理论观点可能会影响专业人员的重要决定,例如需要在特殊学校接受教育还是在家里接受照顾。因此,理论不仅能为特定的儿童带来一系列可能的未来,还能改善不同专业群体理解彼此理论和实践的方式,影响巨大。为儿童的利益共同努力是不同专业群体的一个重要目标。

此外,儿童工作者需要理论的一个原因是,许多规定了实践者和儿童角色、做法和权利的政策法规都是基于各种既定的理论知识体系制定的。在《儿童法案》的指导下,内隐的儿童保育原则得到长期发展并具有许多领域的知识基础,包括儿童发展、心理学、精神病学和社会学领域的知识(Department of Health,1990)。因此,了解基本理论的特点的重要性显而易见——有助于我们更好地了解儿童和儿童工作的特点。

指导和解释儿童研究与实践的理论

天性和教养

从柏拉图(Platon,前 427—前 347)所在的远古时代到 17 世纪和 18 世纪,勒内·笛卡尔(René Descartes,1596—1650)、约翰·洛克(John Locke,1632—

1704)、让-雅克·卢梭(Jean-Jacques Rousseau，1712—1778)等哲学家一直争论的一个问题是，儿童的思想和行为是生物合成的结果，还是环境影响的结果。这是著名的天性—教养之争。柏拉图和笛卡尔提出，至少有一些想法(思考)是与生俱来的。然而，洛克认为，婴儿出生时心灵是一块空白的石板或白板，因此所有的知识都是在空白的石板或白板上书写自身经验的产物。卢梭则认为，婴儿天生就有是非观。之后他又提出一些经久不衰的发展理论，例如成熟的过程理论和发展阶段理论。

如今，我们这些有专业义务去研究和理解儿童的人接受如下观点：虽然天性和教养经常存在相互作用，但它通常不像这场伟大辩论中表现出来的那样清晰。例如，我们知道，不管文化和国籍是什么，所有青少年的青春期年龄几乎相同。但是，饮食和其他成熟因素，例如养育、发育迟缓、荷尔蒙失调和气质等个体差异确实会对青春期起止的确切时间产生影响。

所有的儿童研究理论都承认儿童的天性和教养存在相互作用，分歧在于决定个体发展结果的主导因素是这两者中的哪一个。

天性大于教养

生物学理论(将在本章后文详细讨论)从本质上提出人类生理和心理的发展部分或完全由基因决定，人类的发展和行为也受激素、神经化学等生物过程和生物机制的影响。这一观点的提出并不是忽视社会和其他环境的影响，而是承认发展性分类系统的稳定框架，这一框架能为科学观察和研究提供一个卓越的证据库。

认知发展理论家让·皮亚杰(Jean Piaget，1896—1980)和列维·维果茨基(Lev Vygotsky，1896—1934)的观点，也将在本章后文讨论。他们相信婴儿具有构建自己心理现实的倾向，但是维果茨基花了更多篇幅来说明婴儿建构的现实如何受外部社会经验而不是生物成熟的影响。

教养大于天性

伊万·巴甫洛夫(Ivan Pavlov，1849—1936)和 B.F.斯金纳(B.F. Skinner，

1904—1990)等行为主义学家相信,使用与生俱来的反射来驱动个体寻求奖赏(快乐)并避免惩罚(痛苦)是可能的,使用经典性条件作用、操作性条件作用、积极强化物和消极强化物,完全能够从外部塑造行为,使用惩罚能够削弱行为。在社会学习理论中,班杜拉认为,在社会环境中学习,直接强化并不总是必需的,仅仅观察或模仿他人的行为也会激发学习。

天性和教养相互作用的理论

西格蒙德·弗洛伊德(Sigmund Freud,1856—1939)的心理社会发展理论,约翰·鲍尔比(John Bowlby,1907—1990)的依恋理论,E.埃里克森(E. Erikson,1902—1994)的心理社会发展观,U.布朗芬布伦纳(U. Bronfenbrenner,1917—2005)的发展生态模型,以及发展精神病理学领域中关于风险和复原力的理论,都对以下两种影响予以同等衡量:一是就确定的展开模式而言,儿童内部正在进化的事物的影响;二是大环境中大到最广泛的文化意识,小到局部环境中的亲密关系的影响。社会学理论也要求研究者使用一些能够深入探究儿童主观现实世界的方法(Rutter,2006)。

还有许多其他的理论和研究证据数据库能为儿童研究项目提供支持。这些理论包括育儿、社交网络、生活压力和逆境应对、亲社会行为的发展、性别发展、创伤和亡故的影响、同胞关系、同伴关系、道德与良知、记忆的发展、学校(语言和文字)的影响和自尊理论,而这只是其中一部分。本书无法详细阐述所有这些领域的内容,但是通过图书馆和其他电子资源库,很容易就可以找到这些内容。

26

心 理 学 理 论

在对儿童进行研究时,有各种各样的理论可供选择。但有关人类发展和研究的主要理论来源于心理学。直到第二次世界大战后,心理学才成为有竞争力的"学派"。此后这门学科得到极大发展并日益多样化,而且旧的心理学学派往往会被各种使用不同理论观点的不同研究领域取代。这些观点为正在研究的现象提供不同的解释,并且每一种观点都提供了可能的见解且不相互排斥。本书参考心理学中重要的基础性书籍,例如戴维等人的《心理学大全》(Davey et al.,2004),选择了五种不同的观点来代表当代心理学的主要理论取向,它们分别是:生理学取向、精神动力学取向、行为主义取向、人本主义取向和认知主义取向。这些理论取向,无论是最初形成的,还是后来经过理论家修订的,之所以流行很大程度上是因为它们能够告诉我们儿童与环境互动的情况。解释握手的经典例子(见专栏2-1),表明了这些理论取向的不同侧重点。

专栏2-1

理 论 视 角

一群青少年在聚会上与一些新结识的朋友握手。为什么人们会有握手这种行为?表2-1用五种当代心理学的主要理论取向,以不同的方式解释握手。

表2-1 用五种当代心理学的主要理论取向解释握手

生理学取向	握手可能是特定神经和肌肉活动的结果或社交基因作用的结果
精神动力学取向	握手可能是渴望身体接触的结果
行为主义取向	握手可能是先前与某种奖励相关的条件作用的结果
人本主义取向	握手可能是满足接纳需要的结果
认知主义取向	握手可能是有目的的心理过程的结果,例如有意识地展现友谊

尽管个体理论学家将以自己偏好的理论取向寻找解释框架,但是所有这些观点都有助于我们理解儿童行为与发展。

来源:Davey, G. C. L., Albery, I. P., Chandler, C., Field, A. P., Jones, D., Messer, D., Moore, S.,& Stirling, C. (Eds.). (2004). *Complete psychology*. London:Hodder & Stoughton. Reproduced by permission of Edward Arnold (Publishers) Ltd.

生理学取向

生理学取向重视行为和心理功能的生理学基础。基本假设是，无论其他影响的贡献如何，行为由生物学因素决定，对行为的最好解释用生理学术语来描述。在心理学诞生之初，人们比较关注与心理事件相关的感觉与运动，由此该取向应运而生。这体现在以下两本著作中：一是古斯塔夫·费希纳（Gustav Fechner）于 1860 年出版的德文著作 *Elemente der Psychophysik*，译成中文是《心理物理学纲要》；二是威廉·冯特（Wilhelm Wundt）于 1874 年出版的德文著作 *Grundzüge der psysiologischen Psychologie*，译成中文是《生理心理学原理》。

在众多方面，精神分析和其他精神动力学取向的兴起，使心理学的关注点从生物学解释转向对内部精神生活的追求，就像童年早期经历所塑造的那样。随着精神动力学取向（见本章后文）对主流心理学影响的减弱和技术的发展，对行为的生物学解释变得更加突出。生理学取向有三个主要的研究领域：脑功能、生物化学和遗传。

技术进步对脑功能领域产生了最深远的影响。对大脑—行为关系的研究正是通过技术进步来实现的。例如，功能性磁共振成像（fMRI）、正电子发射计算机断层扫描（PET）、计算机断层扫描（CT）、计算机轴向断层扫描（CAT）和局部脑血流量（rCBF）等诊断程序（Gazzaniga et al.，2002）的出现，改变了我们对大脑运作方式的认识。其中一些技术使我们能够研究活体大脑的工作情况并观察不同任务在整个大脑结构层面和更为精细的大脑细节中的表现及其对大脑产生的影响。研究大脑损伤及其对行为的影响也成为可能。生物化学研究也通过对大脑中影响行为和情绪的神经递质和化学物质的研究，为脑功能研究提供信息。例如，低水平的 5-羟色胺与抑郁有关。

虽然遗传研究在动物和人类基因研究中大幅增加（Plomin et al.，2002），但心理学中关于基因预设行为的研究早已存在。它们不仅包括对个体智力和人格差异的研究，还包括对普遍共性的研究，例如培养婴儿的习惯和保护性反应。例如，一个处于咿呀学语阶段的儿童突然发出哭声会引发父母的"关爱模式"。想想成人是如何轻松地对任何处于困境中的儿童作出反应，收养其他的儿童，对任何物种的婴儿特征和婴儿微笑作出反应，以及将自己卷入其中并产生诸如儿语或"妈妈语"的积极反应。这些由生物本能决定的、相互依存的刺激链和反应链会引发一个结果：儿童与某一特定的照顾者，通常是母亲，形成一种特殊的依恋。

约翰·鲍尔比(John Bowlby，1907—1990)是一位将精神分析理论用到早期母子关系中的心理学家。他非常赞同的一个观点是，早期母子关系对长期发展和适应至关重要。然而，后来他得出的结论是，生物学原理对母子关系的特点具有更好的解释力——例如母子之间复杂和相互依存的行为，对建立亲密的母子关系具有纽带作用。然而，由于婴儿必须了解他们的母亲是谁，以及目前母亲是什么样子的，而母亲也需要适应她的婴儿，因此在某种程度上存在婴儿和母亲无法结合的情况。依恋是一种情感纽带，通过这根纽带，一个人会感到安全，而另一个人则成为探索周围世界的安全基地。这一理论有着深远的意义，我们将在本章后文进一步探讨其观点和方法。

生理学取向受到如下批判：一是将行为简化为基本的生物成分，带有还原论的倾向；二是从生物遗传的角度解释人的人格和活动，带有决定论的倾向。但是，生理学取向为大量的心理功能提供了一个解释框架。对大脑—行为关系的系统调查，为更清楚地了解儿童是如何发展的和儿童发展时出错的方式开辟了道路。此外，生理学取向还为人类行为和发展研究提供了许多程序，并通过药物学治疗和特殊的治疗技术为解决各种困难找到了新方法。

精神动力学取向

精神动力学取向的起点是弗洛伊德(Freud，1901/1976，1905/1977，1923/1984)的精神分析理论，但是其他著名的精神动力学理论还包括阿德勒(Adler，1916)、荣格(Jung，1921)和埃里克森(Erikson，1950/1963)的理论。这些理论关注支配行为的动态的、潜意识的驱力。作为一名内科医生，弗洛伊德专门从事神经系统的研究。在给病人诊疗时,他发现有些疾病无法从生物层面找到病因,例如癔症、焦虑症和恐惧症这些"精神疾病"。他倾向于让这些病人自由地谈论他们目前的想法、感受和愿望,然后通过倾听治愈他们。弗洛伊德的目的是了解病人心理和人格形成的基本过程并提供"谈话疗法"。因此,他提出一个关于人格及其障碍的起源和发展的理论。弗洛伊德相信,成人的精神疾病源于儿童期,通过分析问题的原因可以更好地理解正常人格发展的过程。

根据精神分析理论,心理系统及其发展可以从以下三个方面来描述:动态的、有结构的和有顺序的。它是动态的。因为人的心理系统是由心理能量驱动的,而心理能量以生物学为基础。最强大的动力是性本能,由力比多的能量来维持。它是有结构的。人格由本我、自我、超我这三个不断冲突的部分组成。本我追求即时满足,儿童到2岁才能自由控制本我。自我发展为一种理性机制,对解决即时满足驱动和照顾者强加的现实之间的冲突,发挥着重要作用。到了学龄期,超我已经发展,儿童能够内化父母的标准。它是有顺序的。因为发展要经历五个固定的性心理发展阶段,每一个阶段,力必多集中在不同的身体部位(见表2-2)。

表 2-2 弗洛伊德提出的性心理发展的五个阶段

口唇期(出生—1.5岁)	出生时,儿童的神经性愉悦中心主要集中在嘴上。吸吮、咬等口腔动作是儿童快乐的来源
肛门期(1.5—3岁)	随着儿童身体的发展,肛门的神经意识开始萌芽。在儿童接受如厕训练的同时,面部表情的消失和保持是快乐的一种来源
性器期(3—5岁)	这时性器区的敏感度越来越高,两性都有可能在探索这一区域时发现快乐。弗洛伊德声称,儿童会潜意识地对异性的父母产生性吸引。这就是男孩的俄狄浦斯情结和女孩的伊莱克特拉情结。这些情结的特征是与同性父母竞争以引起异性父母的性注意,但同时又害怕同性父母,因而试图通过认同对手的防御机制来缓解焦虑
潜伏期(5岁—青春期)	这时性冲动不再是一个问题。这是继学龄前时期的焦虑之后的一个解决时期。对同性同伴的认同是这一阶段的特征,而且性冲动,无论以何种形式得到解决,都将保持潜在和隐藏的状态,直到青春期的挑战出现
生殖器期(青春期以后)	性冲动在青春期荷尔蒙活动和生殖器再生长的冲击下复活。在青春期,儿童对异性的爱达到了一种成熟的形式

精神动力学取向的影响　精神动力学取向几乎比任何其他取向更容易融入日常生活。它的基本概念和词汇已经为我们熟知,并且在公众心目中,经常被视为心理学本质的代表。但与此同时,我们也必须承认它的主张在很大程度上是不可检验的,同时,它在现代科学心理学领域也占据了一个令人不安的位置。然而,精神动力学取向强调了儿童早期经验和关系的重要性以及不同年龄儿童的发展任务的顺序特点。它还为许多治疗情况做出了贡献,例如对存在情绪障碍的儿童进行游戏治疗。它强调照顾者需要在充分考虑个体对经验和刺激需要的情况下提供及时的回应。环境和关系应该是安全的,并能为儿童提供玩耍和探索的机会。在面对父母时,探索他们自己早期童年和青少年经历的特点可能是有必要的。

31　　　**行为主义取向**

行为主义"将心理学的主题从心理转向行为"(Davey et al.,2004,p.16)。它的基本假设是,行为是习得的。行为主义将注意力从内部精神生活转向环境在塑造行为中的作用。行为主义提供了一种严格的科学方法,多年来,它一直是心理学的主导力量,在理论、研究和实践中持续发挥着重要的作用。对于儿童而言,行为主义在教学和学习、行为管理以及治疗方法上具有众多应用。行为主义一词产生于俄国生理学家伊万·巴甫洛夫的著作。巴甫洛夫对某些生物事件与环境变化存在系统联系的方式感兴趣。

条件作用　巴甫洛夫在他著名的实验中发现,在给饥饿的狗喂食时,狗会自动流口水。此外,如果每次给狗喂食时都让狗听到铃声,那么狗就学会在只听到铃声而没有食物的情况下流口水。这种对之前的中性事件作出反应的学习过程被称为经典性条件作用。流口水是一种无条件反应,即它是自然的和反射性的;食物是一种无条件刺激,即它和流口水自然相关。铃声是一种条件刺激,在听到铃声而没有食物的情况下,流口水是一种条件反应。一个儿童在晚上经常做噩梦,这最终将导致他对黑暗产生恐惧。这些行为主义原则在 J.B.华生(J.B.Watson,1878—1958)影响重大的论文《行为主义者眼里的心理学》（1913）及经典著作《行为主义》（1930）中正式成为一般理论。

操作性条件作用　行为主义的另一个里程碑是斯金纳的《有机体的行为》（1938）一书。20世纪30年代初，斯金纳在哈佛大学进行博士研究——训练老鼠通过压杠杆来换取食物。通过这个研究，他提出行为是其结果的函数并提出另一个主要的理论——操作性条件作用来补充经典性条件作用。当个体自发地对环境作出某种行为时，奖励的反应会增加相关行为发生的频率，而惩罚的反应则会降低相关行为发生的频率。由此，儿童学会重复有奖励的行为，抑制受惩罚的行为。注意、微笑、赞美等令人愉悦的或奖励的结果被称为正强化。有时，一个儿童也会通过糟糕的表现来获取关注和阻止某种行为。这时候，父母、照顾者或者教师就需要与儿童进行交谈，分散其注意力并给予其关注。事实上，儿童的行为若能成功获得其渴望的关注，就会受到强化。通过惩罚，要么收回愉快的事物，要么强加不愉快的事物，可以减少不满意的行为。许多专业人员熟悉这些行为矫正程序，例如"塑造"是一种通过使用强化时间表来改变行为的方式。

社会学习　班杜拉进一步发展行为主义原理，提出社会学习理论。他指出，除了直接强化，还存在其他的学习方式。儿童通过观察也可以学习一系列行为，例如如何照顾婴儿，泡茶或打别人，父母和其他人充当儿童行为学习的榜样。班杜拉将这种行为称为观察学习或模仿学习。此外，儿童不仅从自己收到的正强化和惩罚中学习，而且也向那些可以作为行为榜样的人学习。正是这样，儿童才不会模仿他们观察到的所有行为，例如偷窃。班杜拉更关注思维或认知在社会学习调节中的作用。在行为观察和行为模仿之间，儿童的思维有好几种干预方式。儿童需要注意、保持、提取和再现榜样行为。此外，注意力的认知加工、记忆和信息加工都在观察学习和模仿学习中发挥作用。因此，班杜拉将这个理论重新定义为社会认知理论（Bandura，1986）。

行为主义取向的影响　当代对行为主义取向的评论突显出行为主义的许多局限性。它太过机械，忽视心理过程，认为行为是由环境决定而没有充分考虑生物因素，对语言等复杂行为的解释力不够。然而，它已经确立了一个非常重要的

原则：基于正强化和惩罚，人们可以通过操作性条件作用的原则学习和改进行
33　为，而且儿童可以通过观察、模仿和在认知上处理他人的行为来学习。以社会和
认知因素的重要性为重点的更为广泛的理论发展，实现了行为主义原则在理论
和实践中的广泛应用。

人本主义取向

作为对行为主义和精神分析的对抗，人本主义心理学于 20 世纪 50 年代出
现。它关注的是心理学中的人，对整个人进行研究，关注积极力量和心理健康而
不是精神疾病和精神障碍。詹姆斯·布根塔尔（James Bugental，1964）从以下
五个方面界定了人本主义心理学。

- 人不能被割裂成部分。
- 人有独特的人类环境。
- 人的意识包括对他人的自我意识。
- 人有选择和责任。
- 人是有目的的，他们有目的地追求意义、价值和创造。

与人本主义心理学相关的主要人物是卡尔·罗杰斯（Carl Rogers，1902—
1987）和亚伯拉罕·马斯洛（Abraham Maslow，1908—1970）。他们都关注自我
实现这一概念。罗杰斯（Rogers，1951）提出，人生来就有自我实现的倾向。这
一倾向通过使被感知的自我（我们现在是怎样的）和理想自我（我们将是怎样的）
趋于一致来推动人走向心理健康。但是，马斯洛与人本主义心理学的正式发展
有着最为密切的联系。在马斯洛分别将精神分析和行为主义命名为心理学的
"第一种力量"和"第二种力量"之后，这种新的运动被称为心理学的"第三种力
量"。马斯洛（Maslow，1954）最著名的理论是需要层次理论（见图 2-1）。为了
实现心理成长和健康，我们必须首先满足较低级的需求，才能最终达到自我
34　实现。

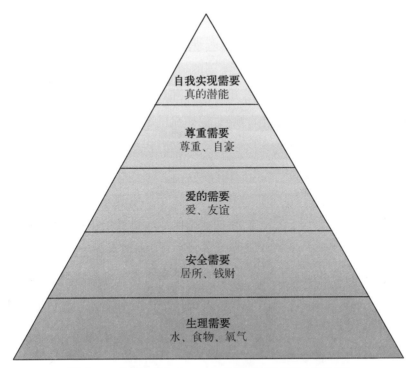

图 2-1 马斯洛(Maslow, 1954)需要层次理论(简化版)

心理学在人本主义理论中的最新发展是积极心理学的兴起。积极心理学是一个由马斯洛和马丁·塞利格曼（Martin Seligman，1942—）提出的术语（Seligman，2003；Seligman & Csikszentmihalyi，2000）。积极心理学强调以人类积极的方面而不是消极的方面为人本主义主题。它的目的是使人们过上以健康、快乐、幸福为标志的充实生活。皮特森和塞利格曼（Peterson & Seligman，2004）反对心理学关注人的消极特征，例如对焦虑、抑郁等心理障碍的分类，鼓励人们为自己制作关于快乐和满足的人的优点和美德的手册。他们在评估儿童，为他们提供支持或与他们一起进行研究等领域的做法是，关注他们的长处、技能和潜力，而不是关注他们的困难和弱点。

积极心理学的研究者已经开发出一个幸福人生的三个交叉领域的理论模型。快乐的人生或享受的人生侧重于人们如何体验与正常和健康生活相关的积极情绪。美好的人生或参与的人生审查了人们沉浸在主要活动的最佳水平时所经历的有益影响。有意义的人生或从属的人生考察了人们如何从归属于和贡献于比自己更大的社会团体、社会组织或信仰系统来获得一种意义和目的。

35　　　　**人本主义取向的影响**　人本主义心理学因缺乏连贯、界定清晰且完整的理论而受到批判。它在科学方法上是薄弱的，它对学术心理学的整体影响是有限的。尽管如此，它在许多方面都作出了重大和日益增加的贡献。它的许多研究成果和实际应用都投入有价值的领域，例如促进国际和平与合作和增进社会福利。它还发展了各种广泛使用的策略，从而为儿童提供支持和咨询，包括以来访者为中心的治疗——心理学的主要治疗方法之一。

人本主义心理学认为，质性研究的方法优于量化研究的方法（见第三章、第六章、第七章和第八章）。它认为，质性研究的方法最适用于理解整个人以及考察行为的意义和目的。显然，人本主义心理学对儿童研究和实践具有重要意义。通过关注儿童的长处而不是弱点，关注整个个体以及日常生活中健康和充实的方面，它为儿童研究提供了一种积极的方法。此外，它还提倡一种可能对所有关心儿童福利和推进积极议程的人都有吸引力的方法。

认知主义取向

认知意味着思考，认知理论是关于儿童思考、了解和理解周围世界方式的理论。皮亚杰（Piaget，1929/1952，1937/1954，1945/1962）和维果茨基（Vygotsky，1978）是两位著名的认知主义理论家。他们都认为，儿童是知识建构的积极参与者。他们还一致认为，生物和环境都是重要的，但对两者的重视程度却不相同。

皮亚杰是一位有影响力的瑞士心理学家，还是一位哲学家和生物学家。作为一位哲学家，他很关注有关知识获取的问题，例如：什么是学习？事情总是以这样的方式出现吗？作为一位生物学家，他对系统地描述和记录儿童在发展过程中经历的各个思维阶段感兴趣。在人类发展方面，他通过将科学方法应用于哲学问题，弥合了哲学和科学之间经常存在的差距。从对自己孩子的研究中，他得出结论：儿童对世界的理解和成人对世界的理解存在重要的质的差异。

36　　　　**皮亚杰的结构和过程**　皮亚杰认为，婴儿出生时就拥有被称为图式的心理蓝图并以此来适应环境。一些早期的图式包括吸吮反射和抓握反射，通过同化和顺应的适应过程变得更加复杂。在同化过程中,婴儿将现有图式强加于环境,例如,自发吮吸可能是乳头的任何东西。在顺应过程中,婴儿会逐渐重组图式来适应环境的挑战,例如,从吮吸到用杯子喝。皮亚杰确定了如下四个主要的发展阶段。

- 感知运动阶段(0—2 岁)。随着各种图式的整合,反射逐渐变得更复杂。例如,抓握和注视可以合并成一个新的图式——"捡起"。儿童逐渐获得客体永久性,即消失在视线之外的物体仍然存在。
- 前运算阶段(2—7 岁)。这一阶段思维的特点是自我中心(从自己的视角看世界)和集中化(专注于任务的一个方面而忽视其他方面)。皮亚杰在这一阶段的经典测试是守恒测试,例如数量守恒(见图 2-2)、体积守恒、质量守恒,等等。给儿童两杯等量的水,他们认为,如果把水倒进更高、更细的杯子里,就会有更多的水。
- 具体运算阶段(7—11 岁)。通过守恒测试的儿童现在可以思考相对概念——事情可能会受到一点或很大的伤害——他们可以掌握"多"和"少"之类的概念,但他们仍然在用具体的而不是抽象的概念思考。
- 形式运算阶段(11 岁以后)。形式逻辑和抽象思维阶段。青少年获得更高水平的推理能力。

作为一位理论学家,皮亚杰对任务表现背后的认知过程更感兴趣。他设计了一系列任务,这些任务使他能够描述客体永久性、观点采择及守恒等认知过程的发展。他的调查使他能够描述儿童完成各种认知任务的顺序。在评估儿童理解守恒能力的任务中,皮亚杰发现,儿童对数目或数量等物体属性的理解不会因实验者的调整而改变。图 2-2 展示的是数量守恒,其中实验者先将硬币排成两

图 2-2　皮亚杰的数量守恒任务

37　行并使这两行硬币的数量和间距均匀匹配。然后实验者改变硬币的排列,将上面一行硬币的间距拉得更大,下面一行硬币则紧贴在一起。

　　皮亚杰发现,尽管学龄前儿童能够在改变硬币的排列前正确回答"哪一行硬币多"的问题,但在改变了硬币的排列后,他们始终无法正确回答"现在哪一行硬币多"的问题。他们相信,在这个例子中,上面一行突然有了更多的硬币。皮亚杰还希望验证他的自我中心理论,即学龄前儿童无法理解其他人对事物可能有不同的看法。他设计了三山任务,在任务中,他让另一个人从不同角度看同样的三座山,然后让儿童猜测这个人看到的山和他看到的山是一样的还是不一样的。尽管皮亚杰发现,证据支持他的观点,即儿童存在观点采择问题,但修正方法后发现,儿童具有比皮亚杰最初设计任务时更强的能力。

　　基于众多原因,研究者对这些任务很感兴趣。他们展示了那些针对所有年龄的儿童并能揭示儿童内心信息的任务设计之简洁。许多其他研究者已经证明,如果设计出比这些任务更简洁的版本,即使是年龄最小的儿童也能使用的版本,那么可以证明某些能力在比皮亚杰设想的年龄更小的儿童身上已有明显体现。弗拉维尔(Flavell,1978,1985,1988)设计了简单的任务,证明儿童3岁就已具备观点采择能力。这些变化反过来又导致一种新的社会认知理论——心理理论的出现,这是一种理解自己与他人的想法、信念、愿望和情绪等心理世界及其差异的能力。因此,人们对皮亚杰的任务进行了批判性评价和方法修正(例如,Donaldson,1978;Samuel & Bryant,1984),以优雅的方式展示他是如何低估社会和研究环境以及儿童在观点采择能力中所使用的语言的影响。

　　重新发现维果茨基　俄罗斯著名心理学家维果茨基的研究在沉寂数年后被重新发现。维果茨基更加重视思想的社会和文化渊源以及语言在思想建构中的作用。在《社会中的心智:高级心理过程的发展》(1978)一书中,他描述了认知功能如何起源于儿童的社会互动。一名儿童任意获取一个物体,一名成人介入

38　和"解读"儿童的行为并由此赋予事件意义。事实上,每个认知过程首先都是作为共同活动的一部分出现在社会层面,在其被儿童"内化"之后才出现在心理层面。语言是一种文化工具,它使儿童能够内化他人的思想。

　　最近发展区(zone of proximal development,ZPD)是维果茨基提出的一个

重要概念。维果茨基认为,儿童和成人的对话对认知发展至关重要。他发现,与成人或更有能力的同龄人一起工作时,儿童在任务中的表现比独立时的表现更能反映认知发展。因此,最近发展区是儿童在他人协助下能够完成任务的学习区域。成人的目的是逐步撤除他们提供的支持并将这项任务的责任移交给儿童。当然,并不是所有的父母、照顾者或教育者都能熟练地识别儿童的最近发展区并在最近发展区内工作。例如,抑郁的父母可能对最近发展区不那么敏感(Goldsmith & Rogoff,1995)。根据维果茨基的研究(Vygotsky,1978),当儿童和成人或年龄更大的儿童一起玩耍时,他们正在学习如何思考。那么,互动质量可以告诉我们儿童从年长者那里获得的脚手架的质量。但是,学习过程并不完全掌握在年长者手中。儿童能够或应该能够为共同活动作出自己的创造性贡献。

拼图任务(Wertsch & Hickman,1987)是一个非常好的例子,因为它创造了一种能够在最近发展区观察互动的情境。给学龄前儿童及其母亲两套完全相同的拼图。拆开一套拼图,要求学龄前儿童与其母亲将它拼好。然后我们可以通过以下两个方面评估互动的质量:母亲直接或间接帮助学龄前儿童理解任务,参考已完成的拼图来指导学龄前儿童;学龄前儿童对完成拼图的贡献,例如学龄前儿童提问和母亲鼓励学龄前儿童自己思考的能力。2岁的学龄前儿童应该能够与父母、教师或照顾者一起完成简单的拼图任务。但是由于增加拼图的复杂性是可能的,因此对所有年龄的儿童进行类似的研究也是有可能的。研究者可以尝试对所有年龄段的儿童进行类似的拼图测试,也可以寻找新的方法来描述和测试最近发展区(见 Meins & Russell,1997,一个经典的例子)。

认知主义取向的影响　目前,认知和社会认知领域的研究并不是由整合的理论框架驱动的,而是非常多样的。但是,这一取向对儿童发展知识以及儿童理论、研究和实践作出了非常重大的贡献。它强调:

- 儿童与成人的想法不同,不同年龄的儿童理解周围世界的方式也有质的差异。无论你是一名解释治疗或疼痛的护士,一名评估风险的社会工作者,一名计划课程的教师,还是一名与儿童一起工作的研究者,都必须努力做到理解并回应这些差异。

● 儿童的学习、理解和思考会受环境条件、社会关系和文化习俗的影响。因此,从经验的角度来发现儿童,通过儿童的经历了解儿童的发展现状就显得极为重要。儿童是否来自少数民族? 照顾者是否抑郁? 世界的挑战对儿童的影响有多大?

● 重点应放在支持儿童发展的潜力上,而不是任务表现上。这启示儿童工作者,不仅要认识和定位最近发展区,还要帮助与儿童相关的其他人也这样做。这对护士、教师、社会工作者、父母和研究者都非常重要。

新 的 理 论

20 世纪后半叶,新的理论大量涌现,这些理论开始应对一个事实——人类心理不能被简化为前面描述的五种主要取向之一。这是通过考察内部和外部过程以及调节机制来实现的。这些新的理论都特别强调儿童的外部社会世界和内心心理世界之间的联系,因此很难严格按照前面描述的五种主要取向进行分类。这类新的理论主要有:心理理论、依恋理论和情境理论(主要是社会生态模型)。

心理理论

一个拥有心理理论的儿童能够理解心理状态的世界,想法、信念、情绪和愿望的世界。巴奇和韦尔曼(Bartsch & Wellman,1989)开发了一项任务,证明 3 岁儿童在理解他人的心理状态方面存在困难。在日常情境中,如果给儿童一个巧克力盒,但是盒子里面没有巧克力只有弹珠,那么他们就会明白盒子里没有他们认为应该有的东西。如果儿童看到我们将这个盒子给另一个刚来的儿童看,他们相信,另一个儿童会像他们一样,认为盒子里装的是弹珠。换句话说,3 岁儿童不能将错误信念归于他人。

经典的儿童心理理论任务被称为萨莉—安妮测试。实验中,安妮趁萨莉不在,偷偷把萨莉篮子里的弹珠拿走,然后问儿童：萨莉回来后会到哪里找她的弹珠？（对这个任务的说明见图 2 - 3）

图 2 - 3　一个心理理论任务：萨莉会到哪里找她的弹珠？

巴奇和韦尔曼（Bartsch & Wellman，1989）的任务用 2 个玩偶来描述 4 个场景,描述的情况类似于萨莉—安妮测试。专栏 2 - 2 详细地描述了如何和学龄前儿童做错误信念或心理理论任务。许多研究已经对基本任务设计进行了复制和调整,将基本任务的变式作为研究自闭症儿童,以及与其他心理社会功能领域（例如依恋）的任务表现及情感理解相关联的工具使用,取得了特别的成效（Baron-Cohen et al.，1985；Dunn，1995；Fonagy et al.，1997；Greig &

Howe，2001；Meins et al.，1998）。随后，心理理论研究出现了惊人的增长，正如皮亚杰任务的例子一样，心理理论任务也在不断发展以囊括更高水平的任务需求，例如，二阶心理理论任务是为年龄更大的参与者以及使用图画和漫画而不是具体道具的参与者设计的。

德纳姆和奥尔巴克（Denham & Auerbach，1995）设计了一项评估学龄前儿童理解他人情绪能力的任务。这项任务类似于错误信念任务，因为它也使用儿童世界的玩偶和其他道具来评估能力。这项任务是从玩偶角度评估儿童的情绪能力，而错误信念任务则是评估儿童理解他人想法和意图的能力。这些创作者采用了一种众所周知的简单方法——要求儿童表达自己的情绪，或者在一项更复杂的任务中，分别用织物、木头或纸做3张脸，3张脸表达了3种不同的情绪，然后请儿童表达这些情绪。即使年龄很小的儿童也可以用这些简单的提示来表达自己喜欢或不喜欢以及对他人的情绪。研究者要求儿童在回答关于情绪的问题时指着脸，把脸贴在盒子里或者把脸贴在照片上。在这种形式下，特别是在表达喜欢或不喜欢的时候，任务是一种自我报告的形式。德纳姆和奥尔巴克（Denham & Auerbach，1995）成功地将这项任务应用于一个更复杂的设计，这个设计涉及引发快乐、悲伤、愤怒和恐惧情绪的场景，已广泛应用于其他研究。

专栏 2-2

如何和学龄前儿童一起完成错误信念或心理理论任务

进行这一实践活动，你需要：

- 1名3—5岁的学龄前儿童（儿童参与需要获得批准，见第十章关于儿童研究伦理的指导）。
- 3个方便手持的布玩偶——男孩或女孩。
- 葡萄干、鱼饵、膏药和蜡笔各2盒。对于每一对盒子，确保一个盒子上有假定内容的图片并涂掉另一个盒子上的图片。
- 取出有图片的盒子中的物品。

步骤：

1. 和儿童在桌边舒服地坐好。

2. 向儿童介绍玩偶,例如萨莉、安妮和比尔/本。

3. 把玩偶放在桌子边上或下面,给人一种他们"离开"的印象。

4. 把第一对盒子放在儿童面前的桌子上并说:"请指出你认为有葡萄干/鱼 42
饵/膏药/蜡笔的盒子。"

5. 让儿童看一看盒子以确定有图片的盒子是空的,而没有图片的盒子却有
预期的东西。

阶段 1:预测(让儿童预测玩偶会看哪里)

说:"快看,萨莉来了。我们看看她能不能找到_____?"把玩偶放好,玩偶
仿佛在从一个盒子向另一个盒子"看",并说"萨莉会去哪里找_____呢?"记录
儿童的反应。把萨莉放在一边。

阶段 2:解释(让儿童解释玩偶的意图)

说:"快看,现在安妮来了。"这次让玩偶直接走到有图片的盒子前并试图打开
它。说:"看,安妮在干什么? 她在想什么?"你可能需要说些话来稍微提示一下儿
童,例如:"她在想一些事情,不是……吗?"记录儿童的反应。把玩偶放到一边。

阶段 3:预测

拿出第三个玩偶。把玩偶放在盒子前面,仿佛在看盒子。说:"比尔/本来
了。指向你认为他会看的盒子。"记录儿童的回答。把玩偶放到一边。

现在用其他 3 对盒子重复这个过程。儿童每正确回答一个记 1 分,错误回
答一个记 0 分。

实践活动后应探讨的问题:

1. 与其他孩子相比,你的孩子表现如何?

2. 对控制环境和管理儿童自发的贡献所需的策略,你有什么了解?

3. 做这个任务,你感觉如何?

4. 你为什么认为解释阶段非常重要?

5. 关于心理理论(想法和意图)与理解自己和他人情绪之间的关系,相关文
献说了什么? 用何种方法解决这一问题?

依恋理论

在约翰·鲍尔比(John Bowlby，1953/1965，1979)的研究著作中有最著名的关于依恋理论的描述。自从他的经典著作《儿童保育与爱的成长》(1953/1965)出版以来，依恋理论和研究获得空前发展。依恋理论核心的行为学前提是，从基因学和生物学的角度看，婴儿倾向于和照顾者建立依恋是一种本能机制，这种机制能确保儿童亲近成人，获得安全感和增加物种存活的可能性。但是，当这一理论运用于人类婴儿时，还借鉴了精神动力学取向和认知主义取向的构念。在他们的经典研究中，安斯沃思等人(Ainsworth et al.，1978)确定了在奇怪或恐惧情境下表现出来的两种主要的依恋行为模式：安全模式和不安全模式。不安全模式可以进一步分为回避型和反抗型。实际上，在探索新的和不熟悉的任务时，安全的儿童能够更好地将父母视为一个安全区，而不安全的儿童则会以一种回避和冷漠或强迫和威胁的方式对待母亲。随后，在以有父母照顾创伤经历的儿童为样本的研究中(Crittenden，1992)，不安全模式进一步分为防御型、强迫型和混乱型。只有混乱型才被视为功能障碍或适应不良，而且混乱往往是创伤最严重的儿童的特征。

依恋故事完成任务(Bretherton & Ridgeway，1990)是评估学龄前儿童和照顾者之间依恋质量的一种方法。这种方法会向儿童呈现五种场景以及手持的、可任意弯曲的、逼真的家庭玩偶和支持性道具。第一种场景是在家中举行生日派对，这是一个培训环节，不对儿童进行评价。在这一场景中，测试者建立起"游戏"的特点，即先由测试者讲故事，再由儿童来结束故事。儿童可以探索和处理玩具，测试者由此建立起对如何推动游戏和使用最有效的提示语的理解，例如"接下来会发生什么?"或"这个故事现在结束了吗?"这五种场景包括洒出的果汁、卧室里的怪物、受伤的膝盖、离别和团圆。每个故事都有一个可能会导致儿童面临挑战并诉诸依恋行为模式的诱因。在每个故事开始时，讨论的问题是：

- 权威角色中的依恋对象。
- 疼痛是依恋和保护行为的诱因。

- 恐惧是依恋和保护行为的诱因。
- 分离焦虑与应对。
- 对父母返回的回应。

　　根据五个故事中的依恋行为模式，对儿童表现进行评估和分类。无论是言语行为还是非言语行为，都需要考虑内容的适宜性，情感表达和故事解决的连贯性。专栏 2－3 描述了具体步骤及如何对儿童表现进行分类。图 2－4 展示了在完成"离别"和"洒出的果汁"这两个依恋故事完成任务中玩偶的运用。

44

图 2－4　"离别"和"洒出的果汁"依恋故事完成任务的场景

依恋故事完成任务

基本的道具

    2 套家庭玩偶,每套都包括母亲、父亲、男孩和女孩。每次除了使用一套完整的家庭玩偶,还要借用第二套中的成年女人作为奶奶。交替儿童玩偶来匹配儿童的性别,即只有男孩——使用两个男玩偶;一个女孩有一个兄弟——使用一个男玩偶和一个女玩偶。每个故事开始时要说:"我先讲故事,你来完成它。"在讲完故事后,对儿童说:"现在你用玩偶表演接下来会发生什么。"

热身(一个与玩偶尺寸匹配的生日蛋糕)

    表演一个妈妈在做生日蛋糕的场景。儿童可能会对玩具进行一些探索,并且可能需要一段时间才能确保儿童理解这个程序。

洒出的果汁(桌子、桌布、果汁、蛋糕)

    表演一个儿童倚在桌子旁弄洒果汁的场景。表演完后说:"妈妈说,'你把果汁弄撒了'……展示给我看,接下来会发生什么?"

卧室里的怪物(没有其他道具)

    妈妈说:"已经很晚了,你该睡觉了。"然后表演儿童去卧室,看到一个怪物并在卧室大叫:"妈妈!卧室里有怪物!"

受伤的膝盖[一块绿色的毛毡(草地)和灰色的海绵(石头)]

    一家人去公园散步,公园里有一块高高的石头。儿童看到石头后说:"哇!快看,一块好高好高的石头。我要爬到那块石头上去。"儿童在爬石头的时候,从石头上摔了下来,然后儿童哭着说:"我的膝盖受伤了。"

离别(奶奶加入家庭,一个被绘制成车的盒子)

    表演一个奶奶到来的场景。然后说:"你知道我认为接下来会发生什么吗?我想爸爸妈妈将要去旅行。"父母和儿童说"再见"和"明天见",然后乘着车子离开,消失在视野里。

团圆(和离别相同的道具)

表演第二天的场景。奶奶站在窗边说:"看,孩子们,看谁回来了",载着爸爸妈妈的车子回来了。

安全/不安全的标准

- 非常安全:故事中的问题得到很好的解决,没有太多的提示,反应是适宜的。

- 比较安全:在1个或2个故事上有略微回避或奇怪的反应。

- 回避型不安全:不知道或完全回避3个故事或更多故事的问题,甚至表现出一些回避的反应。

- 混乱型不安全:在3个或更多的故事中有奇怪或混乱的反应,即使表现出一些混乱的反应。

来源:改编自 Bretherton, I., & Ridgeway, D. (1990). Story completion tasks to assess young children's internal working models of child and parent in the attachment relationship. In M. T. Greenberg, D. Cicchetti & E. M. Cummings (Eds.), *Attachment in the pre-school years: Theory, research and intervention* (pp.273 - 308). Chicago, IL: University of Chicago Press. Reproduced with pemission.

明尼斯等人(Minnis et al., 2006)回顾了使用计算机软件评估依恋关系的研究和治疗方面的一些新创举,并继续使用一个专门设计的计算机化的故事——计算机化的麦克阿瑟主题故事(Computerised McArthur Story Stem Battery, CMSSB)来描述自己的研究。这种评估形式被认为是有优势的,因为:

- 儿童享受与计算机的互动,而且在工作和游戏中越来越熟悉计算机的使用。
- 它可以在社区环境中评估更大的儿童群体。
- 更省时并可持续使用。

为了测试计算机化的麦克阿瑟主题故事,我们使用2组儿童进行比较:一组是被寄养的学龄儿童；另一组是作为对照的学龄儿童。正如所预期的，与对照组的学龄儿童相比，寄养组学龄儿童叙述故事的连贯性明显更差，意向性（观点采择）明显更弱，回避行为明显更多。

情境中的儿童

在对理解儿童的各种取向进行思考时，认识到社会中的儿童是社会系统的一部分很重要。一个系统，不管是生物的、经济的，还是心理的，都有两个基本属性：整体性和顺序性。整体中的所有部分都和所有其他部分相关并且必须具备适应变化的能力。家庭中诞生了一个新的婴儿可能就是一个例子。这一事件将影响常规，需要新的常规并对人际关系产生影响。换句话说，系统中某一部分的任何变化都会导致系统的其他部分发生变化。

布朗芬布伦纳（Bronfenbrenner，1979，1986，1992）提出社会生态模型来描述在整个生命周期中，成长的人类有机体和不断变化的直接环境之间渐进的相互适应过程。让我们简单地想象一下，有两名儿童，一名儿童既有父亲，也有母亲，而且父母都有自己的工作并乐在其中。这家人住在一个富裕的社区，社区里有很好的学校和其他社区设施。父母拥有广泛的专业人员、家庭和朋友网络，儿童在学校受欢迎并且很聪明，有着亲密的朋友，参加了许多课外活动和校外俱乐部。这家人有 2 辆车，经常度假。另一名儿童只有母亲，母亲有男朋友，但对儿童来说并不是真正的父亲人选。这位母亲失业，领取社会保障福利。他们经济拮据，没有电话。他们住在一个简陋的街区，从不去度假。这位母亲患有抑郁症，很难交到朋友，也很难管理儿童日益困难的行为。这名儿童在学校不受欢迎，经常惹麻烦，容易出事，身体也不好。

正如这两个例子表明的，儿童是社会和环境关系体系或网络中的一部分，其中有许多参与者（家人、教师、朋友）和许多环境（家、游乐园、学校、社区）。布朗芬布伦纳提出个体和场所所处的四种环境系统：微观系统、中间系统、外层系统和宏观系统。

微观系统是儿童生活的直接环境，包括花园、房子和游乐园。这些是身体空间或活动的环境。微观系统也包含人，例如父母、教师、同伴，以及与这些人的互动。中间系统是不同环境和不同发展时期之间的关系：家和学校或医院之间的关系。外层系统不是儿童生活的环境，但确实对儿童有影响，它包含父母就业和社会网络。宏观系统指的是更广泛的文化和亚文化环境，例如贫穷、邻里和种族，等等，它包括微观系统、中间系统和外层系统。

让我们以离婚为例来考虑这个模型。离婚立刻引发我们对儿童个体的关心。我们可能想知道，一个特殊儿童会如何应对离婚带来的压力或者离婚时儿童的年龄是否重要。一个具体的研究问题可能是：对离婚过程的认知和解释而言，不同发展水平的儿童存在哪些质的差异？在微观系统，我们可以研究离婚前父母和儿童关系的质量并以此预测离婚后儿童的适应。在中间系统，我们可以研究离婚对儿童在学校的成就和人际关系的影响。在外层系统，我们可能想知道非常住父母的可获得性，也许可以研究儿童与非常住父母的物理距离是否会影响离婚后儿童的适应？在宏观系统，存在婚姻解决问题——例如，关于儿童抚养和其他关切问题的讨论是否通过调解得到公平解决？还可以考虑这些不同的系统是如何结合起来的。在询问离婚后经济不稳定如何影响家庭关系，特别是家庭模式的变化时，我们正在宏观系统和微观系统进行研究。家庭成员的亲属关系和可获得性是否能帮助儿童适应离婚？这一问题将宏观系统和微观系统结合在一起。

新的理论的影响

48

人类的心理和行为极其复杂。然而，如果我们正在和一名情绪低落的儿童一起工作或正在照顾他，他正艰难地理解自己和他人并体验着有问题的人际关系，也许问题的原因是生物损伤或者早期的创伤关系或者社会压力，也许在现实的研究世界里，最有可能的原因是上述原因的复杂结合，我们有责任增进我们对他的理解，提高我们对如何最好地支持他解决问题的认识。在接受儿童日常生活复杂性的同时，我们也要认识到，脆弱性和复原力的概念对于一些研究领域尤为重要。这些研究领域通过更好地了解儿童面临的风险,影响儿童的社会逆境来改善儿童的结果。

复原力被定义为"困境条件下的正常发展"。理论和研究发现,儿童的复原力特征包括:女性化、安全的依恋、外向的气质、善于交际并具有解决社会问题的能力。脆弱性被定义为"儿童及其家庭和社区中那些可能会阻碍健康发展的特征"。理论和研究发现,儿童的脆弱性特征包括:残疾,种族主义,缺乏安全依恋,困难型气质和缺乏家庭、社会或社区的支持。儿童面临的风险是指"对儿童的健康发展和适应构成威胁的生活事件和困难",包括:亲人亡故、被虐待或被忽视的经历。研究表明,环境中的保护包括:在学校的积极经历,至少有一名支持性的成人,帮助解决行为问题和在社区中为弱势父母建立更广泛的支持网络。研究者希望改善儿童的结果,其主要目标是能够更准确地评估儿童的脆弱性和儿童面临的风险,从而提高他们环境的保护水平和他们的复原力。

关于探索儿童内部世界和外部世界之间重要且复杂的联系,可进一步阅读迈克尔·鲁特(Michael Rutter,2006)和其他人关于儿童风险和复原力的著作(Fonagy et al.,1994;Gilligan,1999;Rutter et al.,2004)以及罗伯特·欣德(Robert Hinde,1997)探讨人际动力学复杂性的著作。关于父母心理健康问题对儿童影响的理论和研究总结,请参阅邓恩(Dunn,1995)、福纳吉等人(Fonagy et al.,1997)、格雷格(Greig,2004,2005a,2005b)和韦斯特等人(West et al.,2003)关于童年抑郁,个人、社会和情绪发展以及游戏、语言和学习相互作用的评论。关于育儿理论,请参阅鲍姆林德(Baumrind,1972)、伯恩斯坦(Bornstein,1995)、格伦博(Golombok,2000)、昆顿和鲁特(Quinton & Rutter,1988)的著作。关于亲社会行为发展,请参阅谢弗(Schaffer,1996)的著作。关于自我概念和自尊,请参阅库伯史密斯(Coopersmith,1967)、杜塞克和弗莱厄蒂(Dusek & Flaherty,1981)的著作。关于兄弟姐妹和同伴关系,请参阅邓恩(Dunn,1993,2004)、邓恩和肯德里克(Dunn & Kendrick,1982)及斯滕伯格(Steinberg,1993)的著作。关于亲人亡故、离婚和分离对儿童的影响,请参阅邓恩等人(Dunn et al.,2001)、法伯格(Fahlberg,1994)以及朱伊特(Jewett,1984)的著作。关于语言和识字的发展,请参阅休姆和斯诺林(Hulme & Snowling,2009)、斯诺林和休姆(Snowling & Hulme，2005)的著作。对这些理论的全面评价超出了本书的范畴。然而，对于那些希望在儿童生活的特定领域做真实情境研究的人而言，这个简短的概述是一个有用的开端。

研究中的内容变量和情境变量

当我们对儿童进行研究时，不仅要考虑儿童的整个背景，还要考虑研究的整个背景。许多人开展研究项目并利用研究的成果来发展理论取向，却没有认识到在更广泛的背景下开展研究对研究的影响。麦凯(MacKay，2006)通过区分内容变量和情境变量强调了这一点。内容变量是指研究项目中的实际事物或内容——有意设计的作为研究基础的因素。例如，假设一位教师想要找到一种更好的方法来教育那些难以掌握早期阅读技能的儿童，他决定采用新的合成语音法，而不是传统的大多数儿童从小到大都在用的旧的分析语音法。他可能使用量化方法(第六章和第七章)并建立一个实验组和一个对照组，也可能使用质性方法(第八章)并调查使用新的合成语音法的儿童的深层体验。无论哪种方法，所讨论的内容变量都采用新的合成语音法，这就是我们计划的研究内容。如果儿童使用了新的合成语音法后表现得更好，那么大概是因为新的合成语音法比传统的旧的分析语音法更好。但真的是这样吗？或者，是否还存在其他与该项目毫无关系的导致变化的因素？

这是情境变量非常重要的地方。使用传统的旧的分析语音法的儿童只是继续做他们一直做的事情。但是，使用新的合成语音法的儿童发现，它是"绘声绘色的"。空气中弥漫着兴奋的气氛。教师有了新的兴趣和热情，并相信自己的想法会带来变化。新的合成语音法有很多有趣的、色彩丰富的材料，用一种完全不同的方式学习时，教师和学生一起做动作并高喊字母。显然，不仅仅是教学内容，教学情境也发生了重大变化。哪个因素更重要呢？是新的合成语音法，还是伴随而来的计划外的变化？情境变量最著名的例子是霍桑效应。在20世纪20年代末和30年代初，为了提高生产力，在美国伊利诺伊州芝加哥的西部电力公司的霍桑工厂进行了一系列实验。在改变一些因素，例如光照水平和节日休息的时间后,研究者发现,无论发生什么变化——包括回到最初的工作状态,生产力都会提高(Mayo,1946;Roethlisberger & Dickson,1939)。研究得出的结论是,这种影响只是兴趣和关注的结果。兴趣和关注导致期望水平改变,提高了动机。

面对诸如霍桑效应这样的情境变量,研究者们有两种选择。传统的方法将其视为一个陷阱,通过寻找尽可能多的相同经验来回避它。但是,许多阅读本书的人很可能是想要获得"我如何才能和儿童一起进行真正能改变他们生活的研究"这个问题答案的实践者。麦凯(MacKay,2006)试图通过对情境变量采取完全不同的方法来回答这个问题。如果一个情境变量像霍桑效应那样能产生积极的影响,那么我们为什么要回避它? 我们为什么不宣扬它并有意将它建立起来,进行研究干预呢? 在用这一方法提高全体人口的教育成就时,麦凯准备最大限度地发挥情境变量的影响并侧重于五个关键因素:愿景、姿态、所有权、承诺和宣言。这五个关键因素作为研究策略的一部分被正式阐明和接受,在课程改变后,它们成为传递课程内容的工具。研究被认为是"有远见的",并且得到高度关注。这向所有参与者传达的信息是,他们参与了一些非常重要的事情。这反过来又促进了承诺和所有权。这个项目属于每一个人,所有人都有动力为它的成功发挥自己的作用。他还介绍了宣言。人们对此寄予厚望并大胆地宣布了这一点。在其中一项研究中,六所学校的儿童接受的干预,除其中一项外,与其他学校完全相同。他们和他们的老师一天三次大胆地宣称他们的成绩会提高。相比于对照组学校的儿童,这六所学校的儿童取得了更大的进步。

这些观察应该强调影响研究结果的许多因素。它们既代表一个警告,也代表一个机会。警告是:如果你想做一些纯粹的调查研究,例如一种新方法是否更有效,那么你应该意识到可能"污染"你的研究的情境变量,并找到控制这些情境变量的方法。机会是:如果你被赋予"让事情变得更好"的任务,并且你想要最大限度地发挥你创新的影响,那么你应该给你的项目带来一个清晰的愿景,让参与者兴奋并作出承诺,总体影响将会增强。

社 会 学 理 论

　　在我们致力于更好地理解日常生活和研究实践中的儿童的基础之上,社会学理论要求我们审视和检验我们对待儿童的态度这一事实。社会学理论是一种超越对社会中的儿童的心理—生态感知的理论。它认为,我们对儿童的所有态度、看法和信念——就像我们所有的态度一样——都是社会建构的。也就是说,那些我们接受的关于儿童及其思想、感觉和行为的既定知识,实际上并不是客观的现实,而是人类意义创造机制的一种建构。

　　我们通常描述的童年,在现实中并没有一个自然区别可以标志一个儿童属于某种类型的童年。例如,联合国《儿童权利公约》(www.unicef.org/crc/)中有一个通用的、国际公认的关于童年的定义是:从出生至18岁。尽管如此,在世界各地,在不同的地方和亚文化中,甚至在我们自己生活的地方,儿童在社会、政策和实践中被年长成员看待和对待的方式有很大的不同。因此,童年的类别是人类社会为更好地理解和管理这一类成员而进行的社会构建。

　　社会建构的结果是,没有关于儿童的普遍现实或定义。特定文化对其社会的年轻成员有自己的社会建构,并且一种文化对儿童的分类方式并不一定与其他文化相同。例如,在现代西方社会,儿童在法律上被建构和定义为拥有权利,应该去上学并得到保护;他们有机会获得为他们量身定制的电视、媒体等消费产品。然而,在历史上,这是非常不同的。在维多利亚时代,并不是以同样的方式对儿童进行社会建构。同样,在今天的其他文化中,儿童有着非常不同的生活经历,因为他们的社会对他们进行的社会建构是非常不同的。他们可能在西方社会无法想象的年龄被安排结婚,承担重大的工作职责和没有得到保护的权利。基于我们对儿童的社会建构观点以及我们自己的信念和态度,我们发现,没有一个客观事实可以说明儿童实际上是什么。虽然我们在18岁时可能会觉得自己很成熟,但是当我们拿到了门的钥匙,可以买酒、结婚及投票等时,我们的父母在此之后的很多年里,可能依旧把我们当作孩子看待。

后现代主义和话语理论

后现代主义是一种接受先前概述的社会建构主义原则的理论取向。这一取向可以追溯到 20 世纪 60 年代,它表明,人们认为的童年实际上是通过时间、空间和文化被社会建构和决定的(Aries,1962)。这一取向挑战了这样一种观点,即有一种自然的或普遍的童年概念。相反,它提出童年是社会的发明。就生物决定论而言,这一取向与它并不相互排斥。具有生物学和心理学背景的读者将在这里认识到他们自己内心的关于先天—后天争论的观点。后现代主义取向的目的是将注意力从童年的那些方面转移开来,那些方面既是儿童内部与生俱来的方面,也是在儿童内部通过先天—后天交互作用得以改变的方面。相反,重点是关注完全无关的社会力量塑造儿童的世界,以及他人看待和管理儿童的世界的方式。因此,对于那些希望对儿童现实社会、教育和健康等方面进行研究的人而言,这是一种有用的理论取向,但是它并没有被普遍接受,它的实际意义也经常遭受质疑(Howe,1994)。后现代主义取向的另一个有用之处是它为我们提供了"话语"的概念。话语是指一整套相互联系的思想,它们相互作用并由特定的意识形态或世界观结合在一起,例如"为人父母"的话语,"社区"的话语和"女权主义"的话语。这样,我们就可以说"童年"的话语。每一种话语都有自己的关于童年世界是如何运作的知识库、信念、价值观和道德准则。

在童年的社会建构中,也可能有不同的话语,这取决于对它的不同观点。例如,一种观点是,儿童固有的善良和脆弱性意味着他们需要保护。这是一种"需要—提供福利话语"。另一种观点是,儿童天生就是坏人,因而需要纪律和文明。这是一种"需要—控制话语"。显然,这两种两极分化的儿童观激发了与儿童有关的和代表儿童采取行动的不同方式,以及支持儿童的社会结构和程序的必要性。在很大程度上,社会会设法将这两种不同的童年话语结合在一起,因为它们都涉及满足儿童需要的不同方面。社会科学一度认识到,有必要接受儿童生活和世界的复杂性以及成人试图调和其复杂性时的焦虑。

社会学理论的影响

对社会建构主义的批判之一在于,虽然在我们受到激励,代表儿童采取行动时,它确实让我们对所遇到的困惑有了一些理解,但是它在帮助人们决定应该为儿童做些什么方面提供的帮助尚不明确。根据豪威(Howe,1994)的研究,如果采取以下方式:多元化、参与、权力及表现,后现代主义取向确实对儿童具有现实意义。

多元化　儿童是复杂和多层面的。没有一种话语可以给予所有解释,满足儿童的所有需要。这意味着有必要认识到存在不同的立场,找到建设性管理矛盾的观点,尊重和接纳多样性与不确定性的方法。

参与　在社会建构主义背景下,既没有绝对的真理,也没有单一的行动方针,至关重要的是,如果所有人都赞同具有创造性的解决方法,那么所有有资格发表观点的人的观点都值得被思考。

权利　在社会建构主义背景下,有意识地认识到所有身处儿童世界中的人 54 (专业人员、照顾者、父母和儿童自己)都有自己的权利,都有保护自身利益的能力是非常有必要的。

表现　表现与官僚、机构和学术权力有关,而且社会建构主义要求我们批判性地看待以下两点:一是就他们所宣称的和他们所做的而言,这些权力是多么自私;二是他们的权力对儿童的影响将受到评判。

理论、研究和实践：批判运动的兴起

批判运动(critical movement)的兴起对心理学和其他学科的理论、研究和实践的各个方面都提出挑战。这见证了批判心理学(Fox & Prilleltensky,1997)、批判性社会工作(Fook,2002)、批判性教学(Wink,2004)和拥有国际批判社会学杂志的批判社会学的发展。批判运动的核心观点是:科学不是也不可能是非政治性和无价值的。关于科学价值的争论,通过提出关于研究的优先次序、目的和方法的问题,对整个研究议程提出挑战。传统理论、研究和干预范式依据的所有假设都受到质疑,人们对研究和实践在社会公正和人类福利领域的影响也提出更广泛的问题。

试图提供一个一致的价值观框架来支持研究的优先次序,这并非没有大的挑战。在提倡"基本的人类需要、价值观和权利必须得到满足和维护,只有这样才能实现更美好和更公正的社会"的信念时,普芮拉坦斯克和尼尔森(Prilleltensky & Nelson,1997)提出五个核心价值观,这些价值观在从事儿童工作的研究者和实践者中被普遍接受。这五个核心价值观是:健康、关怀和同情、自我决定和参与、人类多样性与社会公正。

显然,批判运动的议程可能对我们如何应用理论和如何对儿童进行研究产生许多影响。至少作为研究者,它应该让我们停下来思考研究的目的和方法,以及这些目的和方法对年轻参与者的影响(关于儿童研究伦理的问题也可见第十章)。

55

本 章 小 结

儿童是复杂世界中的复杂生物。那么,我们如何开始做儿童研究呢?我们是否需要关注儿童的个体特征,儿童与同伴的有趣的互动,儿童与朋友、兄弟姐妹及照顾者的关系?我们如何捕捉儿童身处的社会和文化接纳、支持、惩罚或孤立儿童的方式?本书后文将致力于解决这些问题。

专栏 2 - 4

哪 种 理 论?

回到本章开篇描述的六个情境。分组讨论每一个情境或者根据小组的兴趣有选择地讨论并解决以下问题:

1. 哪一种或哪几种理论最能描述和解释所涉及的问题？

2. 为何一种特定的理论适合而其他理论不适合？

3. 在应对每一个情境时，所选择的理论在多大程度上是有限的？

4. 讨论每个情境中可能考虑到的潜在风险、脆弱点、逆境、复原力（如果有的话）。

参 考 文 献

Adler, A. (1916). *The neurotic constitution: Outline of a comparative individualistic psychology and psychotherapy*. New York: Moffat, Yard.

Ainsworth, M. D. S., Blehar, M. C., Waters, E., & Wall, S. (1978). *Patters of attachment: A psychological study of the strange situation*. Hillsdale, NJ: Erhbaum.

Aries, P. (1962). *Centuries of childhood: A social history of family life*. New York: Vintage Books.

Bandura, A. (1977). *Social learning theory*. Englewood Cliffs, NJ: Prentice Hall.

Bandura, A. (1986). *Social foundations of thought and action: A social cognitive theory*. Englewood Cliffs, NJ: Prentice Hall.

Baron-Cohen, S., Leslie, A. M., & Frith, U. (1985). Does the autistic child have a "theory of mind"? *Cognition*, *21*(1), 37 – 46.

Bartsch, K., & Wellman, H. (1989). Young children's attribution of action to beliefs and desires. *Child Development*, *60*(4), 946 – 964.

Baumrind, D. (1972). *Socialization and instrumental competence in young children*. In W. W. Hartup (Ed.), *The young child: Reviews of research* (Vol. 2). Washington, DC: National Association for the Education of Young Children.

Bornstein, M. H. (1995). *Handbook of parenting*. Mahwah, NJ: Lawrence Erlbaum Associates.

Bowlby, J. (1953/1965). *Child care and the growth of love*. Harmondsworth: Penguin.

Bowlby, J. (1979). *The making and breaking of affectional bonds*. London: Tavistock Publications.

Bretherton, I., & Ridgeway, D. (1990). Story completion tasks to assess young children's internal working models of child and parent in the attachment relationship. In M. T. Greenberg, D. Cicchetti & E. M. Cummings (Eds.), *Attachment in the preschool years: Theory, research and intervention* (pp. 273 – 308). Chicago, IL: University of Chicago

Press.

Bronfenbrenner, U. (1979). *The ecology of human development: Experiments by nature and design*. Cambridge, MA: Harvard University Press.

Bronfenbrenner, U. (1986). Ecology of the family as a context for human development: Research perspectives. *Developmental Psychology*, 22(6), 723 – 742.

Bronfenbrenner, U. (1992). Ecological systems theory. In R. Vasta (Ed.), *Six theories of child development: Revised formulations and current issues* (pp. 187 – 249). London: Jessica Kingsley.

Bugental, J. F. T. (1964). The third force in psychology. *Journal of Humanistic Psychology*, 4(1), 19 – 26.

Coopersmith, S. (1967). *The antecedents of self-esteem*. San Francisco CA: W. H. Freeman.

Crittenden, P. M. (1992). Quality of attachment in the preschool years. *Development and Psychopathology*, 4(2), 209 – 241.

Davey, G. C. L., Albery, I. P., Chandler, C., Field, A. P., Jones, D., Messer, D., Moore, S., & Stirling, C. (Eds.). (2004). *Complete Psychology*. London: Hodder & Stoughton.

Denham, S. A., & Auerbach, S. (1995). Mother-child dialogue about emotions and preschoolers' emotional competence. *Genetic, Social, and General Psychology Monographs*, 121(3), 311 – 337.

Department of Health. (1990). *The care of children: Principles and practice in regulations and guidance*. London: HMSO.

Donaldson, M. C. (1978). *Children's minds*. New York: Norton.

Dunn, J. (1993). *Young children's close relationships: Beyond attachment*. London: Sage.

Dunn, J. (1995). Children as psychologists: The later correlates of individual differences in understanding of emotions and other minds. *Cognition and Emotion*, 9(2 – 3), 187 – 201.

Dunn, J. (2004). *Children's friendships the beginnings of intimacy*. Malden, MA: Blackwell.

Dunn, J., & Kendrick, C. (1982). *Siblings: Love, envy, and understanding*. Cambridge, MA: Harvard University Press.

Dunn, J., Deater-Deckard, K. D., & Joseph Rowntree Foundation. (2001). *Children's views of their changing families*. Layerthorpe, York: YPS for the Joseph Rowntree Foundation.

Dusek, J. B., & Flaherty, J. F. (1981). *The development of the self-concept during the adolescent years*. Chicago, IL: University of Chicago Press for the Society for Research in Child Development.

Erikson, E. H. (1950/1963). *Childhood and society* (2nd ed.). New York: Norton.

Fahlberg, V. (1994). *A child's journey through placement*. Indianapolis, IN: Perspectives Press.

Fechner, G. T. (1860). *Elemente der psychophysik*. Leipzig: Breitkopf und Härtel.

Flavell, J. H. (1978). The development of knowledge about visual perception. In C. B. Keasey (Ed.), *Nebraska symposium on motivation* (Vol. 25). Lincoln, NB: University of Nebraska Press.

Flavell, J. H. (1985). *Cognitive Development* (2nd ed.). Englewood Cliffs, NJ: Prentice Hall.

Flavell, J. H. (1988). The development of children's knowledge about the mind: From cognitive connections to mental representation. In Astington, J. W., Harris, P. L., & Olson, D. R. (Eds.), *Developing theories of mind* (pp. 244 - 267). New York: Cambridge University Press.

Fonagy, P., Redfern, S., & Charman, T. (1997). The relationship between belief-desire reasoning and a projective measure of attachment security (SAT). *British Journal of Developmental Psychology*, *15*(1), 51 - 61.

Fonagy, P., Steele, M., Steele, H., Higgit, A., & Target, M. (1994). The Emanuel Miller Memorial Lecture 1992. The theory and practice of resilience. *Journal of Child Psychology and Psychiatry*, *and Allied Disciplines*, *35*(2), 231 - 257.

Fook, J. (2002). *Social work: Critical theory and practice*. London: Sage.

Fox, D., & Prilleltensky, I. (1997). *Critical psychology: An introduction*. London: Sage.

Freud, S., Strachey, J., & Richards, A. (1901/1976). *Pelican Freud Library* (4): *The psychopathology of everyday Life*. Harmondsworth: Penguin.

Freud, S., Strachey, J., & Richards, A. (1905/1977). *Pelican Freud Library* (7): *Three essays on the theory of sexuality*. Harmondsworth: Penguin.

Freud, S., Strachey, J., & Richards, A. (1923/1984). *Pelican Freud Library* (11): *The ego and the id*. Harmondsworth: Penguin.

Gazzaniga, M. S., Ivry, R. B., & Mangun, G. R. (2002). *Cognitive neuroscience: The biology of the mind* (2nd ed.). New York: Norton.

Gilligan, C. (1999). Children's own social networks and network members: Key resources in helping children at risk. In M. Hill (Ed.), *Effective ways of working with children and their families*. Philadelphia, PA: Jessica Kingsley.

Goldsmith, D. F., & Rogoff, B. (1995). Sensitivity and teaching by dysphoric and nondysphoric women in structured versus unstructured situations. *Developmental Psychology*, *31*(3), 388 - 394.

Golombok, S. (2000). *Parenting: What really counts?* London: Routledge.

Greig, A. (2004). Childhood depression-part 1: Does it need to be dealt with only by health professionals? *Educational and Child Psychology*, *21*(4), 43 - 54.

Greig, A. (2005a). Personal, social and emotional development. In J. Taylor & M. Woods (Eds.), *Early childhood studies: An holistic introduction* (2nd ed.) (pp. 57 - 77). London: Hodder Arnold.

Greig, A. (2005b). Play, language and learning. In J. Taylor & M. Woods (Eds.), *Early childhood studies: An holistic introduction* (2nd ed.) (pp. 99 - 116). London: Arnold.

57

Greig, A., & Howe, D. (2001). Social understanding, attachment security of preschool children and maternal mental health. *British Journal of Developmental Psychology*, *19*(3), 381 – 393.

Hinde, R. A. (1997). *Relationships: A dialectical perspective*. Hove: Psychology Press.

Howe, D. (1994). Modernity, post modernity and social work. *British Journal of Social Work*, *24*(5), 513 – 532.

Hulme, C., & Snowling, M. J. (2009). *Developmental disorders of language learning and cognition*. Chichester: John Wiley.

Jewett, C. L. (1984). *Helping children cope with separation and loss*. London: BHAR.

Jung, C. (1921). *Psychological types, or the psychology of individuation*. New York: Harcourt and Brace.

MacKay, T. (2006). *The west dunbartonshire literacy initiative: The design, implementation and evaluation of an intervention strategy to raise achievement and eradicate illiteracy: Phase 1 research report*. Dumbarton: West Dunbartonshire Council.

Maslow, A. H. (1954). *Motivation and personality*. New York: Harper.

Mayo, E. (1946). *The human problems of an industrial civilization*. Boston, MA: Division of Research, Graduate School of Business Administration, Harvard University.

Meins, E., & Russell, J. (1997). Security and symbolic play the relation between security of attachment and executive capacity. *British Journal of Developmental Psychology*, *15*(1), 63 – 76.

Meins, E., Fernyhough. C., Russell, J., & Clark Carter, D. (1998). Security of attachment as a predictor of symbolic mentalising abilities: A longitudinal study. *Social Developmental*, *7*(1), 1 – 24.

Minnis, H., Millward, R., Sinclair, C., et al. (2006). The computerized MacArthur story stem battery-a pilot study of a novel medium for assessing children's representations of relationships. *International Journal of Methods in Psychiatric Research*, *15* (4), 207 – 214.

Peterson, C., & Seligman, M. E. P. (2004). *Character strengths and virtues: A handbook and classification*. Washington, DC: American Psychological Association.

Piaget, J., Tomlinson, J., & Tomlinson, A. (1929/1952). *The child's conception of the world*. New York: Harcourt, Brace and Co.

Piaget, J. (1937/1954). *The construction of reality in the child*. New York: Basic Books.

Piaget, J. (1945/1962). *Play, dreams and limitation in childhood*. New York: Norton.

Plomin, R., DeFries, J. C., Craig, I. W., et al. (Eds.). (2002). *Behavioral genetics in the postgenomic era*. Washington, DC: American Psychological Association Books.

Prilleltensky, I., & Nelson, G. (1997). Community psychology: Reclaiming social justice. In D. Fox & I. Prilleltensky (Eds.), *Critical psychology: An introduction* (pp. 166 – 184). London: Sage.

Quinton, D., & Rutter, M. (1988). *Parenting breakdown: The making and breaking of inter-generational links*. Aldershot: Avebury.

Roethlisberger, F., Dickson, W., Wright, H. A., Pforzheimer, C. H., & Western Electric Company. (1939). *Management and the worker: An account of a research program conducted by the western electric company, Hawthorne Works, Chicago*. Cambridge, MA: Harvard University Press.

Rogers, C. R. (1951). *Client-centred therapy, its current practice, implications, and theory*. Boston, MA: Houghton Mifflin.

Rutter, M. (2006). *Genes and behaviour: Nature-nurture interplay explained*. Oxford: Blackwell.

Rutter, M., O'Connor, T. G., & The English and Romanian Adoptees Study Team. (2004). Are there biological programming effects for psychological development? Findings from a study of Romanian adoptees. *Developmental Psychology*, 40(1), 81 – 94.

Samuel, J., & Bryant, P. (1984). Asking only one question in the conversation experiment. *Journal of Child Psychology and Psychiatry, and Allied Disciplines*, 25(2), 315 – 318.

Schaffer, R. H. (1996). *Social development*. Oxford: Blackwell Publishers.

Seligman, M. E. P. (2003). *Authentic happiness: Using the new positive psychology to realise your potential for lasting fulfilment*. New York: The Free Press.

Seligman, M. E., & Csikszentmihalyi, M. (2000). Positive psychology: An introduction, *American Psychologist*, 55(1), 5 – 14.

Skinner, B. F. (1938). *The behavior of organisms*. New York: D. Appleton-Century.

Snowling, M. J., & Hulme, C. (2005). *The science of reading: A handbook*. Malden, MA: Blackwell.

Steinberg, L. D. (1993). *Adolescence*. New York: McGraw-Hill.

Vygotsky, L. S. (1978). *Mind in society: Development of higher psychological processes*. Cambridge, MA: Harvard University Press.

United Nations Children's Fund. (2012). Convention on the Rights of the Child. Retrieved March 26, 2012, from the World Wide Web: http://www.unicef.org/crc/.

Watson, J. B. (1913). Psychology as the behaviourist views it. *Psychological Review*, 20, 158 – 177.

Watson, J. B. (1930). *Behaviourism*. New York: Norton.

Wertsch. J. V., & Hickman. M. (1987). Problem solving in social interaction: A microgenetic analysis. In M. Hickman (Ed.), *Social and functional approaches to language and thought* (pp. 251 – 266). Orlando, FL: Academic Press.

West, P., Sweeting, H., Der, G., Barton, J., & Lucas, C. (2003). Voice-DISC identified DSM-IV disorders among 15-year-olds in the west of Scotland. *Journal of the American Academy of Child and Adolescent Psychiatry*, 42(8), 941 – 949.

Wink, J. (2004). *Critical pedagogy: Notes from the real world*. New York: Pearson/Allyn and Bacon.

Wundt, W. M. (1874). *Grundzüge der physiologischen Psychologie*. Leipzig: W. Engelman.

推 荐 阅 读

Layard，P. R. G.，Dunn，J.，& Good Childhood Inquiry. (2009). *A good childhood: Searching for values in a competitive age*. London：Penguin.

Roberts，Boyd，D.，& Bee，H. L. (2009). *Lifespan development* (5th ed.). Boston，MA：Pearson/Allyn and Bacon.

Bjorklund，D. F.，& Hernández，Blasi，C. (2012). *Child and adolescent development: An integrated approach*. Belmont，CA：Wadsworth.

第三章
理论框架

本章目标：

- 介绍思考和进行儿童研究的主要的理论框架
- 探索质性研究与量化研究的差异和潜在共性。
- 为选择恰当的理论框架提供实用指南。

简单地回想一下，在许多场合你会说"我有一个理论……"，然后是"有一个人的工作是协调你所有的账单并使它们都在同一天到达"或"排行在中间的儿童在童年会出现关系困难"。无论你的理论是滑稽的、荒谬的，还是革命性的，它们都建立在观察的基础上。这可能是你今年第十次注意到，你所有的账单同时在一天到达。这可能是你家里的第四代，排行在中间的儿童从未成功地建立过长期的伙伴关系。有些观察和理论值得检验，有些则不值得。如果我们真的证明有一个"账单协调员"，那么我们就没有什么可以做的了。但是建立关系的困难与出生顺序之间的联系是信息丰富且有用的，并提供了一个有趣的关于研究问题、研究答案和研究干预的线索。

因为儿童在我们的生活中具有压倒一切的重要性，所以可以说，这使儿童比任何其他东西都更需要理论化。在理解和帮助儿童时，平庸的理论和随意的观察完全行不通。在进入、理解或预测儿童的世界时，需要更谨慎、可靠、有效和有洞察力的方法，甚至是科学的方法。

61
了解儿童的认识论框架

认识论框架的哲学基础在很大程度上与研究者对科学与知识本质的认识有关。发轫于 16 世纪的科学革命，到了 18 世纪已经发展成一场全面的启蒙运动。18 世纪欧洲的这场启蒙运动，促进了经验和科学知识的发展以及两者之间的相互交流，反对迷信和不包容。通过一种理性的、以证据为基础的、真正科学并能够导致进步和现代化的方法，我们对创造的整体认识和理解变得开明了。工业革命带来了科学和技术的巨大进步，这些进步产生于可观察的、可量化的、一般的或普遍的真理，并改变了我们看待世界的方式和我们生活的方式。

然而，一个自称后现代主义的运动已经对社会研究和其他学科，例如建筑、艺术和文学产生了相当大的影响。后现代主义取向挑战了现代主义所坚持的一切。在最极端的形式下，后现代主义取向的核心原则是"没有客观的真理或现实"（Alvesson，2002；Blaikie，2007）。在不那么极端的形式下，后现代主义取向不想暗示我们不存在真理和现实，而是想强调我们对"什么是真的和对的"的理解是一个复杂和相对的过程。也就是说，真理或现实是相对的，不是普遍的。

社会科学和社会研究已经受后现代主义运动所产生的"相对主义"立场的影响。找到一种方法来解决理解这些具体的、地方性的、个人的和社区形式的真理的正当需要，已经对传统科学的、现代的研究方法提出相当大的挑战。正如我们将在本章后文讨论的，因为社会科学研究中的人不仅是物理对象，还具有解释性思想和社会过程，所以需要一种新的超越简单描述和量化的方法，即质性方法。在寻找真正的科学模式上，质性方法发展缓慢，但在任何寻求充分解释人类状况的研究中，质性方法的发展又是明确的和有必要的。现在我们可以说，质性方法与量化方法并肩坐在社会科学研究的科学范式中，无论是生物决定的，还是相对定义的，质性方法考虑到了人类的所有方面。持这两种立场的极端分子之间的争论仍然存在，但对于我们这些人类社会研究领域的工作者，在现实世界中，我们建议采用一种务实的理论框架，这将在本章后文讨论。

62
现在我们继续将质性和量化这两种基本的理论框架应用于现实世界的儿童

研究例子中。我们发现实证主义和建构主义的含义，探索这两种理论框架的相似之处和不同之处，学习如何采取一种基于证据和务实的理论框架来为现实世界的儿童研究项目选择一种恰当的方法。

一种研究儿童的科学的理论框架

正如我们在上一部分所讨论的，物理科学（生物学家、地质学家、化学家等）和社会科学（心理学家、社会学家、教育学家等）的研究者之间，存在一场伪争论。这场伪争论基于这样一种信念：在研究消化系统、岩石、化石或化学化合物时可能用到的理论、方法和解释，必然不同于那些在研究人类行为、思想和发展时用到的理论、方法和解释。简单而准确地说，化石不是人。但是，当我们在思考人类也是物理的、生物的和化学的时候，例如人体化学物质控制人类特征的方式，甚至人类适应和改变其物理、地理和社会环境的方式时，事情就没有那么简单了。对人类学科的复杂问题和整体特征感兴趣的研究者，他们达成的共识是，在关于人类学科的研究问题上，对理论、方法和研究结果，需要采用一种折中的或启发式的理论框架。

我们需要从尽可能多的角度看待涉及儿童以及他们生活的社会世界的研究。这需要从科学、社会科学、人文科学和艺术领域借鉴广泛的理论和方法。正如威廉姆·詹姆斯（William James，1842—1910）所指出的，"心理学是一门科学，教学是一门艺术，科学从不直接产生于自身。一个折中的创造性思想，必须通过使用其独创性来获得应用"（James，1899，p.3）。

因此，研究新手采纳罗布森（Robson，2011）的建议，寻求开展一项科学研究的价值，遏制偏见并消除一些常见的关于科学的理论框架的误解，将会做得很好。与此同时，在研究现实世界的儿童时，重要的是对科学有一种广义的解释以包含一系列质性和解释性方法，尽管采用这一系列方法的过程要严谨、透明，同时也要接受自己及他人的评价。这是一个事关良好研究和专业实践的问题。各个学科的发展研究者已经认识到形式严谨的"科学主义"的局限性并积极发展相

63　关理论(见第二章)和方法(见第六章、第七章、第八章及第九章)来应对它。在这里,对"科学"含义的修订源自两个挑战:一是社会科学范式的转变;二是关于儿童的新立法。一段时间以来,社会科学内部已经认识到范式转变的必要性,并要求采用更广泛的质性和解释性的方法。这是为了更好地面对儿童和其他人以及儿童和文化历史背景之间的辩证关系这一事实。2004年《儿童法案》的内容是执行一系列与儿童权利有关的条例,以便就影响到儿童的问题征求儿童的意见(National Archives,2012)。因此,富有创造性的研究者一直在发明新的方法以确保与儿童进行可靠和有效的协商。现在我们必须从"对""和""关于"甚至"陪同"儿童的角度,仔细思考我们的研究,最后一个"陪同"指的是儿童自己作为研究者!

　　在下一部分,我们将讨论不同于传统的理论和研究的理论框架并继续讨论它们的相似之处、不同之处及交叉之处。

实证主义和建构主义

　　科学发现和新技术的重大进步这一工业革命的特点来自一种被称为**实证主义**(positivism)的理论和研究的理论框架。关于儿童本质的实证主义假设是,可以通过与研究岩石、化石或化学相同的科学程序研究儿童。儿童是自然的物理存在,遵循着与支配宇宙结构相同的规律和原则。儿童是确定的、可理解的、客观的和可测量的。作为一种研究方法,实证主义是一个过程,在这个过程中,研究者试图确定一种理论陈述是真实的还是错误的。例如,"穿红鞋子的小女孩比穿黑鞋子的小女孩跑得快"。这种陈述也被称为假设,其真值通过观察法或实验法检验。观察法或实验法还需要系统的、受控制的程序来辅助检验过程,目的是发现普遍规律,与跨环境和个人预测的理论和定律一起,创造普遍规律。收集和分析数值数据的方法是可取的,被称为量化法。一个经常被引用的实证主义理论的好例子是**万有引力定律**(law of gravity)。万有引力定律解释了苹果落下,过山车表现以及行星在太阳系中的位置和运动。由于很少有关于物体相互吸引的陈述,这一理论解释了我们观察到的或通过实验验证的大量事件。

从历史上看,学校的出现是为了让年轻人为一个有技术素养的社会做好准备,同时也是为了更好地了解他们的思想是如何运作和发展的。采用实证主义理论框架的发展研究者假设,可以在识别、操作和测量的构念之间刻画出类似于定律的关系。因此,在受控制的环境下研究儿童,隔离、测量变量以及变量与其他变量的关联,预测被研究样本所代表的群体。例如,一项关于一所幼儿园的研究,可以推广到该地区的所有幼儿园。

源自心理学的人类发展理论是一门支持实证主义方法论的社会科学。因此,对鹅的联结本能和行为的观察,即使不能解释全部的人类社会行为和发展,也可以在很大程度上解释母子依恋关系性质的理论。我们可以将其理解为"对"儿童的研究。这是一种寻求解释的方法。

与对力、化石及有羽毛的动物进行研究相比,对人类参与者进行研究的困难在于,研究者和研究参与者都会对研究的情境和研究的预期进行概念化。图3-1中的漫画提出一种方法论观点,即由于研究者和参与者对研究情境进行人

图 3-1 影响实证主义调查的主观概念化

为、主观的概念化,实证主义调查的控制可能受到严重破坏。研究者不仅需要应对参与者对研究情境的感知和反应,还需要应对以无意识或其他方式破坏整个研究的人格。

65　　　人类的语言能力、思维能力和行动能力对实证主义方法论提出挑战。布坎南(Buchanan,1994)讨论了物理科学的自然过程是如何独立于描述它们的语言的,但是人的实践却不是这样。例如,一个人的手势可以有几种不同含义,这取决于人和情境。思考以下情境中举手的含义:一个学生在教师提问时举手;一个在公园踢足球的青少年举手;一个被母亲抛在身后的儿童向他的母亲举手;一群被要求就室内或室外活动投票的儿童举手。此外,儿童"健康"的构念,是正确的饮食和锻炼、身体和心理机能的正常生长和发展,还是勇气、智慧和俭朴的生活?想想青少年如何因父亲的缺席而感到不安和愤怒,然而,一旦他们成为父母,他们就会感激父亲的牺牲。这些例子说明了解释和定义人类行为是多么复杂以及它是如何与情境、时间以及对人的实际意义联系在一起。与非常年幼的儿童或有智力和沟通障碍的儿童一起做研究,会给实证主义研究增加更多的复杂性。儿童的语言能力、行动能力和自我反思能力与成人存在质的差异,并且不同年龄组和不同能力水平的儿童之间也存在质的差异。

然而,对于儿童的本质,以及应该用什么理论和研究方法研究儿童,存在另一种理论框架。这种理论框架被称为**建构主义**(constructivism)。建构主义研究者将儿童视为一个主观的、情境中的、自我决定的及动态的人。儿童及其照顾者是共同行动的具有社会关系的人。当他们相互作用时,他们在给定的情境中建构共同的意义。儿童在与照顾者的互动中象征性地建构意义。儿童及其照顾者在研究的世界里是不可分割的部分。儿童及其照顾者既是被观察者,也是观察者。儿童以及儿童之间的关系,在个体、情境和时间上都是动态的。此外,在日常情境中建构的意义和发生的行为,也在特定的文化实践、历史实践和时间中存在。我们可以将其理解为"和"儿童一起进行研究,"关于"儿童的研究和"陪同"儿童一起进行的研究。这是一种寻求理解的方法。

建构主义研究者认为,在一个主观的世界里,理解和认识是象征性地建构,与他人的惯例和社会统一。在这个世界里,寻求样本,控制和隔离变量,量化行为并将其推广至更大的群体是不恰当的。相反,建构主义研究者努力理解儿童的世界是如何运作的,通过某种方式进入儿童的世界,描述和分析在那里发现的情境化的社会现象。建构主义研究者认为,行动、思想、意图和意义不能用数值等类似的方式表达,而是需要对数据进行更加质性的处理,因而这种理论框架被描述为质性的。

建构主义研究者想要的不是控制,而是自然发生的社会行为,不是孤立的变量,而是寻求对参与者观点的情境化的整体考察。建构主义研究者进行的是描述和解释,不是测量、关联和预测(Hatch,1995,p.122)。表3-1概述了儿童科学研究的两种主要的理论框架。

表3-1 儿童科学研究的两种主要的理论框架 66

实证主义(对……的解释性研究)	建构主义(对……的理解性研究)
儿童是确定的、可理解的和客观的。儿童可以被观察、控制、测量和量化,儿童和自然或物理过程之间有相似之处,且理论是不确定的,需要被证明的,具有可能性	儿童是主观的,不能被客观地认识或测量。儿童有自己的观点,但也是由社会决定的。理论与背景和文化密不可分

儿童科学研究的理论框架

我们可以将儿童科学研究定义为一种系统的、科学的信息搜索过程,目的是提高我们对儿童的了解。这个定义引出了另外两个问题:什么是知识以及什么是科学。对这两个问题的回答取决于研究者选择了哪一种理论框架——量化的理论框架,还是质性的理论框架。下一部分我们将在两种框架下讨论不同的知识和科学概念。作为起点,我们考虑一下儿童的知识的来源。我们将其中一些知识的来源看作是更科学的或更不科学的,因为在这里,科学意味着公正、可靠、有效及控制。我们通过权威人士了解儿童。父母、所谓的专家和政治家告诉我们儿童的本质是什么。我们知道,"儿童应该被看到,而不是被听到",这是一些更权威的人士告诉我们的,但这并不是科学的。我们还可以通过个人信念了解

67　儿童。例如，你可能会认为，儿童不知道也不能表达自己的需要，尽管有证据与之矛盾。这种了解儿童的方式是不科学的，可以等同于偏见。将知识本身伪装成一种有逻辑必然性的知识或者一种不言而喻的先验知识都是不科学的。例如，如果你把智力定义为"一种与生俱来的、永久的适应环境和解决问题的能力"，那么合乎逻辑必然性的结果是，测得的智力应该与婴儿期、童年期、青春期和成年期相关。这类关于儿童知识的科学测验很可能被否定，因为它没有考虑其他潜在因素的影响。

演绎和归纳

演绎和归纳是两种主要的科学研究方法。科学中的演绎强调理论（思想和解释），从理论中推断出可能的结果。一个经常举的例子是，你可能从来没有见过一个煎蛋卷飞进一台电风扇，但你可以对可能的结果做一个很好的预测。科学中的归纳强调数据（测量、数值、观察）。在收集数据时，数值之间的模式和关系变得非常明显。如果数值是 2,4……，那么你可以预测下一个数值是 6,8 或 16，但没有足够的数值让你预测下一个数值应该是 6,8 或 16 中的哪一个。如果数值是 2,4,16……，那么现在你可以预测下一个数值是 256，因为每个数值的平方就是下一个数值。从这个例子可以明显看出，可用的数值越多，就越容易准确地识别出数值之间的模式和关系。

举一个关于演绎的具体例子。如果你想要检验"在职母亲与孩子的关系比全职母亲更差"这个理论，那么你只需通过预测相反方向的结果来挑战它——在职母亲与孩子的关系比全职母亲更好，或者预测否定的结果——在职母亲和全职母亲与孩子的关系不存在差异。然后你设计一个实验来检验这两个变量，即A（工时数）和B（亲子关系质量）之间的关系。为了检验这一假设，你有必要界定变量 A 和变量 B，以便测量这两个变量。然后，我们可以在这两组母亲——很少工作或不工作的母亲（第 1 组）和工作繁忙的母亲（第 2 组）中观察或测量这两个变量。这一检验过程所揭示的知识类型被认为是科学的，因为它是经验的、公正的、可靠的、有效的和可控的。它也可以接受验证和修正，因为它可以被其他研究者复制、修改和改进。如果你确实找到了支持你的理论的答案,那么这将是一个强有力的科学发现。

举一个关于归纳的具体例子。你可能没有一个特定的理论用于演绎,更喜欢观察、测量和考察数据中的潜在模式。你可以简单地观察一些母亲和她们的孩子,然后注意到,事件(例如参与、积极情绪等)的频率是良好关系的指标。这些模式本身可能会创造一个理论或表明应用一个现有的理论。如果你得出一个结论,那么它仍然是科学的,但是不会像你预测你可能发现的结论那样强大。

一个经常被引用的,关于使用演绎和归纳这两种不同方法的类比是建造一幢房子。在演绎法中,你从房子的顶端,即最重要的部分开始,向地面造房子。此时,你最感兴趣的是根据房顶的样子预测房顶以下部分的样子。在归纳法中,你从地面,即房子的底层开始,一边解释下面建造了什么,一边向上造房子,最后把最重要的房顶固定在最上面。但是,在更进一步的类比中,大多数儿童研究被描述为两者的功能组合,从房顶开始一点,从地面开始一点,也许是一面墙,一个房顶,等等。

儿童科学研究的量化的理论框架

儿童科学研究的量化的理论框架以有关儿童、知识和研究方法的客观性质的假设为基础。这一理论框架的基础是演绎的科学活动——检验现有理论的过程。该理论框架认为,理论预先以类似于定律的形式存在,与以下观点一致:儿童的本质是客观的,儿童的行为、理解、知识或意义是结构化的、确定的和普遍的。因此,量化研究需要一种方法,通过这种方法,理论得以存在,并在经验层面上对理论进行检验,将其确定为已被证实的理论或未被证实的理论。在建造房屋的类比中,量化研究是一个自上而下的过程(见图3-2)。量化研究的基本方法

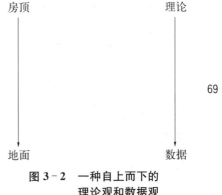

图 3 - 2　一种自上而下的理论观和数据观

68

69

是实验法。

　　根据麦考尔（McCall，1994）的研究，儿童的科学研究涉及两个概念层面：理论层面和实证层面。理论层面（演绎）是关于一般的概念、原则、规律和假设的关系。实证层面（归纳）是将概念定义为可观察的、可测量的变量并观察描述假设的关系。麦考尔（McCall，1994）在他的简化版的行为研究模型（见图 3-3）中指出，我们应该意识到研究者在各个层面上提出的工作假设。这些工作假设每一个都存在，因为研究者和他们的年轻参与者不是力或化石，而且人类科学也不是一门完美的科学。

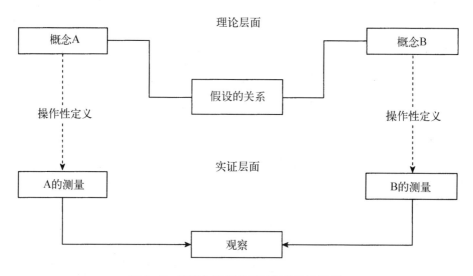

图 3-3　麦考尔的简化版的行为研究模型

来源：改编自 McCall，R. B.（1994）. Commentary. *Human Development*，37（5），293-298. Reproduced with permission of S. Karger AG, Basel.

　　在理论层面上，基本概念的现实性是可以挑战的。例如，研究者可以假设智力是一种与生俱来的、永久的适应环境和解决问题的能力，因此智力在婴儿期、童年期、青春期和成年期都是稳定的。事实上，随着时间的推移，智力测验的结果似乎并非如此。虽然这可能是由于测量的问题，但也可能是因为研究者智力稳定性的假设是错误的。

　　还是在理论层面上，一个例子可能是，变量 A 和变量 B 之间的假设的关系可能不是一个有效的关系。例如,你可以假设,在所有其他条件相同的情况下,工作时间长的母亲会感到更累,因此相比于不用长时间工作的母亲,他们花在孩子身上的有效时间更少。对这一假设的实证检验很可能失败,因为以人类参与者为对象的研究,很难认为"所有其他条件都是相同的"。像负罪感、过度补偿和能量水平波动等因素,很容易就会应用到这个例子中。

另一个例子可能是,假设不是特别具体或全面。因此,例如,如果能将一个相当模棱两可和不明确的假设"花更多时间和母亲在一起的孩子能获得更好的学业成绩",改成"每天晚上和母亲在一起一小时的孩子,标准化成绩测验(standardized achievement tests,SATs)的成绩要好于每天晚上和母亲在一起15分钟的孩子"会更好。第二个假设更具体并揭示了一种特定的经验关系。

工作假设也会渗透到测量水平,影响测量的质量、效度和信度。当不能检验A和B之间的假设的关系时,我们可能只是错误地进行测量,但错误也可能是因为我们试图测量的概念比我们想象的要复杂得多。麦考尔(McCall,1994)给出的例子是,即使在较短的时间间隔内观察婴儿行为也是非常不可靠的。他问,不可靠和缺乏稳定性是从哪里开始的?研究者的假设也会破坏观察控制。例如,一个人该如何处理不同研究中相反的发现?例如,一项研究可能会报告,玩更多电脑游戏的青少年更有攻击性,而另一项研究可能发现,有攻击性的青少年玩更多的电脑游戏。

在决定观察什么时,要做到完全客观是不可能的,因为正如歌德(Goethe)所指出的,"我们看到了我们所知道的"。我们能确定我们看到的就是一切吗?或者我们看到的或知道的就是对的吗?

在描述了麦考尔的简化版的行为研究模型后,人们倾向于完全拒绝它,采用更质性的方法。然而这是愚蠢的,正如麦考尔继续辩论的:

> 假设一只更好的足球队被定义为拥有更佳输赢记录的球队,而一只更差的足球队被定义为拥有更差输赢记录的球队。更好的足球队击败了更差的足球队,其他一切都是相同的。如果一切这么明显,那么没人会玩这个游戏。通常巧妙的做法是,让其他一切都不相同。更差的足球队有时会击败

更好的足球队，这就是为什么职业足球迷经常断言任何职业球队都可以"在某一天"击败任何其他职业球队。这意味着许多假设不是完全正确或完全错误的，而是概率的。即使它们在性质上似乎是先验的，但是我们的经验主义有助于定义那种概率，那种关系的程度，那种影响的程度，认识到没有考虑到的部分是由其他因素造成的（为了方便，我们称之为"错误"，但其实它还是由潜在的可识别的原因造成的）。（McCall，1994，p.297）

事实是科学调查很少是井然有序的，研究者需要更多地考虑变量的概念化，确定理论关系或假设，确保测量信度。即使出现测量问题，即使科学调查挑战了研究者的工作假设，它们仍然是信息丰富的。

儿童科学研究的质性的理论框架

儿童科学研究的质性的理论框架以有关儿童、知识和研究方法的主观性质的假设为基础。这一理论框架的基础是归纳的科学活动——形成新理论以及从数据中产生理论的过程。该理论框架认为，理论从数据中创造或产生，与以下观点一致：儿童的本质是主观的，儿童的理解、知识和意义是主观的，在特定的情境中，在与他人的互动中产生。因此，质性研究需要一种方法，通过这种方法，理论以观察、访谈、对话、书面报告、文本及其解释等数据为基础。在建造房屋的类比中，质性研究是一个自下而上的过程（见图3-4）。质性研究的基本方法是解释法。

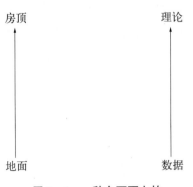

图3-4　一种自下而上的
理论观和数据观

　　解释主义的科学家试图从儿童的角度理解社会世界。通过建构和解释，解释主义科学家试图理解儿童如何理解自己的经验，以及这种理解如何影响儿童对他人的感觉。解释主义根植于心理学和社会学分支，承认理解和捕捉主观经验和意义的必要性。例如，人本主义心理学始于这样一种观点：儿童是自己的心理学家,从自己的经历和互动中,为自己创造意义。当儿童遇到问题时,解释主义秉持的信念是,儿童应该能在自己的内心找到问题的解决方法。解释社会学鼓励进入儿童的世界,由内而外获得他们的观点。这是有必要的,因为情境、意义及问题都是在与他人的互动中被定义的。贴标签的概念是一个很好的例子,用来说明儿童如何在社会上被定义为一个问题,并最终成为一个问题。

工作假设框架

麦考尔的简化版的行为研究模型,在经验水平和理论水平上,如何用在质性研究上? 质性研究者在实证水平和理论水平的工作假设是什么? 具体如图3-5所示。

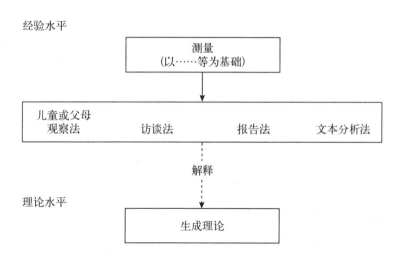

73

图3-5 麦考尔两种研究概念水平的质性版本

来源:改编自 McCall, R. B. (1994). Commentary. *Human Development*, *37*(5), 293-298. Reproduced with permission of S. Karger AG, Basel.

我们也可以依据质性研究者在经验水平和理论水平所持的工作假设,对归纳变量进行分析。在经验水平,假设可以在没有指导性定义、概念或构念的理论真空中使用观察法、访谈法、报告法或文本分析法等。因此,例如,如果你的目的是探索一位在职母亲和她的孩子之间的关系质量,那么要实现这个目的,几乎不可能没有一些具有指导意义的观点或关于寻找什么,为什么和如何寻找的敏感概念。

在理论水平,有一个质性的目的,即进入儿童的主观经验,发现儿童的观点。由于研究者和参与者既是观察者,又是被观察者,因此研究经验本身在好几个水平上,受研究者和参与者之间主体间关系的影响。研究者有自己的观点和解释,参与者也有自己默认和公开的解释。研究者和参与者之间的关系,也在文化水平上受传统意义体系和权力关系的影响。传统意义体系和权力关系可以在社会和制度背景下得到解释。

因此,从本质上讲,研究者和参与者的主观特征,对科学的、质性的解释主义者和量化的实验主义者来说,都是同样的问题。

亨伍德和皮金(Henwood & Pidgeon,1995)提出他们所谓的"建构主义版本的扎根/归纳理论"以应对理论研究的不可能性,他们通过一个程序框架对其进行表达。他们认为,质性研究者必须从一种观点出发来建立分析,并建议在数据与数据解释之间建立功能关系。这样,研究者的观点就可以指导研究者提出问题,并在掌握学科基础和推动学科进一步发展之间取得平衡。

在实证和解释层面,哈奇(Hatch,1995)提出一个基于活动理论的理论框架来解决主体间的理解和意义问题。根据这一理论,解释研究的目的是理解儿童在日常行动、文化历史背景和参与者相互作用的意向状态中建构的意义。这需要一种方法,它不仅要详述人们正在做什么,还要探索人们这样做背后的意义和意图。所需的分析单元包括个人和文化定义的环境,基础是关于参与者在活动环境中的角色、目标和手段的一套假设。

在将这一理论框架应用于儿童研究时,格劳厄和沃尔什(Graue & Walsh)建议:

74

……动机或意图是核心。激励个人去做一些事情而不是其他事情……仔细观察儿童的行为和想法……为了了解儿童的动机,重要的是密切观察儿童的互动,倾听他们对行为的解释,尊重他们的声音。这需要基本的解释研究方法,并注意当地环境与更广泛的文化和历史之间的联系。(引自Hatch,1995,p.148)

总之,质性研究试图捕捉年幼的研究参与者(儿童)理解研究事件的方式。从一个重要的意义上讲,质性研究能够听到参与者的声音。因此,直到最近,我们才开始设法理解专门处理儿童观点的质性方法,这也许并不奇怪。正如我们在本书其他部分所讨论的,长期以来,人们一直持有的假设是,儿童要么没有观点,要么无权拥有观点。显然,儿童年龄越小,在研究中被听到的可能性就越小。实验法在发展心理学中占主导地位,这意味着,在研究中,获得儿童观点的有效方法的价值被忽视了。现在,我们正在证明,解决这一问题的努力是富有成效的,特别是在儿童和家庭社会工作研究领域,以及新的儿童社会学领域。我们将在第九章全面回顾这些方法。

实践者的研究

现实是,大多数从事儿童研究的工作者,是需要将儿童研究作为工作一部分的实践者。这种行动研究在实验室之外,在医院、诊所、学校、托儿所、家庭和社区的现实世界中对人进行。现实世界的研究不仅是关于人的,还要充分考虑调查者和参与者作为人本身的优势。麦凯认为:

> 研究基本上是"调查":但调查基本上是由采用科学方法的人系统、严格地进行。我真的不太认同研究者与实践者—研究者的差别就像学术与应用的差别。我只认为,研究应该发生在不同的层次上,并且是各种各样的。我们心目中的实践者—研究者是这样的:在混乱的现实世界而不是实验室中做研究,经常(但不仅是)使用质性而非量化的理论框架,经常在单个机构中使用小样本,这并不总是适合随机控制试验(random control trials, RCTs),经常处理源自服务使用者,而不是研究者的问题和优先事项,经常为了提供更系统和更好的服务,而不是为了自己的目的做研究。(Greig, 2001,p.77)

因此,实践者在研究中使用的方法往往以质性为主,但同时也使用量化的方法,并且需要对科学的含义有一个广义的解释。我们将在第六章、第七章和第八章详细讨论这些话题。

选择一种理论框架

正如我们在前面讨论的,量化的理论框架以(量化或测量的)数值展示结果,并且通常采用统计方法,例如,测量不熟悉或陌生的情境对 4 岁儿童心率和唾液样本的影响。质性的理论框架关注独特的情境和现象,并用一种观点对独特的情境和现象进行详细描述和解释,从而阐释研究的目的。例如,针对一名男孩在一个游戏小组中的捣乱行为的个案研究,通过对父母和教师的访谈,了解他更广泛的社会环境,或者对一名转介到社会服务机构的儿童进行详细、深入的长期观察。在研究中,人们普遍认为,在选择一种理论框架或混合的理论框架时,最好以研究问题的性质、参与者、你需要的研究结果的类型,以及你打算使用的处理方式为指导。我们将在第五章详细讨论这一话题。质性的理论框架和量化的理论框架的关系可能是互相排斥的,但这两种理论框架在实践中具有显著的重叠的可能。多方面的重叠可以在折中的研究中表现出来,例如,可以在关于阅读能力较差儿童自尊的实验中,包括一些深入的个案研究;可以将有行为障碍的儿童作为一个个案进行研究,在很长一段时间内,在各种社会环境中,深入观察行为障碍儿童,健康教育记录和对了解儿童的父母和专业人员的访谈,可以补充这些观察;可以使用问卷或测验对儿童行为障碍的程度和心理年龄进行评估,这两者都是标准化的和量化的工具;可以使用解释任务,例如通过投射测验,或用家庭玩偶讲故事等技术测量儿童对父母的依恋;还可以在治疗前后,用试验性的干预制度评估儿童。

然而,在实验法和非实验法之间,存在明确的界限。对实验法和非实验法进行严格地概念化会使它们两极分化。质性研究会成为主观的、内部的、整体的、自然主义的、有效的、归纳的、探索性的、不可概括的、以发现为导向的非实验研究。量化研究会成为客观的、外部的、专一的、可控的、可靠的、演绎的、以结果为

导向的、可概括的和可验证的实验研究。质性研究与量化研究之间的这种区别，76
对描述和论证更有用，因为在现实情境中，许多心理学家和社会学家把两者结合
在一起。例如，假设理论家总是像实证主义者或"硬"科学家那样行事或思考，是
一种谬误。弗洛伊德就是一个很好的例子。尽管他拥有生物学家和临床医生的
背景，但是他对人类行为和发展的想法，本质上是还原主义的观点。也就是说，
弗洛伊德认为，所有的行为都可以用简单的生物过程来解释——弗洛伊德的理
论、研究和实践的理论框架，一直被批评是"不科学的"（Eysenck，1952）。同样，
拥有生物学家背景的皮亚杰致力于人类知识的获取和分类，但他对儿童进行的
实际的实验，同样被指控缺乏有力的科学方法（Donaldson，1978）。假设所有心
理学家都渴望"硬"科学，这也是一个错误。甚至在 20 世纪初，维果茨基——与
皮亚杰同一时代的人——就谴责了针对儿童行为和发展的"实证主义"方法，例
如标准化测验的滥用。他认为，这些方法并没有涉及儿童的个人动机、天赋和发
展潜力，也没有涉及历史、文化和社会背景对研究情况的重要影响。

　　现在，在进行科学的质性研究和量化研究时，研究者会探讨潜在的相似之
处或共同的研究目的。任何科学研究都需要一个严格的标准来保持信度和效
度，这是一个很好的论点。质性研究和量化研究都要努力让研究可以重复。
对于质性研究来说，这是一个有争议的问题，但现在正在形成一种共识，即通
过记录质性研究的决策轨迹，就可以像量化报告那样，具体说明方法的细节
（Yin，2003）。这样，对其他研究者来说，理解使用的方法和得出的结论比可
重复更重要。不管怎样，收集适当的证据，对研究结果的重要性做出判断是必
要的。哈丁（Harding）说：

　　……对科学中"弱"客观性和"强"客观性做了重要区分："弱"客观性发
生在不可避免的主体层面被覆盖或模糊时。在走向"强"客观性的过程中，
研究者公开了知识生产所涉及的全部解释过程，试图揭示而不是模糊研究
者和社会知识库的研究。通过这一说法，研究者主张提供更多的知识。
（Henwood & Pidgeon，1995，p.118）

图 3-6 最初适用于幼儿,但也适用于年龄较大的儿童,而专栏 3-1 为儿童研究方法的选择提供了一个程序框架。

77

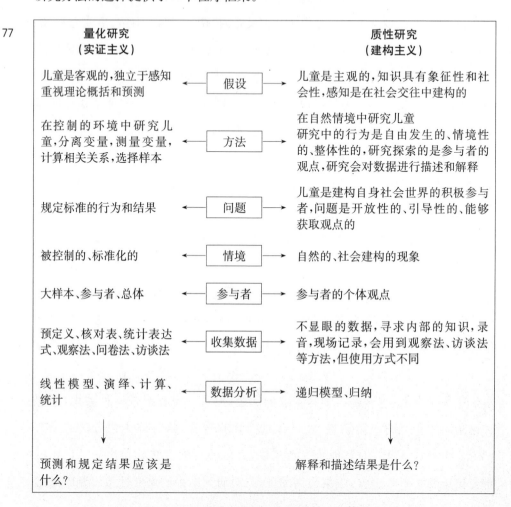

图 3-6　儿童研究的质性研究和量化研究的比较

来源:基于 Hatch, J. A. (Ed.). (1955). *Qualitative research in early childhood setting*. Westport, CT: Praeger. Adapted with permission.

78　　　　　　　　　　　**本 章 小 结**

本章我们试图向研究新手介绍目前能够指导研究的不同的和不断发展的框

架或范式,以及围绕它们的争论。我们认为,根据研究目的的性质,可以使用质性的理论框架或量化的理论框架对儿童进行研究。此外,由于认识到儿童的复杂性,我们鼓励同时采用这两种理论框架的研究设计。心理学家、社会学家、人种学家、教师、护士、社会工作者等实践者—研究者,以及通过官方文件或官方记录,研究社会结构趋势,做自己研究的年轻人,都是现实世界里进行研究的个体。

在本章前文,我们建议采用一种务实的理论框架。这个建议寻求哲学的中庸之道:认为自然世界和心理世界、社会世界相同,都是真实和有效的;承认内部和外部力量对塑造和理解可观察的人类行为的强大影响;认为知识既是客观可观察的,也是社会建构的和相对的;对必然的事持谨慎态度;找到最适合研究目的的理论框架;对理论和方法采用折中的方法;寻求一种非常客观的方法,即使质性方法,也要为研究的可解释性负责;最后,采取行动,与实践联系起来,并为个体、团体和社会带来变化。

专栏 3-1

研究在实践中的应用:选择质性的理论框架还是量化的理论框架?

此实践的目的是阐明你具有选择基本的理论框架以处理各类研究问题的能力。

下面是研究者可能想到的各种潜在的研究项目清单。

- 你想知道阅读较差者的自尊情况。
- 你关心接受手术的儿童的身体意象。
- 你想知道新生儿出生对学龄前儿童行为的影响。
- 你关注国外收养行为对学龄前儿童的影响。
- 你关注不同的英国文化养育孩子的做法。

以个人或小组的形式,思考在这些潜在的研究项目中涉及的以下问题,这有助于你决定调查的性质。

- 什么是基本的哲学体系?客观的、直观的或主观的、多重的?
- 调查的目的是什么?描述日常的现实,解释或找到原因?

- 研究问题的性质是什么?

- 被研究现象的性质是什么?

- 你认为对此持不同意见的同事的意见如何?

- 你个人的想法是什么?

- 有办法同时使用两种方法吗? 在日常实践中,需要多种方法来探索现实的丰富性。

参 考 文 献

Alvesson，M. (2002). *Postmodernism and social research*. Buckingham：Open University Press.

Blaikie，N. (2007). *Approaches to social inquiry* (2nd ed.). Cambridge：Polity.

Buchanan，D. R. (1994). Reflections on the relationship between theory and practice. *Health Education Research*，*9*(3)，273 - 283.

Donaldson，M. C. (1978). *Children's minds*. New York：Norton.

Eysenck，H. J. (1952). The effects of psychotherapy：An evaluation. *Journal of Consulting Psychology*，*16*(5)，319 - 324.

Graue，M. E. ，& Walsh，D. J. (1995). Children in context：Interpreting the here and now of children's lives. In J. A. Hatch (Ed.)，*Qualitative research in early childhood settings*. Westport，CT：Praeger.

Greig，A. (2001). The educational psychologist as practitioner-researcher：Reality or dream? *Educational and Child Psychology*，*18*(4)，75 - 88.

Hatch，J. A. (Ed.). (1995). *Qualitative research in early childhood settings*. Westport，CT：Praeger.

Henwood，K. ，& Pidgeon，N. (1995). Grounded theory and psychological research：New developments in understanding science. *The Psychologist*，*8*(3)，115 - 118.

James，W. (1899). *Talks to teachers on psychology，and to students on some of life's ideals*. London：Longmans，Green and Co.

McCall，R. B. (1994). Commentary. *Human Development*，*37*(5)，293 - 298.

National Archives. (2012). Children's Act 2004. Retrieved March 26，2012，from the World Wide Web：http://www.legislation.gov.uk/ukpga/2004/31.

Robson，C. (2011). *Real world research: A resource for social scientists and practitioner-researchers* (3rd ed.). Chichester：John Wiley and Sons.

Yin，R. K.（2003）. *Case study research: Design and methods*（3rd ed.）. Thousand Oaks，CA：Sage.

推 荐 阅 读

Robson，C.（2011）. *Real world research: A resource for social scientists and practitioner-researchers*. Chapters 1 and 2. Oxford：Blackwell Publishers.

第二部分

做儿童研究：评价、设计和开展儿童研究

第四章
评价儿童研究

本章目标：

- 介绍证据来源及如何查阅文献。
- 为评价已发表的研究提供逐步指导。

正在接受培训的人和获得专业资格后有洞察力的专业人员，要学会对研究进行批判性评价，因为这是一项重要的技能。首先，研究者需要了解他们所在的特定领域的先前研究，这样他们才能对如何进行自己的研究做出明智的判断。正如我们在第一章讨论的，能够扩充专业知识体系的研究很重要，虽然复制研究可能是有用的，但通常情况下，研究应该是累积的，并建立在先前研究的基础上，以发现新的事实或关系。研究者需要有批判性评价的能力，通过这种能力，找出先前研究过的研究问题，探索已经采用过的方法和理论框架，尤其是通过调查，发现先前研究者发现的结果。正如我们在第三章、第五章、第六章、第七章和第八章讨论的，在研究时，要选择适当的研究策略，深入分析该领域其他人的工作，将使研究者获得做出知情的、基于证据的判断的知识，从而为进一步研究提供坚实的基础。

其次，人们认识到，优秀的实践不仅是开展研究，推动知识边界向前，还是了解自己领域和相关专业领域的研究，将知识应用于实践。作为专业人员，我们必须确保自己能与时俱进，而若想这样做，一种主要的方式是获取和阅读专业期刊

84　与学术著作。然而,我们必须对我们选择应用于实践的知识具备洞察力,因为应用我们所读到的一切,可能而且非常可能会导致许多混乱。新的和新兴的理论经常出现在期刊上。这些通过归纳过程产生的理论,在很大程度上未经检验,因此现阶段将它们大量应用于实践还为时过早(详见第三章、第五章和第八章)。然而,报告这些理论是很重要的,这样就能激发围绕某一特定问题的争论,并引发该领域进一步的研究。只有在一个领域积累证据,形成对某一特定问题的共识,才能得出初步结论。

因此,非常重要的是,专业实践者需要了解最近兴起的争论的全部情况,而不仅仅只是其中一部分情况。在过去十年左右的时间里,接种麻疹、腮腺炎、风疹(measles,mumps,rubella,MMR)疫苗对儿童的影响及其与自闭症潜在关系的争论,就是一个很好的例子。显然,只阅读争论一方的观点,而没有充分调查这个主题的专业人员,可能会不恰当地改变做法,并容易受到专业的批评。读者能够了解一项研究的现状,对其进行批判性评价并明智地使用这些数据非常重要。在学术争论的早期阶段,这可能意味着只关注争论的发展。在当前的研究争论中,只采纳和使用随机的部分,只考虑争论中选定的部分,而不了解整个情况,这在当代实践中是不能接受的。

本章接下来介绍查阅文献和批判性评价文献的研究过程,强调将研究置于更宽泛的理论框架中思考的必要性。为了使上述过程结合实际,并为接下来的批判分析提供研究案例,我们将引入两个重要的对比研究:一个是在宽泛意义上适合质性的理论框架的研究;另一个则是适合量化的理论框架的研究。这些文章可以通过 Sage 网站(www.sagepub.co.uk/greig)获取全文。

查 阅 文 献

在一个特定领域,信息的来源越来越多,范围也越来越广。在某些领域,可用的研究和文献数量可能令人畏惧,因此缩小调查范围非常重要。如果你不这样做,你可能会发现自己被大量的信息淹没。完善你的搜索过程可能是困难的,你可能有必要先进行一些一般性的阅读以确定关键词。这种一般性的阅读通常可以通过访问大学图书馆,例如大多数大学和学院的图书馆或万维网上的文献来实现。

在确定了关键词后,你可以使用一系列来源来确定文献。使用信息技术会使这项任务更加容易。万维网彻底改变了这一过程,在图书馆筛选卡片和书目的艰巨任务已经成为过去。现在要掌握的技能是信息技术,大多数图书馆的工作人员非常乐意提供帮助。也有一些好的书将帮助你实现这一过程(Frod,2011;Ó Dochartaigh,2007)。

在确定了一系列参考文献之后,你需要判断哪些文献符合你的要求。一些信息源只提供一个标题,而另一些则提供一个摘要。有些期刊在万维网上可以获取全文,这样你就可以查阅整篇文章。其他期刊会要求你成为订阅者。如果你是一所学术机构的学生,那么你应该询问该机构订阅了哪些期刊,以便免费查阅你需要的文章。

下一阶段是以一种可管理的形式(无论是以纸质的形式还是电子的形式)收集文献,这样你就可以开始批判性分析了。这可能需要进一步搜索,例如,你可能需要搜索关键研究文章引用的其他研究。如果一篇重要文章出现在一个特定期刊上,你认为这篇文章会引起争论,那么你应该定期查阅该期刊,这样就不会错过有关它的讨论。在一些专业领域,一些特定的、相关的期刊会出现这样的争论,而在其他专业领域则有数百种与某一特定领域有关的期刊。然而,如果在一个特定的期刊上出现了一篇讨论和争论的文章,那么在同一期刊上继续争论是正常的做法。

评 价 研 究

最常用和最恰当的评价研究的方法是将研究过程作为一个评价模型。然而,许多学生在评价研究时,却掉进了将研究过程作为一个僵化模型的陷阱。研究调查始终应该是严谨的和科学的,但不同的研究取向不可避免地要求研究者对研究过程的不同阶段给予不同程度的重视。过于僵化的做法会使读者产生困惑,因为它们试图"将方形钉打进圆孔"。读者可能会对研究和研究者进行毫无根据的批判。下一部分就如何评价研究给出一个平衡的观点,通过重点介绍两项采用不同研究取向的研究,充分认识灵活性和情境化的需要。这两项研究可以在 www.sagepub.co.uk/greig 上获取。这两项将要分析的研究是库库鲁等人(Kukulu et al.,2010)关于学龄儿童的饮食习惯、经济状况、学业成绩和体重指数的研究和邦德(Bond,2010)关于儿童对手机如何影响日常生活关系的观点的研究。

一般性考虑

评价的第一阶段几乎是一个直观阶段,在这个阶段,你应该将整篇研究至少阅读一遍并形成自己的第一印象。在你开始了解更细微的研究细节之前进行这项活动非常重要,因为有时解释整个研究非常困难(俗话说就是只见树木不见森林!)。你变得如此专注以至于你的客观性可能会受到损害。

所以在第一阶段你要做什么? 一个贴切的比喻是:把研究看作一次旅行。好的研究像一次计划周密的旅行。旅行的目的地是明确的,你知道要采取什么交通方式。你的路线是计划好的,你有一张最新的地图,并且你已经检查了在规定的时间内进行每一段旅程的可行性。你已经做好了功课,并且知道一路上有什么潜在的问题。你可以为这些突发事件留出更多的时间。一旦旅行开始,你就不要偏离你所选择的路线,如果你发生了意外,不得不改道,或者你迷路了,你要马上查询地图并尽快回到你的路线上。你一定不要"跟着感觉走",朝你认为的方向前进。当你完成你的旅行时,你可以给其他希望朝类似方向前进的人提建议,但你的建议只与你的旅行,即你的直接经验有关。你不要对你没有看过或听过的事物进行推测。

在阅读一篇撰写得很好的研究时,你几乎能体验到一种"完整的"感觉。一篇好的研究应该有一种"流畅的"感觉。研究的理论框架应该源自这个领域先前的研究,研究目的应该是扩大知识库,研究方法应该是合理的和合乎逻辑的,研究数据应该和研究目的有关。你应该能够根据数据确定结论和建议。尽管直觉并不是一个科学的或严谨的概念，但当你有阅读研究的经验时，你就会知道，当一项研究让你感到不舒服时，进一步详细分析通常会表明，你的感觉是对的。如果你阅读过库库鲁等人的研究，你将会发现，他们的研究是有逻辑的，尽管引言部分缺乏顺序（见本章后文）。邦德的研究进展得不太顺利，部分原因是概念和问题在文章的后面才介绍。例如，邦德研究的引言指出，"本文探讨了儿童在管理和维持与朋友的关系方面使用手机的情况"（Bond，2010，p.514），而研究方法部分则指出，这项研究旨在探讨"儿童对风险和手机的看法"（Bond，2010，p.516）。读者会质疑这项研究到底是研究什么的？（实际上该研究是研究关系和风险）。这种不正常的现象有时会出现。因为发表文章有严格的字数限制，所以研究者不得不对整篇研究报告进行大幅度的删减和概括。在这个过程中，有时会丢失意义和流畅性。

87

你全面了解这项研究之后，现在是开始更详细地研究这项研究的时候了。在以下部分，我们会以真实的研究为例，为这一过程提供逐步的指导。在关注细节之前，你应该先问自己几个其他的问题。第一个一般性考虑与研究者有关：他们是谁，他们做什么工作，以及他们从事这项研究的原因。仔细想想，这并不是一件奇怪的事。你钻研的这项研究可以为你自己的研究奠定基础或者潜在地改变实践。这最终可能要花费时间和金钱。因此，你应该有一个类似的逻辑，如果你雇某人为你工作，你一定会问他们，是否有胜任这项工作的资格，以及他们做这项工作的动机。正如我们在第一章讨论的，在研究儿童时这一点尤为重要。库库鲁等人（Kukulu et al.，2010）和邦德（Bond，2010）的研究给出了研究团队的名称和工作地点，但没有给出研究者担任的角色和他们的资历。

第二个一般性考虑涉及研究标题以及它是否能准确反映研究内容。研究者的职责之一是交流他们的研究成果（见第十一章），而为了做到这一点，将研究发表应该是最容易的方式。正如我们已经讨论的，在一个技术如此重要和数据库使用已司空见惯的时代，使用关键词查阅文献已经变得非常普遍。因此，你应该问问自己，研究的标题是否包含了关键词，是否能让你深入了解研究的性质。简短精练的标题可能是明智的，但当你搜索数据库查到数百个标题时，简短的标题就不那么令人印象深刻了。库库鲁等人的研究包含饮食习惯、经济状况、学业成绩、体重指数、学龄儿童和比较研究等关键词，因此，它确实反映了研究内容的细节。在邦德的研究中，只有在考虑副标题"儿童对手机如何影响日常生活关系的观点"的情况下，主标题"管理移动关系"才能反映研究内容。整个标题让你知道你将要阅读的是什么。这两篇文章实际上提供了额外的关键词，从而使研究更容易被查阅到。这两篇文章的标题表明，他们是初步的研究，这对许多学生来说很重要，因为他们需要分析原始研究，而不是二次文章、综述和报告。然而，这两个标题都没有给出研究的地点，例如，库库鲁等人的研究在土耳其进行，而邦德的研究在英国进行。如果你只想回顾英国的文章，那么研究的地点可能是很重要的。

88

引言和研究问题

研究者像大多数其他作者一样，通常会通过正式介绍研究内容和研究原因来介绍研究背景。这之前可能有也可能没有摘要。摘要是对所完成研究的一个简要总结。库库鲁等人的研究提供了一则完整的摘要，包括引言、方法、结果和结论。摘要仍没有明确说明研究的地点。

库库鲁等人的研究摘要

青少年饮食习惯和生活方式的改变会导致一些饮食问题。本研究旨在就身体特征、社会—经济状况和教育成就这三个维度，比较城市和非城市地区儿童的饮食习惯。总共有 737 名就读于两所不同小学六、七、八年级的学生参与研究。研究通过参与者饮食习惯的问卷收集数据。此外，研究还测量学生的体重和身高，并计算了他们的体重指数。这项研究发现，有 4.3% 的非城市地区的学生身体肥胖，而在城市地区，这一数字是 8.4%。大多数非城市地区的学生在家吃早餐和午餐。不在家吃午餐，在餐馆或学校食堂吃午餐的城市学生，通常吃更多的零食。研究发现，参加这项研究的学生，肥胖风险很高。为了让学生了解健康饮食的重要性并引导他们改变当前的消费行为,应该组织干预项目。

邦德的研究也提供了一则摘要来说明这项研究的研究内容,以及这项研究以 30 名青少年的叙述为基础,但并未说明数据是如何收集的。

邦德的研究摘要

这篇文章探讨了英国儿童在日常生活中使用手机管理和维持友谊与关系的问题。本研究以 30 名年龄在 11 岁至 17 岁的青少年的叙述为基础,采用社会建构主义视角,为探究儿童实际如何使用移动电话,了解他们日常生活中的风险提供了一个理论框架。这是一种解释性的说明,为倾听儿童的声音并将儿童视为自己生活的专家的观点提供了方法上的依据。

介绍研究内容不仅对下文内容至关重要,而且对确定其他内容是否值得阅读也至关重要! 尽管我们都知道,摘要很难写,而且摘要可能无法准确地反映下文内容,但许多忙碌的人只阅读摘要和引言的第一段并排除一些不符合要求的文章。摘要和引言是通向文章内容的入口,所以它们应该吸引读者进入,看看还提供了哪些其他内容。

库库鲁等人将他们的引言和文献综述结合起来,这使读者很难确定研究问题以及与其他人的研究工作有什么关系。库库鲁等人的研究,在引言的第一段表明,饮食习惯是在儿童时期形成的,然后将这项研究置于全球肥胖和儿童超重问题的背景下。引言的第二段继续讨论学校对健康饮食的影响,以及不健康的饮食对学校表现和教育成就产生的不利影响。然而,由于引用的研究较为单一,只是康西丁和扎帕拉(Considine & Zappala,2002)在澳大利亚进行的一项研究,所以我们一定会质疑,这项研究对库库鲁等人的研究是否具有借鉴意义,尤其是当我们在引言的第三段知道研究的地点是土耳其时。引言的第三段介绍了土耳其的肥胖率——这与快餐和含糖饮料供应的增加有关。作者在引言的第四段介绍了土耳其的学校制度并引用了"吃早餐的影响"的文献。他们建议,如果学校不提供快餐,而提供更优质的食物,那么将"减少肥胖,改善儿童的饮食"

(Kukulu et al.，2010，p.356)。他们接着讨论了学校的优先事项，即必须建造教室，而不是投资于更好的学校食品，但没有任何证据支持这一选择。作者写道，这个问题在发达地区更为突出，但没有提供证据。在引言和文献综述的最后，作者阐述了研究目的：依据儿童的身体和家庭特征，以及他们的居住地和学校表现，比较生活在城市地区和非城市地区的学龄儿童的饮食习惯（Kukulu et al.，2010，p.357）。然而，我们最终得出结论，这个研究目的在逻辑上并不是从引用的小部分文献中得出的。有关教育影响的重要研究是一项澳大利亚的研究。如果不能阅读引用的其他研究，例如德韦吉等人（Deveci et al.，2007）和巴卡尔等人（Bakar et al.，2007）用土耳其文发表的研究，那么就很难理解已开展的研究的性质或这些参考文献是否真的属于初步研究。作者似乎没有为一些假设提供证据。

90　　　　邦德的研究也将引言和文献综述结合起来。正如我们前面提到的，首先，在第一段，作者明确指出，这篇文章是关于"儿童对手机如何影响日常生活关系的观点"的（Bond，2010，p.514）。然后，作者介绍了文献。第一次阅读文献综述的部分时，我们感到非常费解。前两篇文献分别为1999年和1925年。虽然在1999年已普遍使用手机，但在1925年，情况肯定不是那样！然而，再读一遍这篇文章，我们发现，邦德指出，她的研究的理论依据是诸如捐赠社会学（Bond，2010，p.514）这样的理论。邦德继续指出，她的研究认为，"儿童视手机为支持关系，提供安全和保证，但同时，手机也是造成儿童焦虑和不安全的关键"。她继续扩展了吉登斯（Giddens，1992）提出的"纯粹关系"的概念，以及齐美尔和休斯（Simmel & Hughes，1949）讨论的"社交能力"的概念。在第二段，邦德进一步引用了20世纪90年代围绕现代性和人与技术的关系所做的研究。然后，她介绍了自己的研究，并将手机的作用概括为"友谊、亲密关系和欺凌"（Bond，2010，p.515）。接着，在第三段，邦德提到，"最近开展的研究探讨了儿童经验中的风险概念"以及"詹姆斯等人（James et al.，1998）建议……"（Bond，2010，p.515）。尚不明确的是，证据基础，即最近的研究是否是詹姆斯等人（James et al.，1998）的研究。第一，1998年的出版物不是最近的出版物；第二，参考文献是一本关于童年理论的书。第三段的其余部分继续探讨成年和童年的界限，并就公共空间展开有趣的讨论,研究后文有与之相关的内容。

邦德在引文和文献综述的最后两段,特别强调青少年手机的使用。邦德引用了一系列文献,包括初步的研究,但在阅读文章的过程中仍不清楚哪些文献是主要的来源。2010 年发表的一项研究也引用了这些文献,其中一篇文献写的是 2009 年(实际上是 2008 年出版的),是一本关于亚太地区手机使用情况的书,与青少年并不是特别相关。另一篇较新的文献是 2005 年,其他关于手机使用的文献可以追溯到 1999 年至 2003 年。文献和引文的年代并不总是至关重要的。然而,在诸如手机使用的主题中,随着技术的不断发展,使用最近的文献绝对是有必要的。

正如我们先前所述,这两项研究都将引言和文献综述结合起来,我们已经在前面对文献的性质进行了评论。文献综述是研究的重要组成部分。通常,文献综述会在引言之后呈现,这样读者就能掌握这一领域先前的研究,从而了解研究背景。研究采用质性研究中的某些取向时,相关文献也是在引言之后呈现。我们先前提到过,研究对扩充专业知识体系的重要性。我们应该在研究中证明这一点。这样才能清楚地知道,这项研究将如何通过借鉴以前的研究成果,促进这一专业的发展。

应该包括哪些文献,很少有严格和快捷的规则,在很大程度上,这取决于研究领域。例如,关于研究文献的年代,一项调查当前针对人类免疫缺陷病毒阳性儿童药理学干预措施的研究,很可能需要参考最近的文献,然而一项调查制度化对儿童时期被托管的成年人的长期影响的研究,很可能需要参考范围更广的可追溯到几十年前的文献。不论主题是什么,通常都要提到经典文献和影响深远的著作,即使它们是过时的。每个学科都有自己的经典研究,例如,在护理学中有霍桑(Hawthorn,1974)的研究,在心理学中有鲁特等人(Rutter et al.,1970)的怀特岛研究,等等。我们确实觉得,邦德的研究应该使用更多最近的文献,因为它是关于青少年手机使用的研究,就像我们所举的药理学干预措施研究的例子处于迅速变化的环境一样,手机的使用也是如此。

然而,所有文献都应该与研究主题明显相关,并且研究者应该给出一种平衡的观点。特别是在有争议的主题上,应特别注意争议的情况。研究者应该探讨每一篇文献的优缺点,然后与其他文献进行比较和对比。文献综述还应提供研

91

究问题与如何调查研究问题之间的联系（我们之前提到过，一篇好的研究应该有一种"流畅的"感觉）。如果文献综述非常短，那么原因可能是期刊对准备发表研究的研究者提出了字数限制的要求，或者是这个领域缺乏先前的研究，导致可获得的相关文献的数量非常有限。

研究问题、目的、目标和假设

在文献综述中，研究者应有逻辑地引出清晰的研究目的，通常以研究问题、目的、目标和假设，或组合的形式表达，这取决于研究的类型。在第五章，我们将讨论研究问题的重要性。在第三章，我们讨论了假设在量化研究中的使用。在质性研究中提出正式的假设是不合适的，因为假设的目的是检验现有理论，正如我们先前讨论的，质性研究使用归纳的过程来建构理论。

92

研究问题、目的、目标和假设是研究过程的关键，研究应该通过调查解决这些问题。在评价研究时，读者应对研究问题、目的、目标和假设的相关性做出判断，并在评价研究的后半部分时参考这些判断，以确保它们不会在讨论中消失。这体现了研究的完整性。库库鲁等人的研究，在引言和文献综述结合部分的最后，陈述了研究的目的，但是没有明确说明想要检验的研究问题。读者的任务是对有待检验的假设做出假设，只有在阅读完整篇文章之后才有可能做出这些假设。邦德的研究在"研究方法"部分的开头，就提到了研究的目的——探讨儿童对风险和手机的观点，但是在引言中也指出，这篇文章是关于"儿童对手机如何影响日常生活关系的观点"（Bond，2010，p.514），如前所述，这两种陈述之间确实存在某种程度的脱节。

样本

根据我们的经验，从事研究的学生经常会混淆样本和总体的含义。然而，如果读者想要对数据分析的准确性、信度和效度做出正确判断，那么理解这些非常重要。样本是从一个总体中抽取出来的，目的是要具有总体的特征并能代表总体。取样方法旨在实现这一目的。如果取样方法很差，那么可能对研究产生灾难性的影响（详见第五章、第六章和第七章）。研究者应该清楚是谁为他们提供了数据，并解释他们是如何选择样本的。

在量化研究中，理想的取样方法是使用概率取样，即总体中每一个成员被抽为样本的机会相等。在实践中，这几乎是不可能的。当然，护理专业的许多研究都使用方便取样（选择方便的参与者）或从方便样本中抽取某种形式的伪随机样本。在质性研究中，样本往往更小，更方便获得，因此是非概率的，因为总体中每个成员被选中的机会不相等。然而，质性研究者确实采用了一些策略，试图确保他们选择的样本所具有的特征，在很大程度上与从总体中抽取的样本相似。有一种质性取样是有目的取样或判断取样，在这种情况下，研究者会选择那些不能通过其他取样方法识别的参与者并做出判断，以确保样本是依据所需信息选择的（你亲手在你认识的人中挑选，需要你拥有知识或经验）。

在库库鲁等人的研究中，样本是从"土耳其西南部城市——安塔利亚的农村地区的 39 所小学"中随机选择的 2 所学校（Kukulu et al., 2010, p.357）。从这个表述来看，我们并不清楚其中一所学校是来自农村地区，还是城市地区。事实上，这种表述令人非常困惑。作者告诉我们，样本包括 737 名儿童，其中有 340 名女孩和 397 名男孩，但没有告诉我们，他们分别从两所学校抽取了多少儿童或者 39 所学校的总人数是多少。我们假设总样本是六年级、七年级和八年级儿童的总和，然后将儿童分为生活在城市地区或非城市地区。作者告诉我们，儿童的年龄在"10 岁至 14、15 岁"之间（Kukulu et al., 2010, p.357），这就引发了作者为何无法确定样本年龄上限的问题。我们还知道，参与研究的儿童都同意参加研究，没有儿童拒绝参加。

邦德的研究指出，非概率取样是通过"在社交网络中滚雪球"（Bond, 2010, p.516）产生的。邦德提到，这种方法意味着不会遇到"把关控制的缺点"（Bond, 2010, p.516）。邦德告诉我们，研究中有 30 名儿童年龄在 11 岁至 17 岁之间，其中包括 16 名女孩和 14 名男孩。邦德明确指出，这个样本不具有代表性，在种族和社会阶层方面受到限制。她进一步告诉我们，这些儿童来自 3 所不同的学校——公立学校、教会资助学校和私立学校——但没有提供进一步的信息来说明学校类型对结果是否有影响,因此读者不禁想知道,为何要提到学校类型——也许是为了证明这个样本在学校方面是混合型的。

伦理意义

我们将在第十章充分讨论从事儿童研究的伦理意义以及研究者应该采取什么措施来确保他们的研究合乎伦理。读者在评价研究时,重要的是评价研究者是否遵循了正确的伦理程序,例如获得许可,获得知情同意,等等(详见第十章)。一方面,在我们的两项研究中,库库鲁等人告诉我们,他们得到安塔利亚国家教育指南(Kukulu et al.,2010,p.358)和样本中两所学校校长的伦理认可。研究者要求儿童书面同意参与研究。研究没有提到父母是否同意,但是考虑到会问儿童关于其父母的详细问题,没有获得父母的同意似乎是合适的。研究没有提到研究的伦理意义,也没有提到如何处理潜在的伦理问题,但是在测量儿童,称儿童的体重以及判断他们的教育成就时,这似乎也是合适的,因为这可能会令一些儿童感到痛苦。

另一方面,邦德的研究明确指出,"伦理考虑是最重要的"(Bond,2010,p.516)。她继续说,她有一本刑事记录局颁发的高级证书,她在儿童研究方面经验丰富。邦德还获得了儿童及其父母的知情同意。虽然邦德提到了伦理考虑的重要性,但她没有详细说明她是如何处理保密问题的。这项研究还调查了"友谊、亲密关系和欺凌"(Bond,2010,p.515),这让读者对邦德如何处理泄露(例如非法或有害性质的泄露)的伦理影响提出疑问。这并不是说邦德没有考虑过这些问题,而是读者完全不知道。

正如你将在第十章读到的,遵循正确的伦理原则是研究过程的重要一部分,没有充分认识到这一点的研究者应该会因为他们的疏忽而受到批评。

收集数据

我们将在第五章、第六章、第七章和第八章探讨儿童研究收集数据的技术和方法。在评价研究时，重要的是准确识别参与者必须做什么才能给研究者提供其所需的信息，研究者用来收集或测量反应的工具，以及这些工具是否恰当。数据收集工具包括访谈表、评价量表、问卷和观察表等，并且经常会在一项研究中使用一种以上的工具。显然，在收集儿童数据时，工具的选择会受儿童发展阶段等诸多因素的影响。

回到我们的主题，在评价研究时，我们要看收集数据的工具是否合乎逻辑，是否指向研究问题、目的、目标和假设。在复杂的研究中，我们可以详细查看研究的每一部分，弄清楚每一部分是如何收集数据的，这是一项有用的练习。这也将突显研究者的假设和过时的数据。对研究者来说，使用一系列工具来收集明显与研究目的无关的数据并不罕见。

确保研究工具的信度和效度是研究过程中一个非常重要的部分，应该由研究者来解决。信度和效度很像内部质量保证体系（详见第五章、第六章和第七章）。在量化研究中，处理信度和效度的方式，与质性研究中处理信度和效度的方式不同。在量化研究中，研究者关心的是实现客观性，消除偏差，准确重复研究方法以及在总体中推广研究结果。质性研究者不应忽视信度和效度的问题，但是看待信度和效度的视角不同。他们通常不寻求可重复性，而是通过参与者或与参与者一起验证来确定信度。

在这两项研究中，两种研究范式之间的对比是明显的。在库库鲁等人的研究中，数据是在课堂上用问卷从儿童那里收集的。问卷上的信息可以被简要地描述为：家族史、消费频率、年龄、体重、身高、学校表现、教育水平以及学生父母的职业。问卷还调查了家庭的收入水平。有一个关于收入水平的讨论，似乎暗指生活在非城市地区的儿童和那些生活在城市地区的儿童有相似的家庭收入水平——"因此该地区的居民收入没有显著差距"（Kukulu et al., 2010, p.358）。这引发了许多问题：研究者是如何知道这一点的以及如何才能保证儿童对家庭的收入水平是有意识的。在了解问卷调查了体重、身高和学校表现等信息之后，我们发现，这项研究还使用了秤和一台测距仪来计算体重指数。教育成就是通过学校记录获得的。我们不明确的是，该研究是否通过实际测量来证明报告的有效性，或者该研究是否通过问卷来获取这些信息。研究者没有向我们提供问卷的复本，所以我们只能对此进行推测。在信度方面，该研究没有提及研究者如何确定问卷的信度；在效度方面，研究者告诉我们，数据是由两名经过培训的研究助手收集的。

在邦德的研究中，数据是通过 9 个组的讨论来收集的。由于该研究没有涉及提示性或者引导性的问题，所以我们不知道研究者在讨论中扮演了什么角色。该研究也没有提及"成员检查"，即将数据反馈给参与者，让参与者判断数据解释的有效性。

数据分析与研究结果

在评价研究时，了解研究者数据分析的方式非常重要，因为这有助于在研究数据和研究结果之间建立准确的联结。分析数据的方式可以很简单，例如使用百分比、图表对数据进行描述；也可以很复杂，例如使用推断统计。质性研究可以通过定义类别，采用不同水平的内容分析，编码等方式进行数据分析。质性研究和量化研究在区分实际研究结果和由研究结果引发的讨论上也是有差别的。量化研究通常以"价值中立"的方式来报告研究结果，这意味着其仅仅呈现研究结果，而不会在更广泛的背景下对研究结果进行解释。在量化研究中，研究者呈现完研究结果之后，通常会单独进行讨论，即在理论框架、先前研究、研究目的、研究问题以及研究假设的背景下，对研究结果进行解释。

质性研究结果的呈现方式与此相似，但并非总是如此。正如我们先前已经描述过的，扎根理论将对某个特定调查中的数据进行描述，并试图通过与其他研究相比较来证明新产生的类别。当你对数据分析和研究结果进行评价时，你应该对研究中使用技术的方式是否恰当做出明智的判断。例如，如果研究者使用了某种特定的统计检验方法，那么该统计检验方法是否适合分析这类数据呢？如果使用了参数检验，那么数据是否满足正态分布，样本是否随机，样本量是否充足，测量的变量类型是否是等距变量，等等。我们将在第五章、第六章、第七章、第八章阐明诸如此类的一些问题。如果你对这些问题感到陌生或者畏惧，请不必担心。关键是你应意识到，尽管在辨识一些问题上，你可能需要帮助，但是这些问题是你必须提出的问题。

在我们所举的两项研究中，报告研究结果的方式形成了对比。尽管邦德的研究将两者合理地结合在一起，但这两项研究都有独立的研究结果部分和独立的研究讨论部分。正如我们所预期的，在库库鲁等人的研究中，先呈现一个独立的研究结果部分，再呈现一个独立的研究讨论部分。根据儿童是来自城市地区还是非城市地区，该研究首先报告了一些描述性的发现，例如受过教育的父母所占的百分比（父母分开来呈现），父母职业地位以及家庭中孩子的数量，等等。研究者告诉我们，用统计软件（statistical product and service solutions，SPSS）对数据进行分析。利用卡方检验来验证学校位置和父母受教育水平、父母职业地位以及家庭中孩子的数量的关系。当获得的数据比较少时，使用费舍尔（Fisher）的精确检验（尽管在研究中没有证据表明，他们使用过后一种检验方法，但是当数据比较少时，用费舍尔的精确检验代替卡方检验是正确的）。非参数检验适用于分析该类型的研究数据。该研究将数据制成各种表格，从而对研究结果做出一些解释。在研究结果部分，研究者介绍了诸多研究变量，包括罗坎塔（土耳其的一种大众餐厅）——为儿童提供家庭熟食的餐厅。通常，罗坎塔的老板会与儿童的母亲签订协议，罗坎塔的老板会告诉儿童的母亲，儿童在餐厅吃饭的次数，儿童吃了什么以及与谁一起用餐！

邦德以对比的方式报告研究结果。邦德通过以下三个标题将其研究结果以三个主题的形式来呈现：关系、互惠与风险。她使用逐字转述的方式阐述了她在讨论组中强调的要点。邦德将其研究与其他研究相比较，发现其研究结果与儿童使用手机的真实感受之间存在逻辑关系。研究中穿插的对话数据比较丰富，有八页之多。

97

这两项研究表明，在报告研究结果时，质性研究与量化研究之间的本质区别会突然变得非常明显。库库鲁等人的研究使用了一系列描述统计和推断统计的方法，对数据进行描述和分析；而邦德的研究则使用访谈转录数据和焦点小组访谈记录来阐明研究意义和参与者的反应，从而对主题进行描述。

两项研究也都有独立的研究讨论部分，从这点来看，这两项研究可能是很相似的，但是没有研究结果部分那么明显。库库鲁等人结合先前研究进行了比较详细的讨论。库库鲁等人从研究结果中提取出主要的研究发现并对其进行阐释。此外,库库鲁等人还将其研究发现与前人的研究发现进行比较,从而突显出异同点。例如,库库鲁等人在其论文中使用了如下话语:"该研究发现与其他在土耳其开展的相关主题的研究发现相似"。这种讨论十分清晰且具有逻辑性,是库库鲁等人的研究的优势。

邦德借助研究讨论部分,将其研究发现与支撑其研究的理论相联系。可能由于在研究结果部分,邦德已经将其研究发现与其他人的研究发现进行了比较,所以研究讨论部分阅读起来更像是研究结论。

研究结论、建议与不足

评价的最后一个方面就是做好收尾工作并推动研究向前发展。在任何学术作品中,研究者都应该对研究进行总结,同时还需要通过实践应用、未来研究以及其他建议对研究中发现的新事实或新关系加以界定。研究者应该关注研究的所有不足之处,例如,使用方便样本的研究可能不适合推广到总体,由此建议后续研究采用不同的取样方法。

研究结论也是结束循环,突显作品完整性的部分。在本章开头,我们将研究比喻成一场计划周密的旅行,所以当你到达目的地,坐下来休息、反思、计划现在要做的事,期待下一场旅行时,查看一下研究结论可能是有用的。

最后再来看看我们的这两项研究,库库鲁等人总结了调查发现,阐明了研究对该领域现存知识体系的意义,为未来的相关研究提出建议。他们建议大家不要乱用研究发现,例如为了教育儿童养成健康饮食的习惯,教师应该接受培训。尽管该做法可能具有一定意义,但是研究者不应该将其作为建议提出,因为没有证据表明该做法会产生积极的效应。

如上所述,邦德的研究没有正式的结论,但在讨论部分强调了所探讨的主要主题,包括关于研究内容的结论性说明。我们认为,缺乏结论意味着研究突然结束,没有提出正式的建议。

这两项研究都没有明确认识到他们研究的局限性——无法在结论中概括研究结果。

本 章 小 结

评价他人的研究之所以重要,主要有两个原因。第一,想要了解自己专业的知识库,就必须了解已经完成和正在进行的研究,并能够对它们进行分析。第二,如果想自己进行研究,就必须能够明智地利用先前的研究来指导自己。评价研究的过程并不难,但涉及实践,对研究过程也要有一定程度的了解。本章我们选取了两篇截然不同的研究论文,强调在评价研究中简要概括某些研究领域的重要性,以此为例来说明,在阅读研究时,应该考虑到这个问题。

专栏 4-1

研究在实践中的应用：搜索信息

此实践的目的是使你在较小的区域进行彻底搜索,提高你获取信息的技能。

请在这一实践过程中记下遇到的问题,得到的帮助和从谁那里或从哪里得到的帮助,解决问题的方法以及今后可能有帮助的任何其他信息。

想一个你可能想了解的与儿童有关的领域——如果你想不出任何领域,那么看看专栏 3-1 中的研究项目清单。然后：

- 去图书馆找一篇关于这个研究项目的一般性文章或一本书,从中确定两个关键词。
- 找出图书馆中可用的数据库。
- 请图书馆的工作人员向你展示如何使用数据库。
- 使用数据库搜索你的关键词。
- 找出图书馆中可获取的信息来源。
- 使用万维网搜索你的关键词,看看你能找到什么其他信息。

专栏 4 - 2

研究在实践中的应用：对重要研究的批判性评价

此实践的目的是给你批判性评价的经验。

- 选择一项通过以上搜索确定的研究。

- 按照本章描述的过程，对这项研究进行评价，记下你遇到的任何困难。

参 考 文 献

Bakar, C., Budakoğlu, l., Erdem, Ö., & Akgün, H. S. (2007). Özel bir llköğretim Okulu Öğrencilerinin Beslenme Alışkanlıkları, Xl. *Ulusal Halk Sağlığı Kongresi Kongre Kitabı*, 195.

Bond, E. (2010). Managing mobile relationships: Children's perception of the impact of the mobile phone on relationships in their everyday lives. *Childhood*, 17(4), 514 - 529.

Considine, G., & Zappala, G. (2002). The influence of social and economic disadvantage in the academic performance of school students in Australia. *Journal of Sociology*, 38(2), 129 - 148.

Deveci, S., Baydur, H., & Kaplan, Y. (2007). Manisa ll Merkezinde Kentsel ve Yankentsel lki llköğretim Okulu 6. 7. ve 8. Sınıf Öğrencilerinin Beslenme Durumları ve Kimi Antropemetrik Örencilerinin Degerlendirilmesi, Xl. *Ulusal Halk Sağlığı Kongresi Kongre Kitabı*, 190.

Ford, N. (2011). *The essential guide to using the web for research*. London: Sage.

Giddens, A. (1992). *The transformation of intimacy: Sexuality, love and eroticism in modern societies*. Stanford, CA: Stanford University Press.

Hawthorn, P. (1974). *Nurse, I want my mummy*! London: Royal College of Nursing.

Kukulu, K., Sarvan, S., Muslu, L., & Yirmibesoglu, S. G. (2010). Dietary habits, economic status, academic performance and body mass index in school children: A comparative study. *Journal of Child Health Care*, 14(4), 355 - 366.

Ó Dochartaigh, N. (2007). *Internet research skills: How to do your literature search and find research information online*. London: Sage.

Rutter, M., Graham, P. J., & Yule, W. (1970). *A neuropsychiatric study in childhood*. London: Heinmann Medical.

Simmel，G.，& Hughes，E. C.（1949）. The sociology of sociability. *American Journal of Sociology*，*55*(3)，254 - 261.

推 荐 阅 读

Dane，F. C.（2011）. *Evaluating research methodology for people who need to read research*. Thousand Oaks，CA：Sage.

Girden，E. R.，& Kabacoff，R. I.（2011）. *Evaluating research articles from start to finish*（3rd ed.）. Thousand Oaks，CA：Sage.

Lichtman，M.（Ed.）.（2011）. *Understanding and evaluating qualitative educational research*. Thousand Oaks，CA：Sage.

第五章

设计和开展儿童研究：问题的重要性

> **本章目标：**
>
> - 思考问题在设计和开展儿童研究中的作用。
> - 区分研究假设和研究问题。
> - 介绍保证信度和效度的方法。
> - 为在儿童研究中描述和提出可靠有效的问题提供实用指南。

当我们问一个小孩"总理是什么"时，他可能会给出一个正确且具有创造性的答案，例如"嫁给别人的人"，或者给出一个没有逻辑关系的搞笑的答案，例如"你放进烤箱里的一个蓝色的东西"。我们无法预测儿童将给出什么答案，这向我们呈现了一个事实：儿童的答案除了供成年人娱乐之外，还表明儿童的想法是特殊的。最近，关于儿童的心理以及心理发展和改变的方式，研究者有了更多了解。这帮助我们更好地理解儿童，例如他们早上起床或睡觉的困难，以及他们含糊不清的言语"管他呢"和"这不公平"。儿童和问题的关系在以下几个方面是特殊的：在设计研究时你要提出自己的问题，质疑研究问题背后的假设以及质疑儿童。例如，你可能想要探索儿童和母亲关系的性质，尤其是了解儿童在母亲不得不离开时的感受。这项调查的方式需要设计，这意味着你要问自己以下这些问题。

　　● 基本的研究问题是什么？

- 我想做什么？

- 我想和谁一起做？

- 我想什么时候做？

- 我想使用的方法可靠有效吗？

许多基础研究设计之所以会深陷困境是因为，从一开始，研究问题就缺乏明确的用来表明研究重要性的理论基础。因此，以下问题是有帮助的：为何这很重要？谁对结果感兴趣？在建立了一个基本的研究问题并讨论了它的理论基础后，对理论假设和流行的假设提出质疑仍然是明智的。这一特别的研究问题背后的理论基础可能基于这样一种假设——安全的母子关系对正常发展至关重要。研究者需要考虑这方面的证据来源。它是基于研究数据，还是临床证据？它是基于大众的智慧、个人的信念，还是一种政治或专业的理想？最后，我们回到质疑儿童本身。

为了确定儿童在母亲离开医院时的感受，我们可以直接向儿童提问："当你妈妈把你留在医院时，你感受如何？"青少年可能给出太酷或不太酷的反应，从而无法超越"不知道"的反应类型。即使把答案交给小学生，答案的效用也将取决于儿童的年龄和语言能力。学龄前儿童通常无法回答问题，因而需要研究者进入儿童熟悉的世界——故事、玩偶、木偶、沙子和绘画的世界。

显然，在设计和开展儿童研究时提出问题是一项需要培养的技能，一个有效的培训方案将在所有水平的研究中彻底解决这一问题。在以下部分，我们将更详细地讨论这一主题。

研究设计的问题

研究导师刚刚给你一份研究指南。你感觉如何？在这一新的挑战和机遇下，你的内心可能会因兴奋、期待和冒险而颤抖，从而促使你系统地调查一个接近你内心的主题。你也可能一想到要提出一个主题，应对新的研究技能，就陷入

102　恐慌和恐惧。最好的研究通常来自有预感的研究者，而那些有预感的研究者可能对挑战感兴趣。这种预感可能是研究者在学校、医院、家、工作中或者从研究者作为父母或儿童的经历中观察到的一些东西。不管预感的来源是什么，它都是研究者感兴趣的东西，因此也是激情的源泉。人们都说做研究的挑战在于，只有那些爱上研究对象的研究者才能成功！在研究中是坚持正确的问题，还是坚持正确的方法，这决定了研究是有趣的研究还是普通的研究。同样重要的是，要知道为什么需要问这个问题和如何解决这个问题。因此，在设计和调查研究问题之前，研究者需要问自己一些问题，例如：

- 为什么这个问题很重要？
- 答案对谁有重要意义以及能用答案做什么？
- 这是一个怎样的问题——一个客观的问题，一个主观的问题，还是一个探索性的问题？

为什么提出有关儿童的问题很重要？

一般情况下，因为儿童在我们生活中很重要，所以有关儿童的任何问题都很重要。此外，开展儿童研究的氛围从未像现在这样好，新的政策鼓励开展儿童研究，也鼓励个人和机构合作，以理解和支持儿童的发展需要。过去的一代，摄像机、录音机、远程观看、计算机、移动电话、万维网和计算软件等技术的进步，使我们能对更广泛的研究问题进行有效的调查。我们可以用摄像机捕捉、播放和重放人类行为，发现微妙的人际关系和瞬间的手势，在计算机上对行为进行分析。技术进步提高了我们做研究的能力。

图 5-1 所示的研究和分析类型已经存在很长一段时间。除了这里展示的结构化的实验例子外，研究者还将摄像机带进幼儿园、操场、日托中心、小学和中学。罗伯逊和罗伯逊（Robertson & Robertson，1971）的开创性工作是一个很好的例子，从行为学的角度研究和分析儿童的行为受益于用技术建立的记录更严格的证据库。图 5-1 显示了现场研究的视频片段，无论是在自然主义或自由流

图 5 - 1　现场研究中能够用作详细行为分析的视频片段

动的环境中，还是在实验者主导的受控制的任务中，视频的质量使得研究者能对行为和关系进行详细分析。西蒙·伯龙-科恩和他的同事（Simon Baron-Cohen et al., 2008）对自闭症儿童情绪理解的研究，因为使用了既有评估能力，又有干预能力的计算软件而蓬勃发展。在网络调查中，万维网是一个很有希望的工具，

103

因为特定的群体,例如青少年或那些存在发展性交流困难的人,不愿意接受普通的面对面的提问和调查。这些创新也将在第九章,与儿童协商和让儿童参与研究中进行描述。

104　　　如今,研究者可以更好、更快地提出以前无法回答的更多问题。鉴于目前研究儿童的环境,更多的问题是为何不进行这样的研究,而不是为何要进行这样的研究!对于提出有关儿童的研究问题,其他比较好的一般理由包括:儿童的快速成长,使我们能够在相当短的时间内,观察儿童的发展变化,监测干预结果;关于儿童的发现,可以告诉我们一些有关成年人的信息;对儿童的研究,可以帮助实践者更多地了解和改进他们的实践;儿童研究往往有助于支持或推翻关于儿童性质和发展的理论。最近,与儿童一起讨论他们观点的方法取得了进展,可以积极地让儿童作为研究参与者加入进来,这意味着我们越来越能够倾听儿童的声音并让儿童参与研究。我们将在第九章详细介绍这一主题,而在第二章我们已经探讨过研究、理论和实践的关系。这个主题对研究者也很重要。事实上,研究问题可能是童年经历疾病、虐待、收养、情绪行为障碍、学校体验或关系困难的直接结果。也许最重要的是,研究问题应该对儿童自身很重要,并使儿童及儿童所生活的世界得到改善。事实上,一个研究问题应该在上述所有方面都很重要。

当研究问题不再是一个问题

希望对儿童进行研究的人,来自许多专业——儿童健康、教育和社会护理就是明显的例子。生物学、心理学和社会学的相关学科在提出研究问题上有各自偏好的取向。例如,在考虑依恋关系的性质时,一名生物学家可能会问:在母亲和孩子分离时,唾液中的压力指标增加了吗?一名发展心理学家可能会问:在心理社会功能测验中,不安全依恋的儿童表现不如安全依恋的儿童好吗?一名社会工作者可能会问:对养父母没有安全依恋的青少年的社会历史是怎样的?显然,所有这些都是可行的研究问题,但有一些重要的区别。前两个问题意味着客观的测验或使用特定测验和设备的某种实验。在研究中，这类问题被称为假设，它提出两个变量之间的关系。一个假设的例子是，依恋安全性和儿童在情绪理解测验中的表现有关。提出的关系性质将以理论为基础，在这种情况下，依恋理论可以对这种关系进行预测，并在实验和可控的环境中进行检验。一般来说，预测是一种陈述，即一个事物（自变量）的变化会对另一个事物（因变量）产生影响。因此，一个预测的例子是，依恋安全性的变化会导致情绪理解测验中的表现发生变化。这类研究的目的是解释为何儿童的行为表现与仅仅描述他们行为时的表现相反，并且通过对许多儿童评价取得的研究结果，推断所有儿童的情况。

　　社会工作者提出的问题需要一种不同的解释。在此，我们关注的是一个有着独特历史的青少年。这是研究问题，而不是研究假设。研究问题是主观的，目的是描述个体的情况。虽然研究问题可以高度概括，例如"青少年的社交历史是怎样的？"但研究问题只反映使用某一特定理论的意图。在这种情况下，依恋理论告诉我们如何理解青少年以及如何帮助他们？研究假设和研究问题的主要区别在于：寻求解释和寻求理解。

　　表5-1说明了研究假设和研究问题的区别，专栏5-1说明了一个研究问题的演变。

表5-1　研究假设和研究问题的区别

研究假设（寻求解释）	研究问题（寻求理解）
教养策略如何导致儿童情绪和行为上的困难？	儿童和父母对他们相处方式的感受和想法是什么？
哪些社会变量和情境变量可以预测虐待儿童？	父母和儿童对虐待儿童的经历的定义是什么？
家庭破裂与儿童的年龄、性别和气质特征之间的关系是什么？	来自破裂家庭的儿童对冲突和离婚有何看法？
重点是决定因素、预测和统计关系，研究想要解释儿童的行为和发展	重点是描述和解释参与者的观点，研究想要理解儿童的世界，并且由儿童来引导研究

来源：改编自 Hatch, J. A. (ed.). (1995). *Qualitative research in early childhood settings*. Praeger Publishers.

专栏 5-1

一个研究问题的演变

朱莉正在上教师培训课,希望以后能从事幼儿教育工作。作为一名有经验的教师助理,她注意到,学前班的年幼儿童往往比年长儿童有更多的行为障碍。此外,她还关注到,政府最近的立法规定,4 岁儿童可以参加正规教育课程。她看电视辩论并阅读国家新闻。她认为,幼儿阶段是儿童发展最关键的阶段。令她感到生气的是,似乎没有人考虑新立法对年幼儿童长期发展的影响。她认为,这将是一个很好的研究主题,并开始与她的导师讨论这些研究问题。

朱莉首先必须质疑她的假设和那些权威人士。她观点背后的假设是:年幼儿童在某些方面处于不利地位。她能说,所有年幼儿童都处于不利地位,或者至少一些学前班的年幼儿童可以做得和年长儿童一样好吗? 在这一点,她有的只是一种基于有限的个人经验的观点和一种认为儿童的发展要经历几个关键阶段的理论的信念。有必要质疑这些观点和信念背后的假设并找到科学的证据来支持她的观点。

朱莉查阅了许多研究期刊,了解幼儿适应正规教育的情况。她发现,目前还没有系统的研究,因此难以获得科学的证据。这是她研究的理论基础和重要性。政府正在做出可能损害幼儿发展的政策决定,但似乎没有进行任何调查来证明决定的合理性。问题的答案可能为那些希望尽量减少对儿童的潜在威胁的决策者和实践者提供信息。这意味着她确实发现了一个值得进一步研究的主题,而且她的研究将是探索性的,而不是为一个已经建立的科学研究体系提供证据。这就是一般性的问题,例如"如果进入学前班会影响幼儿的行为,那么影响是什么"和预测性的问题,例如"假设学前班的年幼儿童比年长儿童表现出更多的行为和情绪困难"之间的区别。

研究设计:基本问题

一旦提出研究问题或研究假设,并认为这是重要的,研究者就必须提出一个基本的研究设计来说明参与者是谁？包括多少参与者？具体要做什么？何时做？

第一个关键的问题是：参与者是谁？考虑到研究目的和研究问题或研究假设的性质，参与者应该是婴儿、幼儿、学龄前儿童、学龄儿童、青少年、母亲和儿童、所有家人或几个年龄组的儿童中的谁呢？研究可能需要特定的群体或众多不同的儿童教育专业人员（例如社会工作者、儿童看护者、调解员、护士、教师、医生、精神科医生和服务经理）的参与。研究应该只包括男孩，还是女孩？是关于父亲还是母亲，还是关于两者？

第二个关键的问题是：包括多少参与者？如果你只要求 10 名儿童参与者完成人格问卷并将其与他们的学业成绩联系起来，那么你就不会非常自信地认为你的结论是准确的。然而，如果你的研究包括成千上万名儿童参与者，那么你会更加自信。此外，要确保样本代表一般性的总体——在这种情况下，就是要确保样本包括不同的能力和文化的儿童。专栏 5-1 所示的例子，适用于假设检验，其目的是推广结果并做出预测。然而，当研究目的是描述某一特定儿童或关系时，大数据就不那么重要了。

第三个关键的问题是：具体要做什么？要"对研究参与者"或"和参与者一起"做些什么？研究的目的可能是探究参与者接受特殊的治疗或条件时会发生什么。如果研究的目的是检验年轻参与者在自尊增强计划后的成就测验中，是否会表现得更好，那么就需要进行**实验研究设计**（experimental research design）。如果研究的目的是观察或测量实际自尊与成就测验之间的关系，那么需要进行**相关研究设计**（correlational research design）。如果研究的是一个有阅读困难的特殊儿童或青少年，那么研究的目的是描述教师和参与者对参与者阅读能力的看法，并辅以学校、医院和社会记录，探索儿童或青少年工作的教师策略，那么就需要进行**个案研究设计**（case research design）。第六章、第七章、第八章详细介绍了这三种研究设计和其他研究设计，第三章介绍了支撑这些研究设计的理论框架。

第四个关键问题是：何时做？你需要对参与者进行一次评估还是多次评估？一项关于当前自尊和成就测验关系的研究，只需要一次评估。一项比较儿童或青少年干预前和干预后成就测验的研究,则至少需要两次评估:干预前评估和干预后评估。一些旨在说明发展途径的研究,需要在整个童年和青少年期持续评估:18个月时(一个被认为会影响长期结果的关键阶段)的测量结果,可能与学龄前阶段、小学阶段、青春期以及之后的各阶段的其他测量结果相关。这些长期观察同一个体或群体的儿童或青少年的研究,被称为**纵向研究设计**(longitudinal research design)。还有一种更省时的方法是,在不同发展阶段的儿童中进行相同的测量。因此,一组小学生的自尊和成就测验可以与一组青少年的自尊和成就测验相比较。这就是所谓的**横断研究设计**(cross-sectional research design),它是有效的,但无法描绘个体的发展路径。

表5-2总结了儿童研究的基本研究设计。这些研究设计通常使用大样本,但大多数也适用于个案研究。我们可以对个体进行纵向研究,让个体接受实验干预和各种相关测量,例如成就测验、社会困难、健康、依恋安全性和自尊等。

表5-2 儿童研究的基本研究设计总结

研究设计	特 点	目 的	优点/缺点
横断研究设计	同时对不同年龄组的儿童进行评估	描述发展年龄常模	快速、有效、经济;不是关于个体发展的研究设计
纵向研究设计	随着儿童的成长,定期对相同的儿童进行评估	描述特定群体或个体儿童的发展变化	解决发展的连续性或滞后性问题;参与者了解测验
相关研究设计	同时对儿童进行评估并计算相关性	考察两名或多名儿童分数之间的关系,并尝试进行解释	容易实施;无法指出原因和其他潜在变量
实验研究设计	实验者控制自变量或进行干预	检验解释儿童行为和发展的假设	为儿童发展提供有力的因果证据

信度和效度的问题

继续对自尊进行假设检验,假设你希望评估因事故而致残或毁容的青少年的自尊。你认为，现有的测量工具不能测量某些你认为特别重要的问题，所以你需要创建一个新的测量工具。你怎么确定你的测量工具是准确的，能真正评估你想要评估的问题？你怎么知道你的测量工具在评估它应该评估的问题方面的价值？要想对你的测量工具的准确性有信心，你需要确定它的**信度**（reliability）和**效度**（validity）。

信度

确保信度的一种方式是：测量工具可以可靠地给出有关行为或构念（在这个例子中是自尊）的一致测量。如果儿童在几个不同的场合完成相同的问卷，自尊测量的结果会从低到高变化，那么我们不能肯定该问卷确实能测量自尊或自尊本身是一个一致的构念。同样，用一种被认为是评估智商的测量工具，在一个月的每个星期一早上测量一个人的智力，如果测得的智商有很大的变化，那么该智商测量工具并不能告诉我们很多关于这个人智力的信息。确保信度的另一种方式是：观察者间信度。这是一种程序，在这个程序中，两个独立的观察者遵守相同的行为编码或同时用一种特定的工具获得结果或分数。两个独立的观察者获得的结果或分数之间的相关性或一致性越大，行为编码或测量工具的信度就越高。如果研究目的是通过观察，评估儿童单独游戏的频率，那么观察者间信度检验将如表5-3所示。

表5-3　观察者间信度检验的例子

儿　童	单独游戏的频率	
	观察者 A	观察者 B
1	5	5
2	2	2
3	6	6

乍一看，我们可以看到，在这个例子中存在完美的相关性或一致性。然而，即使有良好或高度的一致性或相关性，也是可以接受的，因为人类行为总

是带有主观性和不一致性（随机错误）。此外，如果正在评估几种不同的行为或有许多参与者，那么有必要进行恰当的统计检验（见第六章和第七章）。然而，还有一种确保信度的方式是：测量工具（例如自尊问卷）的**内部一致性**（internal consistency）。如果测量工具有 10 个评价身体形象的项目，那么你通常会期望，那些自尊得分较高的青少年，在大多数项目上都会有较高的分数。实际上，当所有项目产生相似的分数时，测量工具的内部是一致的。建立测量工具的信度可能是一件复杂而漫长的事情，因此建议初级研究者使用已经被研究团体认为是可靠的测量工具。

效度

作为一名研究者，你需要再问一系列关于数据的问题。一旦获得自尊或行为的数据，你必须问："我的数据有意义吗？""这个测量工具能测量出应该测量的东西吗？"如果你访谈一些专家，请他们谈一下应对青少年自尊心低的策略，这些专家在原则上详细谈论了他们的做法，因为你知道，专家只谈理论，很少实践，所以你的方法没有得到你想得到的东西，那么它就没有表面效度。同样，如果一群自信的青少年，在你的自尊测量中得分同样都很差，那么你就需要质疑测量工具的表面效度，以及它作为自尊指数的有效性了。有人认为，受控制的、实验的、以实验室为基础的研究，不能反映年轻参与者所处的现实世界和现实关系的属性。这类研究生态效度低，研究者需要解释，如何将研究结果从他们的研究应用到现实生活环境。然而，因为系统地控制了混淆变量，所以受控制的实验研究具有较高的内部效度。有相当多的发展心理学和家庭研究是在如图 5-2 所示的准自然主义的研究环境中进行的。图 5-2 展示了一个实验室的设置，它模仿真实的家庭环境，并内置了观察镜和记录设备。你认为这种研究环境的优点和缺点是什么？

生态效度可以通过在家、学校、操场、医院和社区等自然环境中，做更自然主义的研究，以及在研究设计中，请父母、同龄人和专业人员等熟悉的人参与研究来提高。在某些情况下，研究者可以扮演教师、护士或照顾者的角色，成为"参与者"。

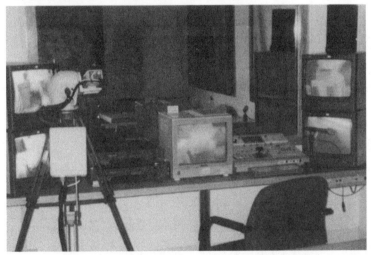

图 5 - 2　内置观察镜和记录设备的实验室家庭环境

　　研究工具的信度和效度可能很难达到绝对完美。信度较高的工具极有可能会缺乏效度。评估效度比评估信度更加困难。通过假定测量相同构念的不同的测量工具测得相似的分数，以及评估不同分数是否以有意义的方式相关，可以提高研究的效度。大多数使用演绎模型（由理论驱动，需要进行假设检验的模型）的研究者会采用这种方式提高效度。大多数采用归纳模型（由探索性、主观性的问题和参与者的观点驱动的模型）的研究者，会采用另一种同等重要的方式——**三角互证**（triangulation）来保证效度（在第三章已对演绎模型和归纳模型进行过完整阐述）。三角互证使研究者能够捕捉到参与者发生的某些细微变化。在个案研究中，采用三角互证通常需要从一个以上视角（通常是三个），对某一特定现象进行剖析。在对儿童救助机构展开研究时，可以对实地工作者、服务经理以及父母进行相似的访谈。当研究者不止一个，或者既有多个研究者又有多个研究对象时，三角互证同样适用。在儿童救助机构门槛的研究中，研究者可以对现场工作者、服务经理和儿童的父母进行类似访谈。三角互证也是通过使用多个研究者或不同的研究对象的方式来实现的。

112

对假设的质疑

带有讽刺意味的是，一位自己也曾是儿童的研究者需要认真考虑诸如这样的问题：童年是什么感觉？儿童的思想和感受如何？我是怎么发现的？童年的感觉和思想在成年人身上丧失，至少在直接意义上是如此，因为成人拥有的只是具有不同程度信度和效度的记忆。尽管如此，在研究者试图回答这类问题之前，研究儿童完全没有意义。

最好的开始是挑战我们通常提出的假设。研究者的童年观将受儿童或父母的个人经历、职业培训、身份和经验、文化观点和当前趋势或时代潮流的影响。护理专业，例如护理和社会工作，自然会把儿童视为关注的对象。我们需要评估和保护儿童并为他们的未来做决定。尽管这是值得尊重的，但不利的方面是儿童的权力丧失，儿童的观点受到忽视。长期以来，人们一直认为，儿童无法参与对自身感觉、需要和未来的讨论。这不仅明显影响了研究问题的性质，也影响了直接与儿童交谈，征求儿童意见的方法的发展。当然，心理学研究者也持有关于儿童的假设。希尔等人（Hill et al., 1996）说，心理学研究者将儿童视为"研究对象"。这意味着，心理学研究者也在很大程度上忽视了儿童的观点、主观意见和获取儿童的观点和主观意见所需的方法。实际上，心理学研究是对儿童进行研究，而不是和儿童一起进行研究。

成年人提出理论和假设，对儿童进行标准化测验或受控制的实验，并对数据进行统计分析。这种心理学研究在改善研究儿童的技术方面取得了很大成就（见第六章和第七章），今后也应继续这样做，因为正如我们将要讨论的，一些问题需要以一种受控制的方式加以解决。专业假设会影响我们对儿童的看法。教师可能会将儿童看作学习和发展的对象。此外，历史或文化趋势也发挥作用。例如，在20世纪60年代接受过"以儿童为中心"培训的教师会认为，儿童在知识发展中是积极的参与者，因而只需提供合适的环境和学习的生物准备。与此相反，20世纪早期教师秉持的儿童观是，儿童是阅读、写作和算术的被动接受者。因此，实践型研究者应该审慎地思考他们的专业身份和他们对儿童的假设会如何影响他们的研究问题和研究方法。儿童总是比专业上认为的复杂得多。

113

谢弗（Schaffer，1998）列举了影响我们对儿童看法的主流趋势的具体例子。抚养孩子的方法、工作的母亲、与父母分离、离婚和父亲作为称职的照顾者，都是众所周知的在不同时间和不同文化中会存在差异的发展问题。谢弗还警告说，基于已建立的权威的看法，形成对儿童的信念是危险的。通常情况下，对儿童的看法是个人观点、猜想、民间传说、临床案例和养育自己后代经验的综合。事实上，在某种程度上，包括查尔斯·达尔文、西格蒙德·弗洛伊德和让·皮亚杰在内的一些最具影响力的发展理论家亦是如此。

询问成人有关儿童的情况

在某些类型的研究中，可能要向代表儿童的成人询问有关儿童的情况。可能是因为儿童太小或说不好话，例如有交流困难，也可能是直接向儿童提出特定类型的问题被认为是不道德的，还可能是研究者对父母或照料者与子女的关系或儿童的观点特别感兴趣。也有研究者评估父母的童年经历，并将它们与父母看待自己孩子的方式关联起来。这些方法对从事儿童研究的人而言，都是重要且相关的。无论主要的研究问题是什么，一份问卷或对了解儿童的成人或家长进行一次访谈，都可以为研究增加一个新的维度。第八章和第九章详细讨论了访谈照顾儿童的父母和成人的技巧。

直接询问儿童

114　　第一次询问儿童问题的初级研究者,将不得不面对有关询问过程的许多荒诞的说法。通常,这包括对儿童能力的假设。不能向幼儿直接提问或与幼儿交谈的观念很普遍,不能与儿童长时间单独相处的观念也很普遍。然而,就儿童的年龄而言,确实需要考虑一些重要的问题。与学龄儿童和青少年相比,幼儿或学龄前儿童的交际能力是有限的。相反,儿童在研究者通常不太看好的方面也有令人惊讶的能力。问题主要涉及儿童的认知能力,儿童陈述的有效性和研究者对儿童陈述的解释。

虽然信度对具体的工具很重要,但在与儿童交谈时,最重要的是效度。儿童反应的准确性在很大程度上取决于儿童的发展能力,包括儿童管理用于提出问题的研究任务的需求的能力,处理一对一访谈或小组访谈的能力以及儿童理解访谈原因的能力。研究者可以在各种社会环境(例如诊所、教室、操场或家)对儿童提问,这些环境本身可能对儿童反应的效度产生直接影响。研究者应尽一切努力明智地选择环境,在设计问题和提供材料的过程中,了解儿童的发展能力和个人能力,向儿童解释他们为什么会在那里,以及将会发生什么。研究者应该以一种友好和令人安心的方式介绍自己,并且让儿童有时间熟悉陌生的环境、新的设备或作为研究一部分的玩具。让我们考虑一下研究者可能向儿童提出的一些问题。

谁？什么？哪里？

非常年幼的儿童在认人、物和地方时,要么通过语言,要么通过手来指。他们能区分自我和他人。然而,幼儿容易出现分类错误,例如将所有的男性成人都叫"爸爸"。

为何？什么时候？怎么样？

尽管 2 岁的儿童可以做出简单的因果推断并理解客体永久性，但直到学龄期，儿童才能对需要解释的问题(例如"为何？""什么时候？"或者"怎么样？")做出一致的回答。

过去、现在和未来

学龄前儿童能够谈论现在和过去的经验，但他们的时间观念还没有得到充分的发展。回忆的顺序和过去时的使用对他们来说并不总是容易的。在大约 4 岁的时候，他们使用过去和未来的时态，但是他们对时间的概念仍然与诸如吃饭或电视节目之类的常规活动有关。他们的时间观念在学校里逐渐提高，并能够看懂时钟和日历。

依赖记忆的问题

一个相关的问题是儿童的记忆能力。像成人一样，儿童的记忆也会受其他因素的影响，例如事件发生的环境和相关的情绪唤起。直到小学结束，儿童才能与成人相媲美。因此，幼儿在记忆时通常需要支持，这可以通过使用熟悉的玩具和允许儿童在玩具的帮助下玩耍或表演过去的事件来改善。这使研究者能够明白儿童在谈论什么或谁。

敏感问题

在询问儿童关于创伤性事件的问题上，儿童区分事实和想象的能力是很重要的，研究者解释儿童说什么和做什么的能力也很重要。甚至非常年幼的儿童也不会制造虚假的画面。3 岁的儿童能够区分假装游戏的材料和材料的真实本质，而 4 岁的儿童能够理解真相和谎言之间的区别，并且认为说谎是错误的。

关于知识和信念的报告

在使用开放式问题或陈述时,托儿所和小学低年级的儿童往往同意提问者的意见,即使他们不知道问题意味着什么。他们能够发明创造,但注意力容易分散并且只能理解字面意思。

询问青少年

116

由于研究者可能会高估或低估青少年做出适当反应的能力,忽视性别和种族对反应的影响,所以可以预见,研究者在询问青少年时会出现问题。青少年研究通常不足以区分青春期的各个阶段,即早期(10—14 岁)、中期(15—17 岁)和晚期(18—20 岁),这可能会引入干扰变量,从而影响研究结果的完整性。例如,青春期早期的特点是更大的青春期冲突(Dashiff,2001)。在现实世界中询问青少年,同样受上述所有问题的影响。在诊所、家和学校进行的研究,都存在潜在的注意力高度分散的现象,这是由于打扰了日常程序(节假日、约会、考试以及增加相关压力、缺乏常规的不受干扰的私人空间、假期、缺勤、班级管理不善、与专业人员就允许青少年工作的时间进行合作)。显然,计划在合理的范围内,应对这些可能性是明智的。在健康、社会福利和教育研究方面,青少年可能会担心他们的反应被那些掌控他们权力的人获取,因而得到更差的照顾、支持和理解。因此,在青少年研究设计中,也必须尝试对青少年的反应保密。

总体而言,询问儿童良好的实践模式需要:

- 准备和使用清晰明确的指导语。
- 创造性地使用适合儿童能力的材料,例如,使用视觉材料辅助记忆。
- 谨慎地选择情境。
- 在一对一访谈或小组访谈中注意印象管理。
- 熟练的访谈技巧。

- 避免导向性问题。

- 征求他人意见以供比较。

- 让访谈变得有趣！

解释儿童的反应

解释儿童的反应的问题，与社会和认知因素有关。儿童是与研究者接触并共同建构事件意义的社会人，这一事实意味着儿童与成人一样，容易受研究情境中社会需求的影响。儿童的自我报告容易受暗示和否认的影响，因此会受访谈者地位和情境的影响。所以，在学校接受采访的儿童已经与教师建立了权力关系，在那个情境中，儿童有各种死记硬背的反应。

正如唐纳森（Donaldson，1978）所证明的，即使非常小的儿童，他们在学习任务上的能力也会因为社会表现而被低估。例如，如果研究者在权力关系中重复提出同一个问题，那么大多数儿童会认为，他们最初的答案是错误的。如果儿童在家里接受采访，那么儿童不太可能公开回答敏感的问题。例如，儿童现在在家里感到安全吗？在披露痛苦经历时，儿童可能会感到焦虑，这种焦虑要么阻止儿童谈论它，要么导致儿童否认或改变他们的想法。对失去亲人的恐惧，对他人惩罚以及拒绝的恐惧是很常见的。然而，人们普遍认为，如果是对儿童重要的事情，那么他们对这种扭曲事实的情况会相当抵抗。儿童可以以不同的方式回答问题，这取决于是在一对一的情况下，还是在同龄群体中询问儿童。两者各有优缺点，这取决于个体和正在讨论的问题。

如果研究者在小组中或成对地询问年幼儿童，那么他们更容易参与进来。小组有利于产生想法，找到关键领域以单独跟进并增强信心——年幼儿童会感到更有趣。然而，性别构成会影响参与，问题的性质也很重要，特别是当询问对小组中的一些人（例如，在询问有关家庭生活问题时，学生中那个需要照顾的儿童）更有意义的时候。一些儿童在小组讨论中占主导地位。个体访谈是很有效的，因为可以更详细地跟进某些问题，并且也可以询问敏感的问题。

117

　　与认知因素有关的解释之所以存在问题,是因为根据儿童的表现,高估或低估了儿童的能力。即使标准化的工具也无法估计个体的实际能力。对儿童的所有提问都涉及语言、思维和记忆等认知能力的使用。如果任务是口头的,那么口头表达能力很重要。如果任务是书面的,那么读写能力很重要。因此,无论是口头的任务,还是书面的任务,考虑的点都在儿童身上。第八章、第九章和第十章描述了一些研究者在试图克服这些问题时使用的各种研究设计,以及儿童研究中有关伦理的问题。

使用绘画

　　绘画是有趣的。所有年龄的儿童都喜欢绘画,绘画活动也是一种很好的用于了解儿童的初级参与方式。然而,有确凿的证据表明,绘画可以作为认知发展的可靠指标。自发的绘画可以作为概念能力的可靠指标,用于描述身体部位,确定它们所在的位置。绘画还能了解儿童精细动作的协调能力。许多绘画已经被研究和标准化为一个发展量表——例如,古德纳芙和哈里斯的绘画测验(Goodenough & Harris,1963)。绘画也被认为能够揭示内心的想法。线索在于线条质量的改变,形状的伪装以及不寻常的标志或符号的使用。最简单、最常见的绘画任务之一是画"房、树、人"。如图 5 - 3 所示,两名儿童在画"房、树、人"任务上的比较。儿童 A,7 岁,曾遭受身体虐待,父母有精神病史,在学校遭到拒绝和欺凌,但没有学习困难,图画展示在左边。儿童 B,7 岁,是一个快乐的、正常的儿童,图画展示在右边。比较两名儿童在画"房、树、人"任务上的绘画,我们立刻对儿童 A 在绘画尺寸、细节和想象力方面的匮乏感到震惊。

　　在绘画中还有许多其他的指标。线压的强度、过度的阴影、图形的大小和绘画过程的刻板程度,可以表现儿童的焦虑。在受虐待儿童的图画中,可能会出现身体的性特征部位,被遮盖的身体部位以及悲伤或没有表情的人物。在身体或手上出现的严重划痕和反复描绘的线条,可能意味着身体虐待。当然,由于受儿童精细动作能力和概念发展的影响,提问者特别容易对儿童绘画做出错误的解

图 5 - 3　受虐待儿童和正常儿童在画"房、树、人"任务上的比较

释。因此,这类绘画仅供经过培训的专业人员使用,并与各种其他信息来源相关联。以开放性的、探索性的方式对儿童和儿童绘画进行操作很重要(关于询问儿童和解释儿童的答案的指导原则见专栏 5 - 2)。

专栏 5−2

提高询问儿童和解释儿童的答案的有效性

提高有效性：询问儿童

- 将完整的事件或问题分解成简单的、可管理的单元，以供无法同时记住两个概念的学龄前儿童使用。先使用简单的是与否问题，然后使用更为开放的问题。使用熟悉的玩具来阐明身份，演示事件。学龄儿童可以逐渐理解并使用更复杂的句子。

- 儿童偶尔会讲一些父母知道并未发生的故事。考虑到他们区分事实和想象的能力以及否认的可能性，我们要做好接受不明确结论的准备。

- 询问儿童是否不敢说他们想说的话。

- 考虑个体差异。一些儿童可能存在学习障碍或者更喜欢在较长的时间里缓慢地透露信息。

提高有效性：解释儿童的答案

口头报告更有可能是有效的：

- 儿童使用与年龄相符的语言。

- 相对于儿童的年龄来说，描述是详细的。

- 儿童表现出恰当的情绪行为。

- 儿童用行为而不是详细的口头陈述来表达情感。

- 儿童的报告具有跨时间的一致性。

- 在揭露创伤的过程中，犹豫显而易见。

来源：改编自 Reder，P. & Lucey，C. (1995). *Assessment of parenting：Psychiatric and psychological contributions*. London：Routledge. Reproduced with permission of Taylor & Francis Group.

120

与儿童协商和让儿童参与研究

本书将在第九章全面阐述这一主题，但一个特别令人鼓舞的发展是我们认识到，通过支持儿童成为共同研究者或研究者，我们可以并且应该邀请儿童直接参与研究。这可能意味着，我们认识到儿童观点会影响并改变我们的研究议程。通过让儿童参与部分研究或者让儿童自己设计并完成研究，我们可以利用儿童的地位和内部知识来提高解释的有效性。提高儿童的元认知能力（或思维能力）和教授儿童思维技能是目前教师熟悉的领域。长期以来，人们也认识到，在任何阶段教师都可能以一种有意义的方式教授任何学科。这里所表达的观点是，研究可以而且应该是"关于课程"的。毫无疑问，它已经隐性存在于一系列与其他学科相关的项目中了。虽然我们将在第九章全面地考量这一发展，但是问一些与儿童部分参与研究相关的问题有助于我们做出决定——是否应该让儿童以共同研究者的身份参与研究。正如科比（Kirby，1999）所言，在决定是否让儿童研究者参与研究时，我们应该问自己更多问题。在任何优秀实践者的研究设计中，主要问题都是必不可少的，而且如果你能够像下面这样回答以下问题，你应该让儿童参与研究：

- 这个主题值得研究吗？　　　　　　　　　　　　　　　　　是
- 需要什么类型的信息（经历、感知、知识）？　　　　　　　　　是
- 需求评估是否是未满足的需求？　　　　　　　　　　　　　是
- 这个主题是否对提供的政策或服务进行了评估，以及是否确定了
  好的或坏的做法？　　　　　　　　　　　　　　　　　　　是
- 如何使用这些信息？　　　　　　　　　　　　为儿童研究者赋权
- 其他获取数据的方式是否更合适？　　　　　　　　　　　是/否

　　一方面，让儿童作为共同研究者参与研究的适当决定可能会带来一定的好处。例如，儿童研究者与儿童参与者之间的权力问题更少；更好地获取内部知识和解释数据；同龄人的积极角色榜样。另一方面，不成熟可能意味着对敏感问题感到不安，以及缺乏与研究者谈判的信心；对众所周知的混乱因素（例如有偏见的回答、社会期望）缺少监督；对调查问卷和访谈的回应很少或很差。

专栏 5-3

研究在实践中的应用:"研究直觉"练习

此实践的目的是进一步证明你已经具备提出研究问题和研究假设,以及研究设计的基本能力。

你可以自己进行这一实践或者由你的导师将你分配到有共同兴趣的相关小组中(例如教育、健康/护理、社会工作)。在这些小组中,从以下方面讨论"研究直觉":

- 研究类型(质性的、探索性的或实验的,等等)。
- 定义研究问题。
- 问题的重要性和答案的实际应用。
- 可能的研究问题或研究假设。
- 参与者应该是谁及其特点。
- 可能的评估、材料和设备。
- 研究中可能遇到的问题。
- 儿童是否以研究者的角色参与研究。

研究直觉

- 你对弱阅读者的自尊很好奇。
- 你关注接受过外科手术的儿童的身体形象。
- 你想知道新生儿的出生如何影响学龄前儿童的行为。
- 你对横行霸道的儿童的经历感兴趣。
- 你想知道儿童对父母离婚和随后的联系安排的感受。
- 你对自己国家内不同文化的养育儿童的做法感兴趣。
- 你想知道由当局照顾的青少年对他们被照顾的经历有何感受?
- 你关注在刑事司法系统中未被识别的存在读写困难的青少年的人数。
- 你认为少女在上学的时候怀孕是因为对自己的母亲缺乏安全依恋。

参 考 文 献

Dashiff，C. (2001). Methodological issues in nursing research: Data collection with adolescents. *Journal of Advanced Nursing*，33(3)，343 - 349.

Donaldson，M. (1978). *Children's minds*. London: Fontana.

Goodenough，F. L.，& Harris，D. B. (1963). *Goodenough-Harris Drawing Test*. San Antonio，TX: PsychCorp/Harcourt Assessment.

Hill，M.，Laybourn，A.，& Borland，M. (2010). Engaging with primary-aged children about their emotions and well-being: Methodological considerations. *Children and Society*，10 (2)，129 - 144.

Howlin，P.，Baron-Cohen，S.，& Hadwin，J. (2008). *Teaching children with autism to mind-read: A workbook* (2nd ed.). Hoboken，NJ: Wiley.

Kirby，P. (1999). *Listening to young children: The mosaic approach*. London: Save the Children.

Reder，P.，& Lucey，C. (1995). *Assessment of parenting: Psychiatric and psychological contributions*. London: Routledge.

Robertson，J. (1971). Young children in brief separation: A fresh look. *Psychoanalytic Study of the Child*，26(11)，264.

Schaffer，H. R. (1998). *Making decisions about children: Psychological questions and answers* (2nd ed.). Oxford: Blackwell.

推 荐 阅 读

Robson，C. (2011). *Real world research: A resource for social scientists and practitioner-researchers*. Chapters 3 and 4. Oxford: Blackwell.

第六章
设计和开展儿童量化研究：关键概念

本章目标：

- 概述量化研究中的关键概念。
- 介绍常用的分析数据的统计程序。
- 讨论理解测验分数的关键问题。
- 简述量化研究设计的主要类型。

对同一所小学同一年级的两位教师进行访谈。一位教师说："今年我带的班级非常糟糕，学生不喜欢学校，不爱学习，经常因为一些小事和班级同学争吵，他们懒散而且缺乏动机。"另一位教师则说："我们班情况正好相反——是一个很棒的班级，学生十分乐于合作，学习勤奋，积极向上。"为了了解他们感受的有效性，他们决定对其进行检验，计划做出一些积极的改变，看看这些改变是否能改善现状。他们将如何开展呢？

一位社会工作者说："目前，我处理的案件中，许多案件是保护困难儿童的案件和紧急转诊案件。而在三四年前，处理案件的范围比较广，许多案件也没有这么严重。"他们决定对将儿童转到他们部门的转诊案件进行一些研究，以了解转诊模式是否正在改变，从而使工作实践能够适应变化的需求。他们将如何着手这项工作？

> 一位儿童医院的护士说："我认为，病房 A 比病房 B 更适合居住。病房 A 中的儿童似乎适应得更好，进步也更快。我认为这是因为病房 A 比病房 B 更亮——它大部分时间都对着太阳。"一位同事回应道："难道不是因为病房 B 中患者的病情更严重，需要住得更久吗？"第三个同事插话道："你要知道，病房 A 是按照豪华房标准设计的，而经常会遇到麻烦的病房 B 采用的是普通建筑设计方案。"为了他们的质量改进计划——使病房成为一个更好的地方，他们决定从调查这些假设开始。他们怎么处理这件事？

124

这类问题在人们和儿童一起工作的各种环境中反复发生。这些问题在儿童工作中十分常见。它们既是想深入了解儿童工作的实践者的兴趣，也是希望提升儿童服务质量的工作者的需求。它们在本质上都是量化研究问题。最后，研究结果最好以数字或数量的形式呈现。它们不断涉及数量和水平的比较以及"多"和"少"的概念。它们需要传统的研究方法，如实验法、假设检验和概率评估。

量化研究方法对于毫无经验的新手来说是一个真正的"蛇坑"（通常对经验丰富的研究者也是如此！）。本章以及有关收集数据的第七章，并不试图成为一本介绍此类方法的手册，但这两章所能做的是，指出必须提出的关键问题，特别是与儿童一起工作有关的问题，概述处理这些问题的最有用的策略并提供实例和说明。本章概述了量化方法，介绍了分析数据的主题并涵盖了理解和解释测验分数的重要领域。在本章结尾，我们推荐了一些重要的文献供读者进一步阅读。

对于那些希望进行量化研究的人，最好的建议是寻求他人的意见。最好是在项目一开始的时候就向熟悉量化方法，能对样本量、收集数据和分析方法等技术问题提供建议的专业人员寻求指导。这不仅适用于初级研究者，在经验丰富的大学研究者身上，也是非常常见的。研究者常常就如何处理数据询问他人——通常是以阅读多变量统计分析为乐的人（每个院系都有一个这样的人）的意见。对于那些不准备进入学术领域的人，在许多与儿童一起工作的环境中，也可以获得类似的意见。例如，所有卫生委员会都有统计员或研究者，他们的工作

125

包括向伦理委员会提供咨询意见,处理服务审计和准备年度统计报告。同样,地方主管部门,例如社会服务部门、教育部门或行政长官办公室,也有汇编全国儿童测验结果或人口分析结果的人。这些人一般能够就恰当的方法向雇员提供咨询意见。

量化方法：关键概念概述

想要回答本章开头三个例子中的问题,首先需要了解对量化方法至关重要的关键概念,具体如下:

- 概率和显著性
- 测量水平
- 取样方法
- 研究设计的类型
- 集中量数
- 标准差
- 百分位数
- 效应量
- 正态分布

对于那些已经有研究经验的人来说,这些都是熟悉的概念。

概率和显著性

我们提出的任何关于两组儿童存在差异或者两种不同干预方法具有相对有效性的假设,不会被证明,而会在一定的概率范围内被支持或拒绝。我们希望避免制造 I 类错误——在实际不存在差异时却相信存在差异,或 II 类错误——在实际存在差异时却无法发现差异。公认的标准是，在决定是否存在差异之前，至少要有 95% 的置信水平。这仍然给我们的结论留下了 5% 的可能误差。如果用 p 来表示 5%（5/100 或 0.05）的错误概率，那么在这种情况下，$p = 0.05$ 或"5% 的显著性水平"。同样，当错误概率小于 1%（1/100 或 0.01）或小于 0.1%（1/1 000 或 0.001）时，我们会更有信心。在这种情况下，分别为 $p < 0.01$ 或"1% 的显著性水平"和 $p < 0.001$ 或"0.1% 的显著性水平"。这三种显著性水平——5%、1% 和 0.1% 是学术出版物中最常用的水平，简写形式是在结果表中数字的右上角加上一个、两个或三个星号。例如，16.54^{**} 表明这个分数在 1% 的水平上是显著的。

126

测量水平

在我们决定如何检验研究结果的显著性之前，我们需要知道适用于数据的**测量水平**（level of measurement）。测量水平告诉我们正在测量的对象和在量表中用来记录该测量对象的数字之间的关系。使用的四种测量水平分别是：**称名**（nominal）、**顺序**（ordinal）、**等距**（interval）和**比率**（ratio）。称名数据用于描述数据的数字，没有任何数量的意义，仅仅是类别代码。例如，我们对儿童上学方式进行调查和编码：1 表示步行，2 表示乘汽车，3 表示骑自行车，4 表示乘校车等。这些数字代码之间没有数量关系，只是类别代码，代表称名数据。

顺序数据的数字是相关的，但只限于它们发生的顺序。如果有 10 名儿童参加测验或赛跑，那么我们可以按照等级顺序用数字 1—10 排序，这些数字告诉我们谁排第一名，谁排第二名，谁排第十名。这是一种比称名数据更高水平，更有信息量的数据，但就数字 1—10 之间的关系而言，其提供的信息仍然是有限的。我们知道，第五名比第七名更好或更快，第七名比第十名更好或更快。但是所有儿童可能都得分很高或跑得很快，或者他们都得分不高或跑得不快。第二名儿童的表现可能比第三名儿童好两倍，而第三名儿童的表现可能只和第四名儿童相差一小点。换言之，顺序数据只能告诉我们等级顺序，不能说明两个等级之间差距的大小。

因为等距数据能为研究者提供更多的信息，所以许多统计检验都依赖这种测量水平的数据。等距量表是连续的，有任意零点，在量表上用相等的间距来表示测量对象具有相等的数量。例如，在物理测量中，华氏或摄氏温度量表是一个等距量表。因为它没有真正的零点，所以 50 度并不是 25 度的两倍。然而，间距是相等的。从 8 度升到 9 度和从 78 度升到 79 度具有相等的间距。我们和儿童一起工作时，碰到的许多测试成绩，例如智力测验，都是以等距量表为基础。智力测验没有真正的零点，因而说 140 分的智商是 70 分的智商的两倍毫无意义，但是整个量表都是等距的。

127

比率数据是有绝对零点的等距量表。为了测试学龄前儿童辨别颜色的能力，我们可以在电脑屏幕上闪现一系列颜色，并测试在指定颜色名称时，儿童选择正确颜色的速度。这一反应时间的测试将提供比率数据。如果以秒为单位来测量儿童的反应，那么 2 秒的速度就比 4 秒快 2 倍，20 秒就比 10 秒慢 2 倍。

取样方法

想要在统计检验时分析到可靠的数据，不仅取决于测量水平，还取决于样本的性质。一个重要的问题是："样本有多少？"如果我们的样本只有少数参与者，那么我们不太可能在量化分析方面取得很大的进展，除非，例如，我们正在研究的是在一段时间内的几个阶段对每个儿童采取的许多措施。小样本很容易缺乏代表性，并且极端分数会扭曲数据，因为极端数据在小样本中会比在大样本中产生更大的影响。因此，一般而言，如果可行的话，用量化方法将大量参与者包含在我们的样本中是个好主意。即使是实验研究设计，也可能会有小样本。然而，在量化研究中，小样本会受到相当残酷的统计，而且小组之间的巨大差异往往需要显示出显著结果。事先对你计划的研究类型需要多少样本，征求他人的意见是有帮助的。

在**随机取样**（random sampling）中，研究总体中的每个人被选中的机会是平等的，可以通过计算机生成随机数，使用统计书中的随机数表，或者如果总体的数量相对较少——就像托儿所里的所有儿童——那么可以将他们的名字放在帽子里。使用**系统取样**（systematic sample）可以获得同样的结果。在系统取样中，选择列表中的"第 n 个"儿童，其中"n"是任何合适的数字。例如，如果你想研究一个有 120 名会员的青少年俱乐部，那么你可以在名册中，每 4 个人抽取 1 个人，这样就可以获得一个 30 个人的样本。然而，使用这些取样方法获得的样本可能仍然不能适当地代表总体中不同的群体，例如男性和女性的数量。这可以通过**分层取样**（stratified sampling）来实现，即从每个群体中随机挑选确切数量的个体。如果你想要样本中的男女比例和整个俱乐部中的相同，那么可以采用等比例分层取样，如果你想要两个等组来研究男性与女性的差异，那么无论俱乐部中男女数量为多少，都可采用不等比例分层取样。

研究者通常没有机会获得非常有代表性的样本，因此他们可能使用其他形式的取样。如果你对青少年吸烟者的性格感兴趣，那么你可能会采用**整群取样**（cluster sample），抽取一所特定学校或一个特定年龄段的所有吸烟者作为样本，并假定他们非常有代表性。通常，样本中的参与者可能只是一个**机会样本**（opportunity sample）。换句话说，你碰巧和一群青少年一起工作，你可以问他们："你愿意参加一个研究项目吗？"最后一种常用的方法是**滚雪球取样**（snowball sampling），在访谈完第一名参与者后，你问："你的朋友想参加这个研究吗？"使用这些方法需要注意的一个问题是，确保取样结果有足够的代表性。假如采用整群取样或随机取样抽取的青少年吸烟者都来自非常贫困的地区或者非常富裕的地区的学校，结果将会怎样？这可能是影响研究的一个重要因素。或者假如你正在研究儿童的兴趣，而你通过滚雪球取样获得的样本恰好都来自学校的国际象棋俱乐部，结果又会怎样？因此，我们的目标是努力获得一个足够大的样本，使研究具有可行性和足够的代表性，减少误差。

研究设计的类型

在量化研究中，实验研究设计很受欢迎——即控制一个变量，看其是否会影响另一个变量的研究设计。变量是可以变化或改变的任何因素。例如，如果我们想要检验当我们对儿童表达更多正面语句时，儿童的行为是否有所改善，我们可以操纵"正面语句的数量"这一变量，看它是否会影响"儿童的行为"这一结果。最纯粹的实验研究设计形式是**随机对照试验**（randomized controlled trail，RCT），它需要一个对照组和一个或多个实验组。对照组接受与实验前相同的处理，而实验组则接受各种形式的变量控制，例如干预、处理或者方法的改变。在上述例子中，实验组将收到比之前数量更多的正面语句，而对照组则与之前保持一致。若要使其成为一个随机对照试验，则需要将参与者随机分配给这两组。这可以在现实的儿童环境中，以简单的方式完成。例如，假如你是一名集体工作者，你有一个关于培养青少年犯罪者公民技能的新项目，你会挑选 20 名对象，然后再从中挑选 10 名作为实验组。然后，你可以根据性别、年龄、犯罪类型等重要特征，对这 20 名对象进行配对。接下来，你将写有他们名字的纸条装进信封，请未参与研究的同事从每一对信封中，随机挑选一个信封组成实验组。

129　　　　然而，通常情况下，我们无法在不同的群体中随机选择参与者。如果你是教育、卫生保健、社会服务或志愿者组织等普通儿童情境中的实践者，你可能会发现各种各样实际的或道德的原因，阻止你随机选择将要体验或不体验你的新实践的儿童参与者。在这些情况下，我们可以采用**准实验研究设计**（quasi-experimental research design）。准实验研究设计和随机对照试验的不同之处在于，准实验研究设计的分组不是随机的。然而，我们会采取每个可能的步骤来保证组间的匹配。在麦凯（MacKay，2006）的 5 个儿童研究中，有一个研究，计划调查使用一种特殊的教学方法是否会使有阅读困难的中学生取得更大的进步。由于时间和其他限制因素，参与研究的人员没有将选中的学生随机分配给不同小组的自由。取而代之的是，对接受特殊的教学方法的 12 名学生与接受正常的学习支持的 12 名学生进行严格配对。这项配对工作既包括在项目开始时寻找阅读年龄相仿的学生，又包括考虑教师对两组学生阅读能力的看法。

　　　　对于正在进行儿童研究的许多研究者来说，随机对照试验和准实验研究设计都是不可能的，因为无论是随机分配还是其他方式，都不可能有一个对照组。例如，可能只有一组儿童有机会接受研究，但可能所有儿童都需要同样的处理或方法。例如，假设你是一名卫生随访员，想要评估一种新干预的效果，或者提高服务水平对你的病例中最弱的儿童的影响。伦理上的考虑可能会阻止你将你的病例分成那些有机会得到新治疗的人和那些没有机会得到新治疗的人，因为人们倾向于假定新治疗是有益的，每个人应该都有机会获得它。这时，你依然可以通过结果评估研究设计来进行量化研究。这是以获得分数的理念为基础的：在接受新治疗之前，你可以对一系列相关因素进行评估；在接受新治疗之后，你可以在不同阶段，再评估这些因素。

这类结果评估研究设计不如实验研究设计和准实验研究设计那么可靠。它们存在一些明显的问题。儿童会不会进步？这些进步是否是由于儿童的发育成熟导致的？如果没有对照组，很难回答这些问题。但是，结果评估研究设计非常受欢迎，而且通常是唯一可用的研究设计。我们也有办法从结果评估研究设计那里得到好的结果。首先，一般规则是，收益越大，时间越短，测量越直接，就越有可能是干预的效果。在很短的时间内，在你试图改变的因素上，分数突然增加，这为干预成功提供了一个很好的理由。其次，如果你正在使用标准化测量，之后将描述相应的例子，那么你可以通过效应量等基本统计量来观察标准分数的变化，这将在本章后文描述。这可以帮助判断观察到的变化是否是预期的变化。

使用结果评估研究设计的一个优点是你可以将其应用于**单被试研究设计**（single-case research design）。许多儿童实践者可能无法接触到大的，甚至小的儿童群体，但他们有机会对一个儿童个体深入开展工作。这包括各种顾问、治疗师和支持人员。虽然只对一个儿童个体进行研究，但是我们依然可以使用传统的观察前后分数变化的量化方法。专栏 6-1 呈现了一个研究认知行为治疗方案对患有阿斯伯格综合征男孩的影响的单被试研究设计（Greig & MacKay，2005）。

专栏 6-1

量化方法在单被试研究设计中的应用

格雷格和麦凯（Greig & MacKay，2005）设计了一种名为小矮人的创新应用程序，使用认知行为疗法对患有阿斯伯格综合征的青少年进行治疗，并对一名

13 岁的男孩进行了试验。该研究的主要目的是解决阿斯伯格综合征青少年的情绪障碍，例如抑郁，也解决其他问题，例如社交缺陷。在干预前后，对那名 13 岁的男孩进行了一系列标准化的测量，比较干预前后的分数，以评估该研究的效果，结果如表 6-1 和表 6-2 所示。

表 6-1 情绪状态结果[布里埃(Briere)的儿童创伤症状检查表]

	前　测	后　测	平均数	效应量
焦　虑	19	5	6	3.7
沮　丧	21	6	7	3.8
愤　怒	15	10	9	1.0
压　力	25	8	8	3.2

表 6-2 社交能力结果[斯彭斯(Spence)的社交技能问卷]

	前　测	后　测	平均数	效应量
父母报告	0	5	15	1.60
学生报告	0	4	16	1.26

来源：Greig, A. & MacKay, T. (2005). Asperger's syndrome and cognitive behaviour therapy: New applications for educational psychologists. *Educational and Child Psychology*, 22(4), 4-15.

131　　　　上述研究设计涉及对变量的有意操纵，例如通过操纵正面语句的数量（自变量）导致另一个变量（因变量），例如行为的变化。一些量化研究设计并不改变任何东西，而是研究群体之间是如何区别或相互关联的。这些研究设计没有公认的名称，但它们通常被称为**相关研究**（correlational studies）。相关研究调查不同变量之间是否存在关联。例如，我们可能会研究那些在学校表现出色的青少年，是否比那些在学校表现不太出色的青少年的动机水平更高。我们发现，这种研究并不能告诉我们一个变量是否导致另一个变量变化。我们所能评论的只是这两个变量之间的关联程度。

核心统计概念

那些经验尚不丰富的研究者可能不太熟悉这里要介绍的一些核心统计概

念。但是，所有这些核心统计概念对解释儿童的测验分数，具有重要意义，我们将在本章后文单独讨论这一主题。

集中量数　第一个概念是集中量数。当我们看到儿童在测验中获得一系列分数时，我们会对这组分数的典型分数或平均分数感兴趣。典型分数或平均分数将告诉我们一些关于这组分数和个体分数的信息——是高还是低？最广泛使用，当然也是最有用的集中量数是**平均数**（mean）或平均分。将所有分数加在一起，然后除以参加测验的总人数，由此得到的结果就是平均数。平均数具有如下优点：它既是最敏感、最准确的集中量数，也是数据分析最有力的统计检验基础。此外，它在计算器上容易计算。它还有一个主要的缺点：容易受极端值或不具代表性的"流氓"分数的影响。例如，假设我们对 7 名儿童完成一个简单拼图所用的时间感兴趣。如果他们所用的秒数分别是 4、5、7、10、10、11 和 135，那么这个平均数（26 秒）将不会告诉我们这组儿童的任何有价值的信息。平均数26 秒绝不是一个典型的分数，因为有一个"流氓"分数或"离群值"影响了整体。

其他两种集中量数则不会受这些不具代表性的分数的影响。**中位数**（median）是一组分数中最中间的那个值。在上面的例子中，中位数是 10秒——更能代表这组分数的一个分数。但是，在大多数情况下，中位数不如平均数有用，因为它没有考虑数据集中的任何其他的值。它适用于测量顺序水平的数据——即有等级但不等距的数据。

众数　众数（mode）是数据集中最常见的分数——即最频繁出现的分数。在上面的例子中，众数是 10。因此它在反映数据的典型性方面很有用，而且不易受极端值的影响。如果我们想要了解真实的情况，它比平均数更有意义。在一些国家，家庭中孩子数量的平均数是 2.4，但它肯定不是典型的情况！然而，如果分数很少，那么众数并不是一个非常有用的集中量数，甚至一个分数的变化就可以影响它。例如，在上面提到的拼图测验中，如果前两个值均为 4，那么这组就有两个众数：4 和 10，这时它就无法告诉我们太多信息。像中位数一样，众数也没有利用数据集中的其他值，但是如果数据是称名水平的，那么我们只能使用众数。如果大部分儿童早起走路上学，少数儿童通过汽车或者其他方式上学，那么众数就是走路组的分数。

标准差　了解平均数或其他集中量数使我们可以将单个个体的分数置于整组分数中，与平均数进行比较，但是想要理解分数的真正含义，只有平均数远远不够。如果对 100 名儿童的体温进行测量，我们可能会发现，平均体温约为 37℃，同时 2/3 以上的儿童的体温在 36.5℃—37.5℃ 的范围内。如果我们测得一名儿童的体温为 33℃，另一名儿童的体温为 40℃，那么我们可能（至少）会分别去找一个热水瓶和一个冰袋，然后考虑去找医生。相应地，我们对 100 名儿童单脚站立不跌倒的时间进行测量，平均数正好是 37（这里的单位是秒），但是 2/3 儿童的分数范围在 6 秒到 1 分多钟。因此，即使平均数是 37 秒，但得 6℃ 在第一个例子中意味着死亡，而在第二个例子中，6 秒则是相当正常的一种情况，这取决于测量的对象。

在这里，测量分数如何围绕平均数分布至关重要，如果忽视了这些，可能会导致对数据意义的严重误判。例如，认为一名 11 岁儿童的阅读年龄只有 10 岁，表现糟糕，这是毫无意义的。如果几乎每一名 11 岁儿童的阅读年龄都在 10 岁 9 个月到 11 岁 3 个月之间，那么 10 岁这个分数看起来就不太好了。然而，如果大约 2/3 的 11 岁儿童的阅读年龄在 9 岁 6 个月到 12 岁 6 个月之间（事实上，阅读分数就是这样），那么 10 岁完全是一个正常值。因此，解释分数最好的统计量是**标准差**（standard deviation，SD）。

对上述统计量的统计原理和计算公式的讨论，不属于本书的内容范畴，如果大家想要了解，推荐大家去看库利坎（Coolican，2009）和萨尔金德（Salkind，2011）等人的书，这些书中有全面的介绍。然而，了解标准差等统计量的含义很重要。如果分数呈正态分布（也就是说不受过高或过低的极端值的影响），那么标准差可以告诉我们落在给定范围内的分数的数量。最有用的是，标准差可以告诉我们，大约 2/3 的分数将落在距离平均数一个标准差的范围内。具体来说，我们可以预期到：

- 68% 的数据将落在距离平均数一个标准差的范围内（每一侧有 34.13% 的数据）。

- 95% 的数据将落在距离平均数二个标准差的范围内（每一侧有 47.72% 的数据）。

● 97%的数据将落在距离平均数三个标准差的范围内(每一侧有49.87%的数据)。

例如,通常,标准智力测验的平均数为100,标准差为15。因此,总体中大约有2/3的人智商在85到115之间,只有5%的人智商在70以下或者130以上。在体温的例子中,标准差很低,为0.4℃左右,所以在我们确定某个人的体温之前,体温不会上升太多,也就是说,如果体温偏离平均数太多是不正常的。这一点在解释测验分数时非常重要,后文将更为详细地阐述。

百分位数　另一个非常有用的统计量是**百分位数**(percentile)或**百分等级**(percentile rank)。它可以告诉我们,多少名儿童的得分等于或低于一个量表中某个特定的分数。在一端,第十个百分位上的得分意味着,等于或低于这一水平的儿童只占所有儿童的10%。在另一端,第九十个百分位上的得分意味着,等于或低于这一水平的儿童占所有儿童的90%。换句话说,第九十个百分位数可以让我们知道最高的10%的儿童的分数。

效应量　如果我们的研究在实施干预后产生了变化,那么我们最终感兴趣的问题是:"真的产生效应了吗?"正如本章之前提到过的,在量化研究中,我们以概率和显著性为基础,通过问自己这种变化在多大程度上是由于我们的干预,而不仅仅是偶然变化来处理这个问题。然而,我们有时可能会发现,我们可以在传统的5%的显著性水平上证明一种效应,但是这种效应并不重要。因为显著性水平只能告诉我们分数存在统计差异,不能告诉我们差异的大小。因此,所有实践者都对我们提出如下疑问:"我们的项目是否带来了有意义和有价值的变化?"我们不仅要问:"我们可以测量出变化吗?"更要问:"它是否产生了变化?"例如,对于大样本,即使某个很小的变化都会带来统计上的显著性,但这并不是真的很重要。

在这里,**效应量**(effect size,EF)这个概念具有无限价值。效应量是测量变化程度的标准。尽管已提出几种不同的测量效应量的方法,但最常用的方法是以标准差为单位测量出的变化量。例如,你正在实施一个提高儿童测验分数的项目,平均数是100,标准差是10,通过这个项目,儿童测验分数提高了5分,由此可得效应量为0.5——换句话说,效应量是标准差的一半。如果这个项目能将儿童测验分数提高 10 分,那么效应量为 1.0。专栏 6-1 中的效应量就是通过测验中公布的标准差来反映青少年分数变化的一个例子。我们应该将效应量这一统计量归功于科恩(Cohen,1988),他对如何解释变化的大小给予了有益指导:0.2＝小效应;0.5＝中等效应;0.8＝大效应。

　　正态分布　　如果我们在任何测验或测量上,无论是身高、体重、智力、阅读能力、学校出勤率,还是每天看电视的时间,都获取了大量儿童的分数,那么我们就能够以图表的形式来显示这些分数。在许多情况下,包括所引用的例子,生成图近似于钟形的正态分布曲线。该曲线呈轴对称分布,平均数、中位数和众数都落在中轴线上。图 6-1 展示的是一条标注了标准差、百分位数和其他在这一部分提到的统计量的正态分布曲线。

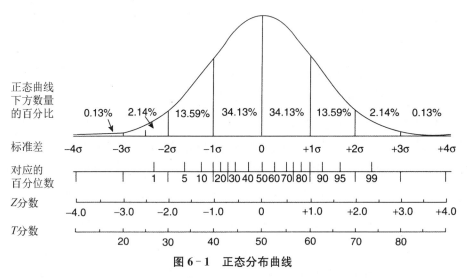

图 6-1　正态分布曲线

分 析 数 据

　　在量化研究中,收集原始数据时,需要使用标准的统计程序进行分析。由于本书不是一本统计手册,所以它没有关于分析数据方法的内容。而关于这一主题的基础著作有许多,例如萨尔金德(2011)的书和与之相关的研究指南。

虽然理解统计分析任务所需的统计理论很重要（这是向专家征求意见的理由之一），但是研究者已经不需要自己计算和计算出公式，因为这些计算和公式现在通过统计软件，例如国际商业机器公司（International Business Machines Corporation，IBM）的 SPSS 软件就可以完成。对于无法获取 SPSS 的人，微软公司的 Excel 作为微软办公软件的一个组件，有分析数据的功能。（如果缺少分析工具库，可以单击"帮助"图标，在搜索框中输入"分析数据"来找到如何加载它的说明，然后按照提供的说明进行操作）。这个工具可以生成随机数，进行相关分析和常见的统计检验，例如 t 检验和方差分析。Excel 中也有计算平均数、标准差和卡方检验等非参数检验的公式。

在这里，我们将介绍三种统计程序。它们为分析许多不同类型的研究项目的数据提供了起点，但同样，那些没有使用过统计程序的人，应该得到建议和支持。这三种统计程序分别是相关分析、t 检验和卡方检验。

相关分析

在日常用语中，当我们说两个事物相关，我们的意思是它们伴随着出现，并以一种系统的方式联系在一起。如果你一直跟踪报纸上有关儿童犯罪的报道，同时你也注意到你工作的学校的逃学率，那么你可能会发现这两个观察结果之间存在相关。也许，随着逃学率的上升，报道的儿童犯罪率也在上升。这是一个正相关。相反，你可能会观察到，随着逃学率的上升，报道的儿童犯罪率在下降。这是一个负相关。当然，发现两者之间没有关联也很容易，因为有时逃学和犯罪是同时发生的，有时则不然。这种关系如图 6-2 所示。这样就可以看出两个观察结果之间的直接线性关系。如果它们之间有完美的相关性，那么就有可能在图上画出一条完美的直线。

相关用符号 r 表示。相关的测量范围在 -1 到 1 之间，1 为完全正相关，0 为不相关，-1 为完全负相关。图 6-3 显示了各种相关程度和它们的相关系数或相关分数。

由于相关分析在分析观察数据和建立观察方案或编码系统的信度或效度方

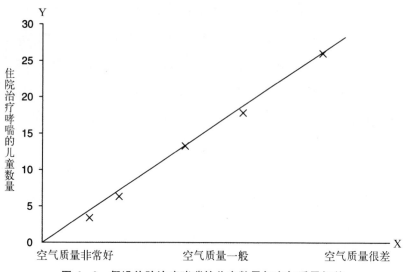

图 6‑2 假设住院治疗哮喘的儿童数量与空气质量相关

137

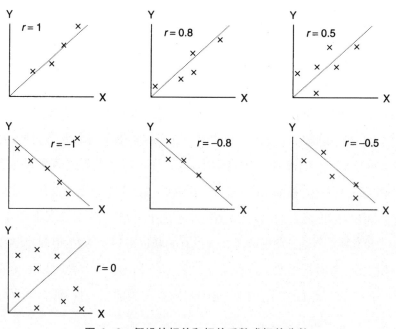

图 6‑3 假设的相关和相关系数或相关分数

面具有重要意义（见第七章），所以在此值得一提。相关分析能够检验两个或多个变量之间是否存在系统关系。相关系数或相关分数能告诉我们什么？不能告诉我们什么？首先，由于许多因素可能存在共变关系，所以不能说 X 导致了 Y

或 Y 导致了 X。在一个特定的城镇中，儿童的逃学率和犯罪率存在正相关，不能说"逃学导致了犯罪"。同样，儿童观看暴力电视节目的行为和攻击性行为存在正相关，也不能说"观看暴力电视节目导致了儿童产生攻击性行为"，因为也有可能是"有攻击性行为的儿童爱看暴力电视节目"。

X 与 Y 之间的关系，也可能以系统的方式与第三个未观察到的变量相关：小学生的学业成就和头围的正相关关系，很可能受年龄的影响。最后，变量之间可以有系统的关联，但不是线性的关联，例如记忆和年龄之间的关系。这是因为许多方面的记忆在童年时会随年龄的增长而增加，但之后又会随年龄的增长而减少，数据是曲线的，即数据分布呈曲线而不是直线。

一些相关研究试图通过纵向研究设计中的关联模式来提高内部效度。基本的假设是，如果一个变量导致另一个变量发生变化，那么在第一次测量之后，第一个变量（例如目睹父母冲突）和第二个变量（例如攻击性）的关联，应该比第一次测量时更强烈。从某种意义上看，这是因为想要产生效果需要一些时间，而相关分析只是一种表明一致性的方法，它只能增加解释的可能性。图 6-4 展示的是一个假设的交叉滞后（纵向）相关研究的数据。重要的数据在对角线上。

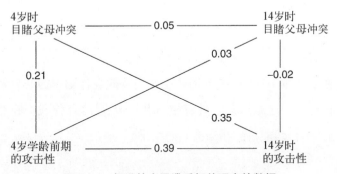

图 6-4 假设的交叉滞后相关研究的数据

t 检验

t 检验是比较两组结果是否存在差异的最直接的方法之一。我们以测量学龄前儿童识别颜色的反应时间为例。我们设计一个研究，其中，实验组学龄前儿童学习识别颜色,而控制组学龄前儿童不学。我们对实验组和控制组都进行前测和后测。然后我们使用"非相关数据 t 检验"来分析数据。在这种情况下,两组数据是独立的或不相关的。我们也可以先对所有儿童进行前测,然后让所有儿童都接受特殊处理,之后再对所有儿童进行后测。因为这两个数据由相关的分数组成,所以我们需要进行"相关数据 t 检验"。

在 Excel 中,我们可以点击数据分析工具中的 "t-test:Paired Two Sample for Means" 选项和 "t-test:Two Sample" 选项,分别进行相关数据 t 检验和非相关数据 t 检验。后者给出了两种测验的选择:一种是"假设方差相等";另一种是"假设方差不相等"。正是这种选择为我们指明了数据必须满足检验的要求,因此我们必须问"t 检验的数据假设是什么?"

t 检验和其他强大的统计检验一样,假设样本是从呈正态分布的总体中选取的。只要对分数进行简单的检查,就会发现其中是否存在明显的问题,例如分数是否明显偏高或偏低。例如,如果测验过难,那么绝大多数参与者将得低分或者零分(地板效应),如果测验太容易,那么绝大多数参与者将得高分或者满分(天花板效应),以上两种情况都会影响数据的分布。此外,数据应当处于等距水平或比率水平。最后,在非相关 t 检验中,如果两组的样本量相差很多,那么两组分数的方差一定不会存在显著性差异。方差是反映分数变化程度——离散程度的统计量(从技术上说,方差是标准差的平方)。

正是这些技术细节,突显了咨询意见或完备的统计知识的必要性。然而,t 检验是非常稳健的。这意味着它具有相当大的包容度,即使我们在相当大的程度上违背了假设,仍然能得到相当准确的结果。

139　　卡方检验

像 t 检验这样的分析工具,无论多么稳健,实践者在儿童研究中收集到的数据,通常也不能满足所需的假设。许多有用的数据集能够生成称名水平——最低的测量水平的数据。例如,我们想要调查青少年对以下三个问题的看法:学生在校是否应该穿校服?他们是否想要上大学?他们是否认为投票年龄应减至 16 岁?

如果选择是随机的，那么我们可以使用**卡方检验**（chi-square test，χ^2）简单检验这些数字是否与我们预期的不同。这是对随机选择的观察频数和预期频数的比较。

在校服的例子中，如果 50 名学生中有 20 名学生同意穿校服，30 名学生反对穿校服，那么 20 和 30 都是观察频数。而基于随机选择的预期频数应该是 25 名学生同意穿校服和 25 名学生反对穿校服。用包含 4 个单元格的表格来表示，如表 6-3 所示：

表 6-3　青少年穿校服观点的观察频数和预期频数表

	同意穿校服	反对穿校服
观察频数	20	30
预期频数	25	25

一个更常见的例子是比较两组观点。我们分别对高、低社会经济地位的青少年提出相同的问题，看看他们是否有不同的反应。我们将这称为 2×2 卡方检验，如表 6-4 所示：

表 6-4　高、低社会经济地位的青少年穿校服观点的观察频数和预期频数表

	高社会经济地位（观察频数）	低社会经济地位（观察频数）
同意穿校服	15	5
反对穿校服	10	20
	高社会经济地位（预期频数）	低社会经济地位（预期频数）
同意穿校服	10	10
反对穿校服	15	15

在高、低社会经济地位的例子中，高社会经济地位的青少年有 25 名，低社会经济地位的青少年有 25 名。因为同意穿校服的高、低社会经济地位的青少年共有 20 名，所以按照随机原则，我们预期高、低社会经济地位的青少年同意穿校服的人数相同，也就是每组 10 名。同样，因为反对穿校服的高、低社会经济地位的青少年共有 30 名，所以按照随机原则，我们预期高、低社会经济地位的青少年反对穿校服的人数是每组 15 名。

虽然在这里我们不关注公式或用公式进行检验的基本原理，但在 Excel 中输入卡方公式比较容易找到结果。这可以通过在"帮助"菜单中输入"chi-square"并选择"CHITEST"选项来找到，其中有一个示例。如果输入的公式正确，你将看到第一张表格的数据没有显著性（$p = 0.157$），但是当按照社会经济地位对数据进行细分时，在假设的例子中，与低社会经济地位的青少年相比，更多高社会经济地位的青少年想要穿校服（$p = 0.004$，或者我们更可能说 $p < 0.01$）。

尽管卡方检验是一种非常灵活的、简单的、有效的以及能使用称名水平数据的检验，但也有一些重要的局限性。卡方检验只适用于频数（每个类别的实际原始数字），不适于百分位数、平均数、比率或比例。此外，当一些类别的频数非常低时，也不适用。一般的原则是，频数小于 5 的单元格的数量不能超过总单元格数量的 20%。因此，正如上面所举的第一个例子，如果它是一个简单的有 4 个单元格的卡方，那么单元格中的数字至少应该是 5。

当然，还有许多更复杂的程序可以用来分析量化数据，一般的原则是，最好使用或建议使用最强大的检验方法，你的数据集将证明这是正确的。

理解儿童的测验分数

上述有关量化方法和关键概念的概述，为理解和解释测验分数奠定了必要的基础。许多儿童研究者能收集到的背景信息是智力或教育成就等标准化测验的结果。研究者希望通过对儿童进行测验来直接获得某些信息。无论测验的内容是智力、性格、焦虑、抑郁、能力、成就，还是身高、体重，测验的建构都基于许多关键的原则，并且这些关键的原则适用于每种给出某种分数或商数的测验。标准化测验总体上是一个专业领域，许多测验只能由出版商提供给在使用这类测验方面具有公认资格或经验的专业人员。然而，许多测验的结果将提供给其他广泛的实践者，包括正在进行研究的人，因此理解数据的意义很重要。

理解测验分数，用智力测验来说明最容易。因为智商的概念在公共领域得到很好的确立，所以智力测验一般能产生为大多数人所理解的分数。然而，由于智力测验经常被滥用，所以它已经引发了相当大的争议。除了比较极端的分数（例如非常低的测验分数），智力测验能为大多数人提供的信息非常有限。同时，在一般能力可能是影响研究结果的变量的情况下，它们可以为儿童研究者提供有用的背景数据。例如，麦凯（1999）曾经做过一个调查儿童阅读态度的随机对照试验，在这个试验中，他通过智力筛选，从 8 组儿童中挑选出 3 组儿童。他使用的测验是专栏 6 - 2 中所示的两种能力测验之一——《瑞文彩色渐进矩阵》（Raven's Coloured Progressive Matrices）。由于目的是研究有阅读障碍的普通智力儿童，而不是那些由智力因素导致障碍（例如一般的学习障碍）的儿童，所以研究需要排除智力分数极端的儿童。

智商，和类似的标准分数一样，都是基于这样一种观点，即原始的分数统计量并不能给出关于能力的有意义的信息。例如，现在有 2 名儿童，一名是非常聪明的 4 岁男孩，另一名是有严重阅读障碍的 15 岁青少年，两者的心理年龄都是 6 岁，因此两者在测验中，原始分数是相同的。然而这一分数只是描述了他们现在的表现，并没有给出一张准确的能力图。这时，我们可以在两者年龄范围的总体中发现分数的分布，然后将其转化成能对任何年龄做出解释的标准分数。如前所述，就智力而言，这一标准分数的平均数通常为 100，标准差为 15。

正是这些标准分数使我们能够解释个体分数的含义。通过回顾图 6 - 1 并将其与专栏 6 - 2 所示关于两种测验的信息关联，很容易做到这一点。70 分（在 $M=100$ 和 $SD=15$ 的测验中）比平均数低两个标准差，介于第二个和第三个百分位数之间。有时你会看到，这表示为 z 分数 -2.0（简单来说，z 分数指的是高于或低于平均数的标准差的数量）。一些量表，包括一些广泛使用的量表，例如《英国能力量表》，使用的是 T 分数，因此有一个参考点对量表是有用的。从图 6 - 1 中可以看到，T 分数是一种将原始分数转化成以平均数 50 和标准差 10 为标度的标准分数。因此，任何 T 分数都可以直接与任何其他分数进行比较。有一个像这样的量表可能有点武断，但它有一个清晰的逻辑。出于实际目的，我们假定，正态分布可视为从平均数以下 5 个标准差延伸至平均数以上 5 个标准差的范围。因此 T 分数代表的是正态分布中，从 0 到 100 的距离百分比。正因为如此，平均数为 50，也就是在正态分布中 50%的距离。

解释测验低分

142 智商为 70 分会引起人们对解释测验分数的重点关注。如果一个分数处于平均数以下两个标准差的位置，接近 2% 的最低分数范围，那么它通常会被视作一个"截点"，我们想更加仔细地解读它的含义。传统智力测验通常将智商为 70 分界定为"智力发育迟滞"，但使用更广泛的术语是"学习困难""学习障碍"或"智力障碍"。对于像自闭症谱系障碍、注意缺陷多动障碍等心理和行为障碍，国际上惯用的分类体系通常指的是认知功能或早期语言发展等方面的"临床显著"受损。"临床显著"通常指的是测验分数处于平均数以下两个标准差的位置。同样，如果关注领域的得分较高，例如焦虑或抑郁程度较高，那么需要重点关注的分数将高于平均数两个标准差。在专栏 6‑2 中，你将看到，《韦氏儿童智力测验（第四版）》（*Wechsler Intelligence Scale for Children 4th ed*，WISC‑IV）在认识到儿童智商低于 70 分，并不意味着儿童有学习障碍这一事实后，使用"极低"而不是"智力发育迟滞"来描述，尽管它是之后进行更全面调查的重要指针。

在专栏 6‑2 中，《韦氏儿童智力量表（第四版）》给出的从"极高"到"极低"的描述，一般用于解释测验分数的含义。如果你没有一个以标准标度表示的数字，那么你应该找到可以把它和我们在这里讨论过的各种标准化分数联系起来的信息。说一名儿童的阅读测验分数是 27 分，这本身是毫无意义的，而知道这名儿童的阅读年龄是 8 岁，只有部分帮助。因为这几乎无法告诉你这名孩子做得有多好，如果这名孩子的年龄是 6 岁、7 岁或 8 岁，那么这个分数看上去很好。只有将数据与正态分布联系起来，例如与儿童年龄相对的平均数和标准差相结合，我们才能合理解读分数。

专栏 6‑2

解释智力测验分数

以下两种测验是世界上使用最广泛的两种儿童智力测验。

《韦氏儿童智力量表(第四版)》(Wechsler et al., 2004)

《韦氏儿童智力量表(第四版)》是一种测量儿童在四个领域的能力的一般智力测验,每个领域包括几个分测验:言语理解(例如词汇、词语推理)、知觉推理(例如积木、填图)、工作记忆(例如数字广度)和加工速度(例如译码)。每个领域都可以给出一个标准分数,将它们全部加起来就能得出总智商(在所有情况下,$M=100$, $SD=15$)。

解释

143

表6-5展现的是《韦氏儿童智力量表(第四版)》各等级分数的官方描述,对于用这类标准分数(或在正态分布曲线上的等效点)解释的测验,它们是有用的描述。

表6-5　《韦氏儿童智力量表(第四版)》等级分数的描述

130或以上	极高	80—89	低于平常
120—129	超高	70—79	边界
110—119	高于平常	69或以下	极低
90—109	平常		

《瑞文彩色渐进矩阵》(Raven et al., 2008a)

《瑞文彩色渐进矩阵》是一种测量5—12岁儿童(以及年龄较大,能力较差的儿童)创造性思维能力的非文字智力测验。通常以书面的形式呈现,由3个分别包含12道题的单元组成,共36道题。每道题会提供一张大图,其中有一部分是缺失的,儿童需要分析现有图形,然后从提供的多个选项中选出正确答案。这些题从区别不同图形开始,按照智力发展阶段渐进。对于年龄较大的儿童,还提供了更高水平的测验——《标准渐进矩阵》(*Standard Progressive Matrices*)(Raven et al., 2008b)。每个测验都可以与一个单独的词汇测验相结合。

解释

官方对《瑞文彩色渐进矩阵》测验分数的描述如表6-6所示。由于使用的标准统计量是百分位数,所以这些测验分数又可以和所有其他呈正态分布的标准分数相联系。

表6-6　《瑞文彩色渐进矩阵》测验分数的描述

一级	等于或超过同年龄常模组的95%——"智力水平高"
二级	在75%与95%之间——"智力水平良好" （二级＋——在90%与95%之间）
三级	在25%与75%之间——"智力水平中等" （三级＋——在25%与50%之间）
四级	在5%与25%之间——"智力水平中下"
五级	等于或低于5%——"智力缺陷"

专栏6-3

研究在实践中的应用：解释测验分数

此实践的目的是给你一些解释标准化测验分数的经验。

你正在和一群9岁的儿童一起做一个研究项目，其中6名儿童来自同一班级。你掌握的背景信息包括儿童的阅读年龄。教师说："这群儿童的阅读年龄高低不等，既包括阅读年龄很高的天才儿童，也包括阅读年龄很低的问题儿童。"你同意她的观点吗？

9岁儿童在阅读测验上：$M=53$，$SD=16$。表6-7是6名儿童的分数：

表6-7　儿童阅读测验分数和阅读年龄

	分数	阅读年龄		分数	阅读年龄
艾　伦	41	7岁11月	凯　伦	71	11岁0月
安瓦尔	53	9岁0月	娜塔丽	50	8岁9月
班　吉	35	7岁3月	塔　莎	68	10岁7月

这里有一种方法，使用《韦氏儿童智力量表(第四版)》中的描述作为指南：

1. 对于这6个分数中的每一个，计算出它距离平均数有几个标准差。例如，艾伦的得分是41，低于平均数12分。因为标准差是16，所以他的分数位于平均数以下四分之三个标准差的位置，表示为—0.75SD。

2. 请看专栏 6 – 2 中对《韦氏儿童智力量表（第四版）》分数的描述。对于每一个等级，计算出它距离平均数有几个标准差。例如，平均数是 100，标准差是 15，所以 70—79 这一"边界"等级转化为－2SD—1.4SD。记住，作为最低等级的边界线分数，它需要足够低，低到让人觉得它可能是有问题的水平。

3. 现在你可以将阅读测验分数与《韦氏儿童智力量表（第四版）》的等级进行比较，因为它们都是采用距离平均数的标准差的数量这一相同的测量标准来表示的。

4. 对于这 6 个阅读分数，你可以给出什么描述？（例如，9 岁艾伦的阅读年龄为 7 岁 11 个月，由此得出其智力处于"智力水平中下"这一等级。事实上，这只是一个略低于中间等级"智力水平中等"的分数。）你有没有发现明显的"天才儿童"和"问题儿童"？

（令人感兴趣的是，这里的数据来自一个标准阅读测验，而且几乎和所有的测验一样，它的结果经常被误解。）

参 考 文 献

Cohen，J. (1988). *Statistical power analysis for the behavioral sciences* (2nd ed.). New York：Routledge Academic.

Greig，A. , & MacKay，T. (2005). Asperger's syndrome and cognitive behaviour therapy：New applications for educational psychologists. *Educational and Child Psychology*，22(4)，4 – 15.

MacKay，T. (1999). Can endemic reading failure in socially disadvantaged children be successfully tackled? *Educational and Child Psychology*，16(1)，22 – 29.

MacKay，T. (2006). *The west dunbartonshire literacy initiative: The design，implementation and evaluation of an intervention strategy to raise achievement and eradicate illiteracy: Phase 1 research report*. Dumbarton：West Dunbartonshire Council.

Raven，J. , Raven，J. C. , & Court，J. (2008a). *The Coloured Progressive Matrices*. Oxford：Oxford Psychologists Press.

Raven，J. , Raven，J. C. , & Court，J. (2008b). *The Standard Progressive Matrices*. Oxford：Pearson.

Wechsler, D. , Kaplan, E. , Delis, D. , Fein, D. , Maerlander, A. , & Morris, R. (2004). *Wechsler Intelligence Scale for Children-Fourth Edition Integrated*. San Antonio, TX: Harcourt Assessment.

推 荐 阅 读

Coolican, H. (2009). *Research methods and statistics in psychology* (5th ed.). London: Hodder Education.

Kremelberg, D. , & Salkind, N. J. (2011). *Study guide to accompany Neil J. Salkind's statistics for people who (think they) hate statistics* (4th ed.). London: Sage.

Saikind, N. J. (2011). *Statistics for people who (think they) hate statistics* (4th ed.). London: Sage.

第七章
设计和开展儿童量化研究：收集数据

本章目标：
- 介绍儿童量化研究中的收集数据。

收 集 数 据

到目前为止，我们已经着重介绍了研究设计、关键概念和分析数据的统计程序。这可能看起来像本末倒置，因为很明显，在我们开始分析数据之前，首先需要收集数据。然而，尽可能熟悉研究设计和分析数据时产生的问题的恰当时机，应该在我们甚至还没想过如何收集这些数据之前。太多的研究项目都失败了，因为人们一开始就收集所有的信息，最后却发现，他们收集的数据是无法分析的。

本章将介绍几种重要的量化研究方法：观察法、访谈法、问卷法和调查法。其中，观察法和访谈法广泛应用于质性研究。

新技术的影响

自本书第一版于1999年出版以来，新技术已经改变了收集研究数据的可供

147　　选择的范围。以前,除了直接实地调查和文献审查外,可供选择的收集研究数据的方法主要局限于通过邮寄问卷或打电话访谈他人。目前,大多数人,无论是儿童还是成人,都可以直接上网和收取电子邮件,打电话,在手机上发送短信以及与一个或多个社交网站互动。人们已经习以为常地期望,许多曾经在纸上写下的问题,现在将在网上进行回答。调查研究越来越多地使用免费或低成本的工具,例如通过工具"调查猴子"(www.surveymonkey.com/)在网上获得大样本。对于儿童研究,这为收集数据提供了更多可能性。虽然直接实地调查和收集数据的传统方法始终占据中心位置,但是新技术提供了更有吸引力的选择,能以一种吸引儿童的方式与儿童交流。据统计,发达国家有高达 96% 的人拥有手机(Kunstche & Robert,2009),即使是幼儿,每天与数字媒体接触的时间也占很大的比例(Gutnick et al.,2011;Rideout et al.,2010)。

　　新技术不仅在相对不增加成本的情况下,极大增加了样本量,还为收集和监测数据提供了更直接和准确的方法。专栏 7-1 说明了通过短信联系青少年,增加青少年治疗干预参与度的情况。

专栏 7-1

通过短信联系青少年

　　手机不仅在青少年生活中发挥着核心作用,而且逐渐被视作研究和干预的重要工具。在澳大利亚的一项研究中,阿德莱德南部儿童和青少年心理健康服务中心的研究经理加里斯·弗伯(Gareth Furber),青年协调员安妮·克拉戈(Anne Crago)以及他们的同事都注意到,在与弱势青少年保持联系上面临困难。通常,直接联系方式是通过家里的电话,这限制了青少年接电话或回电话的可能性。

　　取而代之的,我们让团队成员交换手机号码并通过短信联系。青少年认为,这种方式是用户友好型,因此增加了他们与团队沟通的主人翁意识。在给青少年打电话之前,先给他们发短信,这样他们就可以提前知道待会儿会有电话打过来,并有所准备。

研究者花了 7 个多月的时间对所有短信进行内容分析。结果表明，青少年使用短信的主要目的是回复面对面约会的请求。研究还显示，短信的使用为年轻人提供慰藉，使他们能够按自己的方式与团队进行联系，从而建立起相互信任和尊重的关系。在青少年发出的短信中，只有极少数（2%）不恰当使用服务，发送的短信与联系的目的没有直接关系。

研究者得出的结论是：短信是保持与青少年直接联系的宝贵的方式。在研究发表后的一次采访中，研究者还指出，"如果我们能到达他们所在的地方，我们就更有可能联系到他们。"（http://reachoutpro.com.au/using-technology/interviews-with-professionals/using-sms-to-support-youth-services.aspx）。

来源：Furber，G. V.，Cargo，A. E.，Meehan，K.，Sheppard，T. D.，Hooper，K.，Abbot，D. T.，Allison，S.，& Skene，C. (2011). How adolescents use SMS (short message service) to micro-coordinate contact with youth mental outreach service. *Journal of Adolescent Health*，48(1)，113-115.

观　察　法

从某种意义上说，所有研究都使用观察法。如果研究的目的是提升对某个个体、某种关系、某个特定的社会群体或文化的理解，那么研究从观察开始。观察指的是在关系、情境和询问中单独观看和考察儿童：

- 他们看到了什么？
- 他们感受到了什么？
- 他们想到了什么？
- 他们做了什么？

作为一种基本的技术，观察法是研究方法的基础。有各种各样的观察法需要考虑，而且要依据儿童的年龄，儿童的概念能力，儿童与观察者的关系，当然还有研究目的而变化。

观察法主要分为**参与式观察**（participant observation）和**结构式观察**（structured observation）。在参与式观察中，观察者成为被研究群体的一部分（见图 7－1）。为获取儿童研究的相关数据，参与式观察包括在成人环境中进行的观察，例如对一名在社会服务机构工作的社会工作者进行观察，以发现转介到这些机构的处理方式，或者对一名在校大学生进行观察，以发现教师是如何定义课程质量的。参与式观察本质上是一种质性方法，最初产生于人类学家等社会科学家的工作。由于本章的重点是量化研究，所以我们将重点阐述结构化观察。在结构化观察中，观察者只是进行观察，并使用结构化的方法来记录和管理观察到的数据。例如，心理学家可能在单面镜后面，一边观察母亲和婴儿之间自由游戏的互动，一边对观察到的行为进行编码。或者教师想要观察一种新的干预措施（例如，更多更好地使用图书馆）是否能提高学生课堂学习行为的质量。虽然后一种方法有干预的部分，但是在家、操场或医院病房等现实生活环境中进行的自然观察，可以被视为一种从现实世界收集观察数据的方法。

149

我不太确信这样一种参与式观察

图 7－1　对参与式观察的挑战！

在现实环境中对那些可能无法交流的幼儿进行研究时，使用自然观察技术尤其有帮助。当然，在家、学校或邻里等自然环境中，研究不同年龄和能力的儿童，比让儿童接受实验操纵更令人满意，还有其他充分的理由。儿童对陌生的人和奇怪的环境特别敏感。即使是简单的记笔记，也会令儿童反感，从而影响收集到的信息。一个原因是，儿童习惯于和他们一起工作的专业人员以及专业人员获取他们思想和感觉的方法。因此，观察非常简单，不涉及对思想和感觉的询问。观察仅仅是观看和倾听，这减少了表达和解释方面的问题。另一个原因是，儿童在知情同意方面处于弱势地位（详见第十章）。

选择一种取样方法

在观察中，一个关键的决定是取样方法的选择——观察什么和如何记录。有很多种选择。这里我们考虑并讨论以下取样方法：

- 目标儿童法（target child method）
- 时间取样法（time sampling method）
- 事件取样法（event sampling method）
- 检查表法（checklist method）

目标儿童法

目标儿童法是凯西·席尔瓦（Kathy Sylva）和他的同事在 20 世纪 70 年代发展出来的，用来调查年龄较小的儿童在学龄前环境中的行为。目标儿童法在很大程度上归功于动物研究使用的行为学方法。因此，虽然目标儿童法是自然的和观察的方法，但是需提前设计一份观察记录表，使进一步的编码和量化成为可能（Sylva et al., 1980）。观察者需要用秒表记录儿童每分钟的活动和使用的语言。典型的观察可能需要 20 分钟。表 7－1 展示了目标儿童法观察记录表的格式。表格中的每个数字都代表 1 分钟，例如"1.TC 拉开温蒂小屋的窗帘，对 C

微笑",表示第一分钟的活动是 TC 拉开温蒂小屋的窗帘并对 C 微笑,而"2.TC 看着 C,C 不理她",表示第二分钟的活动是 TC 看着 C,但 C 不理她,以此类推。使用缩写是为了加快记笔记的速度。记录表总共 4 栏,分别是活动记录、语言记录、任务类型和社会互动。在这个例子中,PRE 代表假装游戏,PAIR 代表 2 名儿童一起游戏而不是平行游戏或者集体游戏。当然,研究者可以创建自己的代码,在这个例子中,代码的含义如下所示:

- TC=目标儿童
- C=其他儿童
- A=成人(工作者、父母、帮助者、学生、研究者)

151

表 7-1 目标儿童法观察记录表的格式

日期:2012 年 6 月 15 日   时间:10:05   儿童姓名首字母:AG   性别:女
年龄:3 岁   出生日期:2009 年 6 月 15 日
场景:幼儿园的自由游戏(装扮、温蒂小屋、绘画、攀登架)

活动记录	语言记录	任务类型	社会互动
1. TC 拉开温蒂小屋的窗帘,对 C 微笑	早上好,该起床了	PRE	PAIR
2. TC 看着 C,C 不理她	快点,上学要迟到了	PRE	PAIR

正如你所看到的,目标儿童法使用了一个结构,该结构能记录儿童瞬间的互动和每分钟的活动、儿童的语言、任务类型和社会互动。目标儿童法需要做一些准备,包括网格编码系统和一些增加熟练度的练习。与自由描述行为相比,目标儿童法的描述受到更多的限制。而与可重复播放以及微观分析的录音、录像材料相比,目标儿童法也有浪费时间和容易遗漏信息的缺点。但是,如果图像和声音的质量足够好,能够观察到感兴趣的行为,那么这种结构化的观察也可以采用互动视频的形式。

时间取样法

时间取样法不需要连续描述需要破译的行为或编码的活动,只需要专注于一项活动，以发现它可能与其他取样行为有关的频率，或者它在不同环境或不同时间发生的频率。这一领域的经典研究是由帕滕（Parten，1933）进行的，他用时间取样法研究儿童的神经习惯。时间能被取样是因为一段时间通常可以被划分为相等的观察时间段（例如每1分钟或每5分钟一次），接下来的时间不进行观察，或者观察其他类型的行为。如果你要长时间研究某一行为，那么时间取样法是一种更经济的编码方法，同时也是非常耗时的方法。时间取样法要求研究的行为是可直接观察的和明确的。研究者需要对研究目的和待取样的特定行为有一个非常明确的概念，并期望在给定的时间内，这种行为会频繁发生，从而形成一个有意义的模式。例如，你可能认为，青少年在课堂上集中注意力的能力有限。使用时间取样法意味着，你应该记录下学生每分钟都在做什么。时间取样法观察记录表如表7-2所示，你可能要事先拟定一份清单，列出注意力不集中的行为。

表7-2　对一名疑似有注意力问题的青少年的时间取样法观察记录表　　152

时间(小时：分钟)	行　　　为
09:00	摆弄书包
09:01	翻抽屉里的笔记本，笔记本掉了
09:02	摇椅子
09:03	翻书包
09:04	看别人
09:05	摇椅子
09:06	离开座椅和另一名学生说话
09:07	摆弄书包
09:08	问老师要做什么
09:09	摆弄桌子
09:10	模仿邻桌的学生

因此，时间取样法是在固定的时间间隔观察儿童的一种方法。研究对象可能是研究者感兴趣的某种特别的个体行为，例如上面的行为，也可能是儿童建立

人际关系时经历的失败。时间取样法使研究者可以对儿童和谁一起,做了什么,多久做一次,做一次持续多久等给出相对精确的描述。

事件取样法

事件取样法是在特殊事件发生时,对特殊事件进行记录的方法。因为待记录的行为或事件需要事先确定,并与研究问题相关,所以需要明确界定待记录的事物。基本的事件取样法记录表记录事件发生的次数、发生的时间和持续的时长。你想要记录的事件类型可能包括:攻击行为的频率,糖尿病等健康问题的行为症状,争吵或结交新朋友的事件。如果是在相当长的一段时间内(例如一个上午,一天或一周)观察儿童,那么事件取样法是一种有用的技术。如果事件发生得非常频繁(试图在休息时结交新朋友)或事件发生得较频繁,但只在特定的情境中发生(例如只在寄养家庭中发生),那么对于这些短时的情况,事件取样法也适用。一份典型的记录一个人和另一个人冲突情况的事件取样法记录表,如表7-3所示。在这个假设的案例中,青少年工作者关注的是 A 和 B 之间的争吵,而不是 A 和其他人之间的争吵,因为年龄较大的男孩(B)占主导地位,并专门针对 A。

153

表7-3　A 和 B 争吵次数的事件取样法记录表

事　件	时　间	持续时间	事　　　件
1.	09:45	2.5 分钟	A 独自一人坐在休息室的沙发上。B 进来,告诉 A,那是他的座位。A 踢了椅子一脚,然后跑了出去。
2.			
3.			
4.			
5.			

对于任何受控制且定义良好的事件,事件取样法都是适用的。事件取样法可以更好地了解事件的动态,使我们知道如何更好地管理事件。事件取样法最

适合观察个体，而不是群体，而且研究者需要保持警惕，熟练地识别事件发生的前兆。

检查表法

一个很好的检查表法的例子是使用一本关于儿童发展里程碑的指南，例如，20 世纪 70 年代初，由玛丽·谢里登（Mary Sheridan，2008）设计的经典发展常模或衡量儿童在某一特定题项（例如移情）与其他人相同程度的评定量表。表 7-4 展示的是一个儿童发展常模的观察检查表。

表 7-4　发展常模的观察检查表

谢里登的儿童发展常模（4.5 岁）	是	否	注　　释
1. 亲密的、信任的	√		拉着朋友的手说悄悄话
2. 喜欢帮忙做家务	√		欣然同意帮助洗碗，并检查杯子是否干净
3. 努力保持环境整洁		√	要求他整理玩具时，将玩具乱放并跑开
4. 参与象征性游戏	√		请假想的朋友喝茶
5. 加入其他人的象征性游戏	√		与朋友一起玩结婚的游戏，每人扮演一个角色
6. 分享玩具	√		未观察到

注：只有当行为发生在某个特定的时间，例如 4.5 岁时，才记录它。

专栏 7-2 进一步给出了一个以评定量表的形式进行检查表取样的例子。

专栏 7-2

两种缓解焦虑的沐浴技术比较研究中的观察工具

儿童编号：

日期：

行为线索：

在观察患者/儿童时,按照下面的评定量表确定行为的类别:

身体活动(圈出其一)

重度焦虑——持续的、无目的的活动或无活动

轻度焦虑——一些无目的的动作,在提及疼痛或手术时,动作数量增加

不焦虑——动作是有目的且恰当的

面部表情(圈出其一)

重度焦虑——皱眉、嘴角持续向下

轻度焦虑——偶尔有焦虑的面部表情

不焦虑——满意且愉快的面部表情

声音(圈出其一)

重度焦虑——叹息,怪笑,说"我不知道",绝望,惊慌,惊吓

轻度焦虑——生气,沮丧,不舒服,紧张,惊恐

不焦虑——使用不焦虑的词语:快乐,乐观,安心

交谈(圈出其一)

重度焦虑——表达出大量的担心、忧虑及抱怨,无法专心交谈

轻度焦虑——偶尔表达出忧虑及抱怨

不焦虑——未表达不满或表达满意

来源:改编自 Barsevick, A., & Llewellyn, J. (1982). A comparison of the anxiety-reducing potential of two techniques of bathing. *Nursing Research*, 31 (1), 22–27. Reproduced with permission.

155　　综合法

如果合适,研究者也可以将耗时的叙事信息从观察记录表中完全删除,使用时间取样法并将其与事件取样法以及检查表法结合。表 7-5 显示,研究者想了解一名儿童,也许是有注意缺陷的儿童在完成任务时开小差的时间。

表 7-5 时间取样法和事件取样法的编码检查表

时间(时：分)	开始相关任务	开始无关任务	开小差时安静	开小差时扰乱
10:00	√			
10:01	√			
10:02	√			
10:04		√		
10:05				√

注：空格表示未观察到行为。

表 7-6 说明了如何将目标儿童法、事件取样法和时间取样法结合，在某一特定时间发生的事会被分解为事件、编码和持续时间。

因此，使用综合法可以在短时间内收集到大量可量化的数据。然而，使用综合法仍存在诸多挑战。想要成功运用综合法，需要不停记录数据，因为必须按照预先设计的记录表来记录。同时，综合法可能无法准确描述更复杂的情况，包括行为发生的原因。

表 7-6 目标儿童法、事件取样法和时间取样法的结合

起始时间	结束时间	事件(编码)[a]	语 言	社会性
09:15	09:18	PA＋HA：TC 抓 C 的头发。他们哭了	TC＞C：我恨你	PAIR
09:19	09:20	VA：TC 嘲笑 C	TC＞C：你是个丑陋的胆小鬼	PAIR
09:21	09:22	PA：TC 将 C 按在地板上		PAIR

注：[a]如果可能，关注攻击事件之前和之后的事件。
＞：对⋯⋯说；PA：身体攻击；HA：敌对性攻击；VA：言语攻击；PAIR：两名儿童在一起。

因此，在选择观察法时，研究者需要考虑：

156

- 有多少时间可以观察？
- 每次观察应该持续多长时间？
- 对事件或行为的定义有多明确？

- 两次观察应间隔多长时间？
- 这种观察法能回答我的研究问题吗？
- 是否已经有一个符合研究目的的编码系统？或者我是否需要创建一个针对研究问题的特别编码系统？
- 我如何知道我的观察是可靠和有效的？

最后两个问题将在下文讨论。

编码系统

许多研究者已经为观察儿童制定了编码系统，而且还对编码系统的信度和效度进行了检验。对初级研究者来说，这非常有帮助，因为这是一个非常复杂且耗时的过程。我们已经看过一个经典研究的例子（Parten，1933；Sylva, et al.，1980）。另一个经典研究的例子是弗兰德斯（Flanders，1970）的互动分析（interaction analysis，IA）编码系统，它是为分析学生和教师的课堂行为而开发的。弗兰德斯创建了 10 种可观察的行为，在观察研究之前，观察者需要熟悉这些行为。记录的方法是记下代表每一种行为的数字。使用记录表记录数字时，每一行代表 1 分钟（以 3 秒为一个时间间隔，1 分钟包含 20 个时间间隔，即 20 个数字），如果观察了 10 分钟，那么记录表就有 10 行（见表 7 - 7）。

专栏 7 - 3

互动分析编码系统的类别和数字

1. 教师接受学生情感。
2. 教师表扬学生。
3. 教师采纳学生观点。
4. 教师提问。
5. 教师讲授。

6. 教师给予指令或指导。

7. 教师批评学生。

8. 学生主动应答。

9. 学生被动应答。

10. 安静或混乱。

来源：Flanders，N. A.（1970）. *Analysing teacher behavior*. Boston，MA：Addison Wesley.

编码系统的信度和效度

要使编码系统，例如互动分析，具有一定的信度和效度，创建者需要对每个类别的行为都有非常明确的定义，这样观察者就会对某一特定的行为属于哪个类别达成统一。例如，弗兰德斯对第 5 类行为（教师讲授）的描述如下："提供关于内容或程序的事实或意见，表达自己的想法，给出自己的解释或引用学生以外的权威"（Flanders，1970，p.34）。最初的行为类别定义也许不太明确，需要经过试验，然后细化，尽可能多地消除含糊不清的地方，得到一个严格的定义。这被称为评分者内信度或观察者一致性，目的是确保每次对行为进行分类时，相同的人都会一致地使用相同的编码。整个编码系统需要由另一名研究者进行独立评估。这被称为评分者间信度。我们可以计算两名独立评分者的一致性程度［如何计算科恩的一致性（Kappa）系数，见 Robson，2011］。正如你所看到的，创建一个新的编码系统并不是一件简单的事情。尽管如此，罗布森（Robson，2011）说得好，"最大反常定律"很可能会导致现有的编码系统无法解决你要解决的研究问题！在这种情况下，你最好听从他的建议，确保你的分类满足以下几点要求：

- 聚焦（这个数据有何用）。
- 客观（非常明确地界定，尽可能不模棱两可或推断）。

- 独立于情境。
- 穷尽(包含所有观察的可能性)。
- 互斥(每一个编码项只对应一种类别)。
- 易于记录。

表 7－7　互动分析编码系统记录表

分　　钟	编　　码
1	5 5 5 5 5 5 4 4 4 4 8 8 8 3 3 3 2 0 5
2	
3	
4	
5	
6	
7	
8	
9	
10	

在自然环境中观察儿童,给研究提供一个真实世界的优势。收集数据需要低调和流畅,在某些情况下,可以使用隐蔽的摄像机或数字录像机,设计精良、经济实用的记录表和秒表也可以提供帮助。一项精心设计的观察研究,也将使研究者能够记录这些发生在现实生活中的事件。这种直接的经验有助于提升研究者理解复杂的个体和情况以及将此建立在理论基础上的能力。然而,当从单个的个体或简单的环境转变为大群体或复杂的环境时,观察法通常不能很好地适应,这限制了比较和对比的可能性。

专栏 7－4

研究在实践中的应用：观察

此实践的目的是给你提供一些观察儿童和记录儿童的经验。

实践最好在现实生活中进行,或者使用高质量的儿童互动视频。一个相当常见的主题是寻求关注。你可以自由地提出研究问题(例如,当父母离婚或者领养另一名儿童时,儿童寻求关注的行为会增加;当父母一方或双方不去医院看望生病的儿童时,儿童不适当地利用身体寻求关注的行为会增加)。如果允许你自由地选择场地,那么你可以选择的场地有操场、特殊单间、医院病房、当地的游乐场或者走廊等。表7-8是你要使用的编码表:

表7-8　编　码　表

利用身体寻求关注	编　码	利用言语寻求关注	编　码
轻拍或轻敲	T	请问,我可以……吗?	PL
站在……的前面	SF	咒骂	SW
凝视脸庞	LF	喊叫	ST
危险地摇摆	S	言语要求(给我!)	D
拉	PUL	直呼人名	N
推	PUS	尖叫	SC
猛推	SH		

开始的时候,你可以使用表7-9的观察记录表。虽然这不是一个完美的工具,但能启发你去思考。在开始的时候,它给你提供了一些时间和事件的例子,但显然你可以有自己的安排。

表7-9　观察记录表

类别	时间						合计
	10:00—10:10	10:20—10:30	10:40—10:50	11:00—11:10	11:20—11:30	11:40—11:50	
SF	√						
LF			√√		√		
S						√	

（续表）

类别	时间						合计
	10:00— 10:10	10:20— 10:30	10:40— 10:50	11:00— 11:10	11:20— 11:30	11:40— 11:50	
合计							

讨论和反思

在你试着完成一次观察后,成对或小组讨论以下问题:

● 这里使用了哪种取样方法和记录方法?

● 这种方法适用于何种情境? 不适用于何种情境?

● 根据你具体的研究问题,这种观察法的局限性是什么? 还可以采用哪些其他的方法?

● 在分类时遇到了什么困难?

● 若想改进分类,可以做些什么?

160

访　谈　法

　　无论是儿童研究,还是成人研究,访谈法都是一种使用非常广泛的研究方法。作为一种获取儿童自身观点的方法,访谈法可以为我们提供很多信息,这一主题详见第九章。我们对儿童的了解,有相当大一部分是通过精心设计的,对熟悉儿童的成人,例如父母、教师、照顾者、社会工作者、卫生访视员和同龄人等进行访谈获得的。政策和实践中存在的，可能影响儿童的重要问题，也可以通过访谈法调查。自愿参与研究的参与者喜欢接受访谈，并且程序的互动性使研究者能够获取其他方法无法获取的维度信息，例如情感上的非言语暗示。这种相对自由的互动，使研究者能够通过温和地探索来获取重要的和感性的问题，并从参与者自己提出的话题中发现什么对他们最重要。

访谈的差异主要在于结构水平。根据是否有预先确定的问题以及确定的程度，可以将访谈法分为三类：结构化访谈、半结构化访谈和非结构化访谈。结构化访谈就像互动式问卷，访谈者需要读出预设的问题并记录被访谈者的回答。非结构化访谈则在量表的另一个极端，它最大限度地考虑了被访谈者的想法，根据被访谈者提出的主题确定访谈的发展方向。在这种情况下，访谈者扮演的是信息提示者的角色，他会给出充分的指导，使访谈朝着自己预期的方向进行，而不控制访谈的发展方向。研究中最常见的访谈形式是半结构化访谈，访谈者预先设计涵盖预设主题的问题和提示，但在这个框架内，访谈者给予被访谈者很大的空间去发展他们自己的想法。

访谈的结构水平取决于访谈目的。如果访谈目的主要是获取事实或者寻找对一些预先确定的主题的看法，那么将有更多的结构。如果访谈旨在探讨对被访谈者有意义和重要的话题，反映被访谈者真实的经历，那么将有更少的结构。此外，对于新领域的探究性研究，非结构化访谈非常有用。非结构化访谈可以获取背景信息，以引导后续更结构化的访谈。贝利（Bailey，1995）等人给出了一个调查青少年对非法毒品了解情况的例子。在研究开始时，贝利等人先进行三次时间较长的非结构化访谈，获取青少年使用的关于毒品的语言类别和对他们重要的问题的背景信息。在此基础上，贝利等人又对另外 20 名青少年进行了一次能获取更好信息的结构化访谈。

三类访谈法各有优缺点。在更为结构化的访谈中，访谈者可以以相同的方式对每位被访谈者提出相同的问题。这样可以进行更直接地比较，也更容易采用量化的方法。但与非结构化访谈相比，结构化访谈灵活性较差，并且前提假设是访谈者已经知道了相关问题，只需在访谈时询问答案即可。在许多方面，这两种方法的优势,半结构化访谈都有。

虽然访谈需要时间和详细的分析,但是一次圆满的访谈值得你这么做。表7－10提供了设计访谈和实施访谈的指南。

161

表7－10　设计访谈和实施访谈的指南

设　计　访　谈	实　施　访　谈
在纸上写下想法,按主题和产生的先后顺序进行编排	陈述目的,保证保密和不回答的权利,可以在任何时候,尤其是被访谈者痛苦的时候停止
提出开放式的问题:什么? 什么时候? 怎样?	仔细选择环境,以确保隐私和亲密
确保问题清晰、简短和明确	发挥自己在现场环境中的作用
问题按先易后难的逻辑顺序排列	表现出兴趣,但不做判断 记录访谈,坚持议程,但允许被访谈者有一些自由
避免诱导性的问题、专业术语、情绪性语言和否定词	有帮助的技巧:预设停顿或一瞥;鼓舞人心的声音;对被访谈者的言语进行反思并给予反馈;巧妙地试探
以积极的问题结束	
预访谈	
修改访谈	

问　卷　法

问卷是一种流行的研究工具,因为它可以被快速编制、管理,并且易于分析。这是一种获取诸如学校出勤率或医院住院率以及意见等事实数据的好方法。也许是因为问卷诱人的简单性,才使它被研究者广泛地使用。但同时问卷也具有欺骗性,由于编制的问卷存在缺陷,许多研究尝试都以无法分析的数据和毫无意义的结果结束。专栏7－5就如何编制问卷提供了一些有益的基本原则。

专栏 7 - 5

编 制 问 卷

问卷法是研究者使用最多的方法之一，但也是最糟糕的方法之一。不管花多少人力，糟糕的问卷都会破坏整个项目。问卷的结尾通常是这样写的："如果还有其他我应该想到但没有想到的问题，请在这里回答。"实际上，许多问卷的初稿被分发出去。问卷的初稿只能待在一个地方——垃圾桶。如果你无视这条建议，那么你的研究很可能也以同样的方式结束。下面是为正在编制问卷的人提供的一些基本原则：

- 避免任何含糊不清的可能性。准确地解释和定义你的术语，要假设回答问卷的人什么都不知道。

- 准确而全面地陈述你的问题。诸如最近你是否处理过许多学校拒绝者这类的问题，不能告诉任何人任何事情。细化你的问题——时间、年龄、日期。"去年"是指上一年还是上一学年？问卷不是彩排，没有第二次机会。

- 以恰当的形式提出问题，以便之后对数据进行量化。如果数据不能被量化，那么它就不存在，这种说法是不正确的。但对于问卷数据来说，这基本是正确的。

- 不要把你想到的每一个问题都加进去，然后等着看是否有有趣的事情出现。这种想法是不对的。应该先确定你感兴趣的变量，然后设计问题获取你想要的信息。

- 不向回答者提不可能回答的问题。例如，我不知道，也无法告诉你，与五年前相比，最近五年我所在的小学有多少儿童被转介给精神科医生。

- 不要询问你不需要的个人信息。如果询问儿童的姓名或其他没有必要的私人信息，那么你将得到较低的反馈。

- 即使只有几个同事，也可以试着让他们先"排练"一下。你很快就会发现主要的问题。

● 先思考一下你将采取哪些措施来最大限度地提高问卷的回收率。例如，一定要说明你希望收到回复的日期，随后几天发出友好的提醒，在可能的情况下，可以打电话提醒。对于发送给同事和其他专业人员的那类问卷，回收率低始终是研究者的错，而不是回答者的错。

来源：改编自 MacKay, T. (1987). Planning research in child guidance. *SALGEP Quarterly*, *6*(1), 3-11.

163　　研究儿童的态度

问卷可以很好地了解儿童的态度，而且通过设计，问卷可以准确地涵盖你感兴趣的领域。表 7-11 展示的是一份题为"你觉得学校怎么样"的简单的儿童态度问卷。它旨在评估儿童对学校和学校工作的态度，以及儿童对父母的态度。问卷有 3 个题目涉及对阅读和科目感知能力的态度。除 2 个题目外，所有题目都具有方向性（即表明对学校和教育的积极的、消极的态度或看法）。剩下的 2 个题目被认为是中立的（"我最喜欢游戏时间"和"我在学校没有最好的科目"）。我们设计了一个简单的评分系统，对 14 个相关项目中的每个项目进行打分，分数分别是 0、1 和 2。

表 7-11　你觉得学校怎么样

我们想要更多地了解儿童对学校的态度。请在每个题目后面的格子内打钩。答案没有"好""坏"之分。我们只是想了解你的态度。			
1. 我喜欢去学校	是	两者之间	否
2. 我最喜欢游戏时间	是	两者之间	否
3. 我认为学校是重要的	是	两者之间	否
4. 在学校，我经常遇到麻烦	是	两者之间	否
5. 我的父母认为教师通常是对的	是	两者之间	否
6. 家里有很多书是一件好事	是	两者之间	否
7. 我不太擅长阅读	是	两者之间	否

(续表)

8. 家庭作业是重要的	是	两者之间	否
9. 我的学校是个好学校	是	两者之间	否
10. 我不太擅长和其他儿童一起工作	是	两者之间	否
11. 我的朋友认为上学浪费时间	是	两者之间	否
12. 我的父母认为学校是重要的	是	两者之间	否
13. 我希望我不用去学校	是	两者之间	否
14. 如果我在学校惹了麻烦，我的父母通常站在我这边	是	两者之间	否
15. 我在学校没有最好的科目	是	两者之间	否
16. 我非常不喜欢阅读	是	两者之间	否

来源：MacKay，T. (1995). Reading failure in an area of multiple social disadvantage：Response of a psychological service to a school's priorities. In the Scottish office education department. *Matching service delivery to client needs: Quality assurance in psychological services* （pp. 210 - 233）. Edinburgh：The Scottish Office Education Department.

　　然而，对幼儿进行态度测验，特别是使用问卷，可能会出现一些重大问题。麦凯和沃森（MacKay & Watson，1999）发现，这是他们付出的代价。他们试图将上述问卷改编成"你觉得幼儿园怎么样"。所有的语句都被替换为这种类型的语句"小鱼菲蕾蒂喜欢去学校。你喜欢小鱼菲蕾蒂吗？——你喜欢去学校吗？"而不是"我喜欢去学校"这种类型的语句。

　　教师将5岁的儿童分成小组，然后将这些句子读给儿童听。每个句子都配一张图片（在这里例子中，配的图片是小鱼菲蕾蒂）。教师告诉儿童："这边是'是'，那边是'否'"，然后儿童要在他们的选择上画圈。

　　结果是一场灾难！和任何新的问卷或方法一样，研究者对问卷的质量进行了一次检查，以了解它是如何执行的。当儿童进入教室时，教师正在说："老鼠米妮希望她可以不来上学。你想像老鼠米妮一样吗？——你希望自己不来上学吗？"当她说出这句话的时候，她不自觉地摇头表示不赞成，然后儿童异口同声地回答说："不希望！不希望！"，并圈出了正确的答案"否"！这篇发表在期刊上的文章忽略了这些细节，只是谨慎地说："研究发现，事前—事后态度问卷不适合进行有意义的统计分析。"

在问卷法和其他方法中避免社会期望非常重要——在这个例子中,社会期望是取悦教师以及和小组其他成员一样。上述研究失败之后,麦凯(MacKay,2006)发明了一种创新且成功的方法来测试儿童的态度——但没有使用问卷法。取而代之的是,使用了一些非常低科技和现成的技术设备(三个果酱罐!)(见专栏7-6)。

专栏7-6

测试儿童的态度:果酱罐技术

165

在评估4岁或5岁儿童的态度时,怎样才能不得到社会期望的答案——儿童认为会得到提问者认可的答案?本研究的目的是调查儿童早期的识字技能,以及儿童对阅读的态度和信念,能否通过让儿童每天做出3次"成为好读者"的大胆声明而得到加强。

在儿童面前放三个玻璃果酱罐。每个果酱罐里都有大量相似的白色小卡片,以此来代表其他儿童对相同问题的回答。以下列方式向每个儿童提出每个问题:

- 其他儿童非常不喜欢阅读(指向1号果酱罐)
- 其他儿童觉得阅读还不错(指向2号果酱罐)
- 其他儿童非常喜欢阅读(指向3号果酱罐)

你觉得阅读怎么样?

然后,研究者请儿童将卡片投进自己想要选择的果酱罐里,同时记录儿童的选择。为避免反应定势(例如一直选第一个果酱罐或最后一个果酱罐),变换果酱罐的位置。以这种方式投卡片使练习显得更加匿名,由于儿童有很高的群体一致性,所以根据三个果酱罐中已有的卡片数,儿童可以清楚地知道,其他儿童最喜欢哪个果酱罐,放哪个果酱罐最安全。

按照如下原则给儿童的回答打分:最积极的回答是1分;最消极的回答是3分;介于两者之间的回答是2分。实施干预前,实验组与控制组在态度上没有差别。实施干预后,对所有儿童进行重测。通过比较实际的变化和预期的变化,对所有发生变化的分数，即从最消极变为较积极和从较积极变为最积极的分数进行分析。因此这考虑到了一个事实——已经是 1 分的分数不能再上升，而已经是 3 分的分数不能再下降。这些总体变化的分数表明，做出声明的儿童已对阅读形成了更积极的态度（$p < 0.01$，卡方检验）。

经证明，这种简单的果酱罐技术是非常有效的。在接受测试的 54 名 4—5 岁的儿童中，只有 1 名儿童不能选出自己喜欢的果酱罐。

来源：Mackay，T.（2006）. *The west dunbartonshire literacy initiative: The design，implementation and evaluation of an intervention strategy to raise achievement and eradicate illiteracy: Phase 1 research report*. Dumbarton：West Dunbartonshire Council.

标准化问卷

除了专门为研究项目编制的问卷外，对于从事儿童研究工作的研究者来说，还有很多很有用的标准化问卷。大量不同的主题领域已经从教育学、健康学和心理学等学科的出版物的主要测验目录中获得了现成的标准化问卷。例如，斯宾塞（1995）为研究社交技能、社交能力和相关领域编制的问卷实用、易于管理和解释，而且非常容易获取（问卷的资源包可以复制）。它们还可以从不同的来源——父母、学生和教师收集可比较的信息，具有提供三角互证的优势。对于8—17 岁的儿童和青少年混合的年龄组，结果已经得到标准化处理。每一个题项都可以被分为"不正确""有时候正确""大部分时候正确"三个等级。学生社交技能问卷中的例子有："我在争吵时听取别人的观点"和"我在游戏或比赛失控时，控制自己的脾气"。

166

专栏 7-7

研究在实践中的应用：编制问卷

此实践的目的是让你获得一些编制问卷的经验。

思考一项你感兴趣的，可以使用问卷法的儿童研究。

例如，你可能想知道一所学校或一个团体中有多少儿童受到欺凌，它采取了什么处理形式以及儿童是如何处理的。或者你可能对青少年如何度过他们的闲暇时间，或者他们把零用钱花在哪里感兴趣。

又或者，你可能想知道患有自闭症谱系障碍的儿童的父母，是否能够组织家庭外出度假？如果能，他们去哪里？他们如何旅行？他们住哪里？他们是否在外面吃饭？他们是否设法给自己留出时间？所有这些问题都以问卷的形式提出，其中一些问题由儿童自己填写，另一些问题则由成人填写。

如果你想要编制一份能回答关键问题的问卷，那么你可以遵循本章给出的建议，例如专栏7-5中的基本原则。在你的问卷中要包括以下类型的问题。

- 是非题。
- 多选题（例如，从"从不"到"一年超过三次"中，选出家庭外出度假的频率）。
- 标量题（例如，选项呈等级排列的问题，你可以从三个或五个等级选项中选一个）。
- 开放题（人们写自己意见的问题）。

看看你的初稿，通过询问关键问题来改进初稿，从而获得更好的草稿。例如：

- 是非题是否明确？人们是否会说"有时为是，有时为否"？
- 你的问卷是否包含了足够的问题来获得你需要的所有关键数据？
- 是否有的问题对你的分析和理解没有帮助？
- 如果你使用了一个三点量表，它是否有足够的范围让你捕获各种观点？或者，如果你使用了一个五点量表，是否可以将前两个等级（例如"少"和"非常少"）或后两个等级（例如"多"和"非常多"）合并？
- 开放题是否有足够的空间让人们说其他重要的事情？或者开放题是否太开放，以至于给出的信息无法处理？

一旦你有了一个好的草稿，先在一些儿童或同事身上试试看——你很快就会发现缺点在哪里！

调　查　法

调查法是教育、健康和社会工作研究中常用的一种方法。调查研究的一个广泛目的是描述某一特定实践领域在某一重要的特定问题上的实际情况，从而了解消费者对服务的看法。一个例子是，了解地方当局就向社区提供休闲设施与青少年进行协商的做法，或者青少年对提供这类设施的意见。调查可以比较现有条件的标准，帮助我们确定特定事件之间存在的关系（Cohen et al.，2011）。

在调查研究中，大量的问题被设计进问卷、评定量表或结构化访谈中。调查可以是完全结构化的，有固定的、可选择的回答，也可以是开放的，让参与者以更个人化的方式表达他们的观点。调查的目的是对能够代表更大的总体的样本进行调查，旨在了解总体的实际情况。例如，对参加由地方当局的青年和社区服务机构经营的俱乐部的青少年进行调查，旨在了解其所代表的整个客户群体的意见。

在一项经典研究中，鲁特等人（Rutter et al.，1979）将调查法、结构化访谈和课堂观察结合起来。这项名为"15 000 小时：中学及中学对儿童的影响"的研究，以位于伦敦内城教育权威区 6 英里半径范围内的中学为研究对象，旨在调查这些中学在学业成绩、出勤率和违纪方面的差异。影响差异的重要变量包括：学生的地位、性别，以及学校环境的组织（规模、空间、工作者、班级规模、年龄和建筑场地）。该调查对在这个区域挑选出的 12 所学校的上述变量进行测量。

与其他研究方法一样，调查法也有优点和缺点（见表 7-12）。

表 7-12　调查法的优点和缺点

优　　　点	缺　　　点
特别适合大样本	回应率可能会降至极低的水平
节约时间和成本	非常依赖参与者的动机、记忆和诚实
非常适合量化分析	结构的水平可能会限制更复杂的回答的效度

优　　　点	缺　　　点
可以生成大量数据，分析多个变量	提出的问题可能会遗漏其他重要变量
答卷人容易完成	受方法（有电子邮件或固定电话的人）影响，样本可能会有偏差
高度结构化，减少结果的复杂性和模糊性	选择回答的人可能无法代表接受调查的总样本
可以使用多种方法——邮寄、电子邮件、电话、社交网站	

最后，儿童量化研究这个主题以及支持它的统计基础，有时会进入一些困难的领域，这些领域，即便是最有经验的研究者，处理起来也非常费劲。为了以一种更轻松的方式结束本章，专栏 7-8 以一种幽默的方式，看待学生论文和研究报告中一些有说服力的陈述。

专栏 7-8

报告量化研究：回避的艺术

"选三名参与者的研究结果进行详细分析。"（其他人的结果没有意义，因此忽略。）

"结果表明……"（结果并不显著。）

"众所周知……"（没有证据。）

"一个代表苏格兰心理学家的样本。"（我和三位朋友。）

"这方面有待进一步研究。"（我自己也不清楚。）

"对 43 道题进行内容分析，确定了 8 个不同的类别。"（检查卡片，将其分成 8 堆。）

"推算出这组中的一些分数。"（我弄丢了写有这个组分数的信封。）

"由于复杂的因素，分析时略去这组分数。"（我没法收拾烂摊子，所以我将其略掉。）

"统计程序的全部细节将在吉尔福德（Guilford）'心理测量方法'中找到。" 169
（我发现这些数据完全无法理解。）

"这是一项试验性研究。"（我把整个项目搞砸了。）

来源：MacKay，T.（1987）. Planning research in child guidance. *SALGEP Quarterly*，6（1），3-11. 最初来自 Nisbet, J. D., & Entwistle, N. J. (1970). *Educational research methods*. New York：American Elsevier Pub. Co.

专栏 7-9

研究在实践中的应用：设计量化研究项目

此实践的目的是探索使用本章给出的信息，回答研究问题的一些方法。

回顾第六章开篇的三个例子并考虑以下几点。

- 你如何计划一个研究项目，回答提出的所有问题？

- 你需要哪类数据？

- 你可以从什么潜在的来源得到它？

- 可能包括哪些方法？（例如转介记录文件信息来源的记录法、观察法、问卷法、访谈法）？

- 在分析和解释数据时，需要考虑哪些因素？

- 你能让你所有的数据都是量化的，或者你能用质性的信息丰富你的项目吗？（见第八章）——对儿童或工作人员的详细描述，传达了正在发生的事情及其在实际经验中的意义。

参 考 文 献

Bailey，V.，Bemrose，G.，Goddard，S.，Impey，R.，Joslyn，E.，& Mackness，J. (1995). *Essential research skills*. London：Collins Educational.

Barsevick, A., & Llewellyn, J. (1982). A comparison of the anxiety-reducing potential of two techniques of bathing. *Nursing Research*, *31*(1), 2 - 7.

Cohen, L., Manion, L., & Morrison, K. (2011). *Research methods in education* (7nd ed.). London: Routledge.

Flanders, N. A. (1970). *Analysing teacher behaviour*. Boston, MA: Addison Wesley.

Furber, G., Crago, A., Meehan, K., Sheppard, T., Hooper, K., Abbot, D., Allison, S., & Skene, C. (2011). How adolescents use SMS (short message service) to micro-coordinate contact with youth mental health outreach. *Journal of Adolescent Health*, *48*(1), 113 - 115.

Gutnick, A. L., Robb, M., Takeuchi, L., & Kotler, J. (2011). *Always connected: The new digital medio habits of young children*. New York: The Joan Ganz Cooney Center at Sesame Workshop.

Kuntsche, E., & Robert, B., (2009). Short message service (SMS) technology in alcohol research: A feasibility study. *Alcohol and Alcoholism*, *44*(4), 423 - 428.

MacKay, T. (1987). Planning research in child guidance. *SALGEP Quarterly*, *6* (1), 3 - 11.

MacKay, T. (1999). Can endemic reading failure in socially disadvantaged children be successfully tackled? *Educational and Child Psychology*, *16*(1), 22 - 29.

MacKay, T. (2006). *The west dunbartonshire literacy initiative: The design, implementation and evaluation of an intervention strategy to raise achievement and eradicate illiteracy: Phase 1 research report*. Dumbarton: West Dunbartonshire Council.

MacKay, T., & Watson, K. (1999). Literacy, social disadvantage and early intervention: Enhancing reading achievement in primary school. *Educational and Child Psychology*, *16*(1), 30 - 36.

Nisbet, J. D., & Entwhistle, N. J. (1970). *Educational research methods*. New York: American Elsevier Pub. Co.

Parten, M. B. (1933). Social play among preschool children. *Journal of Abnormal and Social Psychology*, *28*(2), 136 - 147.

Rideout, V., Foehr, U., & Roberts, D. (2010). *Generation M2: Media in the lives of 8 to 18-year-olds*. Menlo Park, CA: Kaiser Family Foundation. Retrieved March 6, 2012, from the World Wide Web: http://www.kff.org/entmedia/mh012010pkg.cfm.

Robson, C. (2011). *Real world research: A resource for social scientists and practitioner-researchers* (3nd ed.). Oxford: Blackwell Publishers.

Rutter, M., Maughan, B., Mortimore, P., & Ousten, J. (1979). *Fifteen thousand hours: Secondary schools and their effects on children*. London: Open Books.

Sheridan, M. D. (2008). *From birth to five years: Children's developmental progress*. London: Routledge.

Spence, S. (1995). *Social skills training: Enhancing social competence with children and adolescents*. Windsor: NFER - Nelson.

Sylva, K., Roy, C., & Painter, M. (1980). *Child watching at playgroup and nursery*

170

school . London：Grant Mclntyre.

推 荐 阅 读

Fink，A. (2009). *How to conducts surveys: A step-by-step guide* （4nd ed.）. London：Sage.

第八章
设计和开展儿童质性研究

本章目标：

- 讨论质性研究的性质及优点和局限性。
- 概述质性研究设计中使用的一些主要方法。
- 给出儿童研究中如何使用量化和质性混合设计的实际说明。

凡是存在的事物都有数量，凡是有数量的事物都可以测量。

——桑代克（Thorndike，1905）

凡是测量出的信息，都无法反映事物的全貌。

——卡普兰（Kaplan，1964）

这两句引文反映了量化方法和质性方法的本质区别。**量**的概念是指事物的数量——是有关多少、多久和多大程度的问题。相反，**质**的概念是指事物的本质——是有关事物的性质以及它是如何被经历和描述的问题。然而，这两种方法没有这两句引文表现得那么对立，甚至没有这两句引文表现得那么不同。很多量化研究都需要质性数据的支持和丰富，而许多质性研究也需要传统的量化方法统计和分析。

在某些方面，人为地将研究方法一分为二，即量化方法和质性方法，并不完全有用。大多数希望对儿童进行研究的人都是实践者，他们关注的是**行动**

研究(action research)，而不是在大学实验室或其他人为环境中进行的"纯"科学研究。行动研究，有时也被称为**参与式行动研究**(participatory action research)，是一种改善实践的方法(Reason，1994)。"它涉及行动、评估和反思，根据收集到的证据改变实践"(Koshy，2010，p.1)。这是一个不断学习的过程，在这个过程中，研究者既能学到新知识，又能分享新知识。行动研究被认为是质性方法的核心，因此在许多质性研究中占有重要地位(Berg，2009；Holloway，1997)。行动研究包含许多质性研究的基本原则，因为它是在自然的、现实的环境中进行的，是参与性的，从实践中建构理论，动态变化伴随建构的过程，目的在于理解意义和经历。然而，许多行动研究项目使用传统的量化方法。

172

在做儿童研究时，你可能会同时使用量化方法和质性方法，因此，虽然本章的重点是质性研究，但也有一些量化方法和质性方法混合的例子，它们代表了大多数在儿童的现实世界进行的行动研究。

质性研究的性质

质性研究力求深入了解自然环境。与实证主义传统不同，质性研究关注的不是一个是固定和可衡量的现实世界，而是一个由社会建构的个体经验和观点的世界。这是一种"社会调查的形式，关注的是人们如何解读和理解他们的经历和生活的世界"(Holloway，1997，p.1)。质性研究之所以产生，是因为许多研究者担心"通过量化逻辑建构的研究活动会遗漏许多有趣和可能产生结果的事情"(Freebody，2003，p.35)，这不仅体现在研究目的和研究内容方面，还体现在经验描述丰富性的缺失方面。

质性研究起源于20世纪初的社会人类学和社会学。人类学家布罗尼斯拉夫·马林诺夫斯基(Bronislaw Malinowski，1992)和玛格丽特·米德(Margaret Mead，1928)分别在美拉尼西亚和萨摩亚进行经典的跨文化研究。在此过程中，他们使用调查法，深入了解并详细描述了非西方文化的生活和经历。到 20 世纪 60 年代,质性方法和理论得到更为正式的发展。一项重要的事件是,由两位社会学家巴尼·格拉斯(Barney Glaser)和安塞姆·施特劳斯(Anselm Strauss,1967)合作的著作《扎根理论的发现:质性研究的策略》(*The Discovery of Grounded Theory: Strategies for Qualitative Research*)出版。正是这本著作,缩小了理论和实践的差距,增强了质性研究的系统性与严谨性,并确立了质性方法不只是量化研究的探索性工具(Charmaz,1995;Merriam,2002)。到了 1978 年,一本专门讨论质性方法的独立杂志《质性社会学》(*Qualitative Sociology*)出现。随后,质性方法开始融入大多数涉及儿童的专业,包括教育(Sherman & Webb,1988)、护理(Morse,1991)和心理学(Banister et al.,1994)。

质性研究是一个复杂的研究领域,如果质性研究者使用术语过于随意,那么在质性研究中,他们就不可能严格按照要求来收集数值数据,更不可能对数值数据进行分析。理查森(Richardson,1996)对那些开始使用质性方法的人提出了一些"健康警告"。以观察为例,质性研究是一个有自身语言的专业领域,不应被视为"简单的研究",而且它需要适当的培训和监督。作为一个专业领域,质性研究有许多定义特征,其中最普遍的特征见第三章图 3-6。

关于什么才是正确的质性研究,有很多争论。基德尔和法恩(Kidder & Fine,1987)区分了大 Q 法和小 q 法。大 Q 法指的是严格的质性方法,这些方法是归纳的,关注意义的探索,努力从数据中生成理论,而不是从假设开始。小 q 法指的是范围更广的,不那么纯粹的方法,它们通常在更传统的方法范围内,收集各种类型的非数值数据。

本书不是介绍大 Q 法或小 q 法的研究方法手册。介绍一般质性方法和具体方法的综合性著作有许多。在本章末尾的推荐阅读中,你可以找到一些著作。本章将介绍一系列具有严格质性研究特点的方法。然而,从实际角度出发,我们也会发现,大多数研究者更感兴趣的是,选择最符合他们需要的方法时,有最大的灵活性,而不是争论他们采用的研究范式是否纯粹。在做儿童研究时,你可能会发现,各种不那么纯粹的方法更有用。

质性研究：优点和局限性

质性研究非常适用于儿童研究。与学术机构中的儿童研究者相比，实践中的儿童工作者更适合运用这种方法。

第一，儿童工作者本来就在现实生活、自然环境中工作。事实上，他们不太可能随时进入那些通常为传统实验法所特有的，更为人为的环境。教室、操场等自然环境是理想的研究场所。诸如儿童医院病房等一些非自然的环境也可以使用质性方法。它们是非自然的现实生活环境，而不是人造的或人为的环境。

174

第二，许多儿童工作者都处于个体或者小群体环境中。他们通常无法像典型的量化研究那样，获得较大的样本，但是，正相反的是，他们经常能够深入和频繁地接触到小群体。

第三，儿童是质性研究核心数据的极好来源——从丰富的文字和图片描述中，捕捉和理解儿童的经历，而不像往常那样，从数值分析中得出冰冷、抽象的研究结果。许多研究报告，包括那些以量化方法为主的研究报告，都因这类质性研究而变得生动有趣，特别是有丰富的儿童自己实际所用的词汇时。有时候，来自儿童视角的一句评论比一系列数字更能传达出研究的意义。下面这则摘录，可能来自世界上最大的一项量化扫盲研究，有近7万名儿童和青少年参加，其中一部分通过质性研究数据得到丰富。这是一名青少年发表的声明的最后一部分，她不仅是研究参与者，还是研究的贡献者和传播者，在一次宣传会议上，她介绍了自己的研究经验：

> 这一切开始时，我无法阅读。我是一个失败者。现在，我家里有一大堆书。我最喜欢的作家是罗尔德·达尔（Roald Dahl）和 J.K.罗琳（J.K. Rowling）。现在我成功了。（MacKay，2006，p.185）

第四，大量与儿童有关的研究是由那些最终不向主要的研究基金机构报告的人进行的。主要的研究资助者，向来关注大量基于推断统计的量化研究。相反,儿童实践者通常会将成果介绍给那些在护理行业工作的管理者——教育、卫生或社会服务机构或服务部门的负责人。正是在这些环境中,研究者通常会将最有价值的内容放进项目报告,这些报告强调儿童参与,详细描述儿童参与的经历,因此生动有趣。一些大的资助者,包括那些对儿童研究感兴趣的资助者,开始资助大量小型研究项目,这些研究项目在性质上很可能是质性的。例如,科希(Koshy,2010)发现了一个事实,英国和威尔士的培训发展署负责为英国的学校和英国教育部提供小额研究补助,近年来,在小型行动研究项目的推动下,研究补助金额显著增加。此外,科希还发现,美国也有相似的发展趋势。

第五,参与性研究的性质。一些研究期刊,例如《英国心理学会》,不再将参与研究的人描述为"受试者",而是描述为"参与者"。然而,尽管这一政策具有尊重和建立伙伴关系的良好意味,但量化研究中经常出现的情况是,人是研究中的受试者,而不是有意义的参与者。参与不仅仅是加入。"真正的参与意味着让人们沉浸在调查和研究方法的焦点中,让他们参与数据的收集和分析。"(Gray,2004,p.374)。本书的一个主题是与儿童建立伙伴关系,鼓励包含真正参与的研究。前文提到的麦凯(MacKay,2006)的研究中,在促进与儿童建立伙伴关系,寻求儿童真正参与的过程中,使用了愿景、姿态、所有权、承诺和宣言五个情境变量(见第二章)。

> 整个项目建立在这样一个背景之上:每个人都完全参与,从研究者到托儿所里年龄最小的学生,每一层面都享有所有权。人们不断宣称,这个项目会成功,没有什么能阻挡它前进。(MacKay,2006,p.87)

第六,质性方法在研究方法中的地位得到极大提升。原先,质性方法的科学性受到怀疑,处于科学的边缘。现在,质性方法日益得到重视。有证据表明,未来,质性方法将会更加重要,并处于科学的中心。一项关于800多名英国心理学家对未来研究趋势看法的调查,指出了两个发展方向。第一,越来越多的研究将关注日常生活,生活质量和完整的人。第二,研究将越来越多地从实验室转移到现实世界。对健康感兴趣,在自然环境中开展研究,是质性方法的核心特征。这表明,质性方法将越来越重要。

同时,质性研究也有其困难和局限性。在进行现实世界的研究时,我们需要认识到,研究必须在"复杂、混乱、难以控制的'现场'环境"中进行(Robson,2011),而我们这些做了大量这种研究的人知道,对儿童进行现实世界的研究通常更混乱。麦凯和沃森将他们的一项混合的量化研究和质性研究,作为"这种混乱的一个极好的例子":

> 由于小组工作者生病,计划对实验小组进行的小组干预工作无法进行;负责与家庭联系的教师,在她的家庭支持计划中遇到了挫折;由于缺乏反馈,在复活节由年龄较大的学生开展的同辈教学没有起色;两名研究者中,有一名研究者在研究期间改变了职业;干预刚开始,学校就准备与该地区的另一所学校合并;在此过程中,所有地方政府都进行了重组,导致停止提供资金,以及申请新的经费的必要性。(MacKay & Watson,1999,p.34)

如果实践者试图在自然环境中使用质性方法做儿童研究,那么这些是他们要面临的真实问题。在发表的研究中很少提到这些问题,因为作者倾向于不强调明显的缺陷。然而,这些缺陷是这类研究不可避免的挑战,我们不应该将其视作令人沮丧的事情。麦凯和沃森(MacKay & Watson,1999)接着指出:"尽管如此,干预是成功的。"

相对于量化方法来说,质性方法有时被视为一种不严格的替代方法。永远不应该这样看,许多质性方法只是草率而已。这并不是说,"我们不能得到数值,所以我们把它变成一个质性研究。"正如理查森(Richardson,1996)在"健康警告"中所指出的那样,质性方法并不容易,事实上,有些质性方法在各个方面都比量化方法更加困难和费力。

有时也会出现这样的情况:为项目收集的数据停留于质性描述的层次,如果对这些数据进行分类、统计并以量化数据的形式显示,它们可能更有用。一句格言说得好,如果某个东西可以计算数量,那么它可能比无法计算数量的东西更有价值。虽然丰富的描述总是能加强研究结果,但在描述中很容易失去含义、意义和趋势,因此我们不应用描述掩盖直截了当的事实,量化数据将更清楚地说明

176

研究结果。最后,质性数据往往被认为是薄弱的和不确定的,并且永远不会超越探索性水平。这里,三角互证的原理特别重要(见第五章)。如果研究者仅凭一个角度的数据就得出了研究结果,那么这些数据的说服力就比较弱。如果研究者能从几个不同的角度对研究结果进行三角互证,例如研究者从多种不同的数据来源得出一致的研究结果就能大大增强数据的说服力。本章后文,布里格斯等人(Briggs et al.,1995)的个案研究给出了一个三角互证的例子。

177　　　　总之,质性研究为那些从事儿童研究的人提供了许多令人信服的好处。只要认识到质性研究的困难和局限性,它就能成为一种强大的方法。对在这一领域工作的每一个人来说,质性研究可能是不可或缺的。

质性研究方法概述

虽然我们已经定义质性研究的性质及优点和局限性,但必须承认,质性研究是一个复杂的领域,包括如下特点:几乎没有明确的定义;关于什么是质性研究,存在各种观点;缺乏统一的术语;方法重叠。"质性是一个灵活的术语,可在多种情况下使用,承载着各种与概念的联系。"(Freebody,2003,p.35)

接下来将介绍四种质性研究方法,它们是质性研究基础文本中最常提到的方法。它们分别是**扎根理论**(grounded theory)、**民族志**(ethnography)、**叙事分析**(narrative analysis)和**个案研究**(case study)。关于这些方法的本质差异,人们经常进行激烈的辩论,但是相比于这些方法的差异,它们的共同点更显而易见。对于正在撰写论文的学生来说,严格遵守下面讨论的方法技术规范,充分了解特定的研究方法,可能是有用的。然而,从事儿童研究的实践者使用混合的方法,而不是一种纯粹的方法更常见。

所有这些方法致力于在收集、分析和解释数据以及建构理论方面,给质性研究提供准则和结构。所有这些方法,在理论和实践上各自侧重,每一种方法更适合一种类型的研究,而不是另一种类型的研究。扎根理论是最早的结构化的质性研究方法之一,强调不先入为主地将理论和模型强加于收集的数据的重要性。它还给一个经常被认为缺乏科学严谨性的领域的数据分析,带来了相当多的结构和形式。民族志强调努力沉浸于研究,理解研究对象的文化环境的必要性。叙事分析的重点是,个体通过建构故事创造意义,强调研究者深入倾听了解体验的叙事的重要性。无论是个体、家庭、团体,还是机构,个案研究都提供一种全面了解研究对象的方式。

混合的方法,展示了方法的共同特点。因此,例如,弗洛尔奇等人(Floersch et al.,2010)主张将扎根理论和叙事分析相结合,因为它们可以提供一种"多维度的理解";佩蒂格鲁(Pettigrew,2000)曾幽默地写道,"民族志和扎根理论会有一段'幸福的婚姻'";泰伯(Taber,2010)认为,民族志和叙事分析的共同点是,都赞成多种方法。

本章以下部分将简要介绍每一种方法,举例说明其使用的某些方面或在特定研究领域的应用。在这些方法中,重点是个案研究,因为它提供了各种各样的混合方法,供儿童研究者使用。

扎　根　理　论

格拉斯和施特劳斯(Glaser & Strauss,1967)创造了"扎根理论"一词,以此表达一种观点,即理论应产生于数据或建立在数据基础之上。在质性研究发展之初,许多人认为,质性方法在很大程度上是不科学的,而扎根理论通过系统的数据分析,发展新的理论视角,对质性研究做出了巨大的贡献。到了 20 世纪 90 年代,两位创始人对什么是扎根理论产生了重大分歧,这表明质性研究在发展中面临一些困难,存在复杂性。

扎根理论的出发点是选择一种现实情况作为研究领域,然后从收集到的数据中找出相关内容来解释研究。这些数据是各种形式的,例如访谈和观察,并且其中很大一部分数据是参与者对自身经验的叙述。此外,数据来源也有很多,例如信件或日记。扎根理论非常适用于下面这些情况:"对某一主题或问题了解得很少,或者某一熟悉的领域需要一种新的、令人兴奋的观点"(Holloway,1997,p.81)。因此,扎根理论非常适用于儿童实践研究者,因为儿童世界是一个不断变化的世界,在这个世界里工作,研究者通常会产生新的、有趣的想法。

179 　　　只简要概述扎根理论是远远不够的,因为它有自己的专业术语和程序以及准确地收集、组织和分析数据的方法。例如,在收集数据之前,研究者不应研究目前有关这一主题的文献,同时也不应记录访谈内容。由于这些原因,许多研究者在使用扎根理论进行研究时,并没有特别严格地遵循更纯粹的方法,即由创建者发展的两大实践流派所遵循的方法。然而,扎根理论是应用最为广泛的质性研究方法之一,如果研究者想要严格遵循这种方法来进行研究,那么花费一些时间,深入研究它是非常值得的。我们在本章末尾推荐了伯克斯和米尔斯(Birks & Mills,2011)的书,你可以看一看。

编码

　　　在使用扎根理论进行研究时,数据分析贯穿研究始终,并且主要通过**编码**(coding)和**分类**(categorizing)进行。编码是数据分类的重要过程。扎根理论对访谈数据和其他数据进行编码的方法,适用于所有研究范式。从本质上讲,扎根理论通过使用所有的数据,形成核心主题,以此取代研究者对参与者言语的一般印象,这是一种更为严谨和系统的方法。编码有助于研究者对大量没有逻辑的文本进行组织,并发现关键的概念和模式。如果只是阅读转录的文字并对其进行总结,那么研究者将很难发现这些概念和模式。

　　　研究者通常会借用参与者使用的词或短语来给每一种独立的观点贴一个标签,然后他们对访谈记录、观察记录以及文件进行逐行编码,产生大量这样的标签,由此,这些观点就能真正扎根于数据,而不是被现有的理论覆盖。例如,在研究者对迁入新地区或新学校的儿童进行研究时,编码的标签可能会包含"想念朋友"或"感到不安"之类的描述。这一过程通常始于**初级编码**(initial coding),通过初级编码,我们可以获得大量代码,由此我们便能对相关的陈述进行整合。然后我们再进行**焦点编码**(focused coding),即检查初级代码并剔除不太有用的代码。例如,与所有陈述几乎没有关系的代码可能会被整合进更大的代码,而包含大量陈述的代码可能会被细分。这是一个迭代的过程,通过对每段访谈文本进行编码,研究者可以不断检查和改进观点。

随着分析的不断深入,这些代码会被整合成包含类似观点的类别或主题,例如社会化或焦虑。理想情况下,编码和分类会一直进行,直到饱和,即不再出现更多的类别。最后确定的类别可用于形成理论。例如,这些数据可以说明儿童在搬家或迁校时经历的特定阶段。

表8-1的文本是对小学校长的访谈记录,它从微观层面阐明了如何对陈述进行编码并形成更广泛的类别。[这是摘自本章专栏8-6(在描述一个成功的个案研究时提到的)的访谈内容。]

180

表8-1　访谈的编码和类别

文　　　本	编　　　码
在这个项目开始之前,我感到非常绝望,因为每天午餐期间,儿童与儿童之间会发生大量的争斗和集体斗殴。事实上,他们互相打斗用的砖块、石头和木棍现在还在我的办公桌下面,情况真的非常糟糕	教职工的绝望
	儿童打架
	暴力
无论我们怎么做——与父母一同处理或者让父母来处理,似乎都无济于事,这似乎并不重要——我们只是无法控制这些孩子	教职工的尝试失败
	涉及父母的策略
	不受控制的儿童
这让人十分焦虑,因为情况已经糟糕到学校必须使用所谓的好围栏来进行强制管理。那些经常不守规矩、惹麻烦的儿童——这样的儿童大量存在——被限制在操场的一个特定区域,让门卫监督他们。当教职工参加在职课程时,一说到自己来自这所学校就会遭到人们的嘲笑,这所学校的名声让教职工备受伤害	教职工的焦虑
	日益恶化的情况
	破坏性行为
	问题的规模
	教职工的尝试失败
	涉及教职工的策略
	公众对学校的看法
	教职工的沮丧
破坏性行为和暴力	儿童打架
	暴力
	不受控制的儿童
	破坏性行为
	问题的规模

（续表）

文　　本	编　　码
缺乏有效策略	不受控制的儿童
	日益恶化的情况
	涉及父母的策略
	涉及教职工的策略
	教职工的尝试失败
学校的名声	公众对学校的看法
对教职工的负面影响	教职工的绝望 教职工的焦虑 教职工的沮丧

来源：Briggs，S.，MacKay，T.，& Miller，S. (1995). The Edinbarnet playground project：Changing aggressive behaviour through structured intervention. *Educational Psychology in Practice*，11（2），37 - 44. Data archives：Transcript not in the published report.

181　　　这只是众多学校教职工访谈和儿童访谈的一小部分。综合表格中每一层次的信息，我们能看到一幅完整的图景，即一所在社会中声名狼藉的学校。由于缺乏有效的策略来处理这一情况，教职工感到非常绝望。同时，学校暴力事件和破坏事件的广泛传播也对学生和教职工的士气以及健康产生了巨大的负面影响。通过这种从成百上千个个体的陈述中形成代码和类别的系统方法，人们能够从教职工和学生的经历中，形成关键主题并基于这些主题的重要程度描绘出一幅准确的图景。

民　族　志

民族志作为一种人类学的研究方法，有着悠久的历史。民族志是对一种文化、社会群体或体系的描述。民族志的核心特征是：通过参与式观察，完全沉浸在所研究的文化中。民族志学者长期研究儿童在不同文化和社会环境中的发展和经验（Mead & Wolfenstein，1955；Whiting & Edwards，1988；Whiting et al.，1975）。一项民族志研究由不同国家的研究小组开展，在社会环境中使用了类似的方法,提出有关儿童抚养的类似问题(Whiting,1963)。在这里,我们将列举两个民族志研究的例子:第一个例子与日托中心婴儿和学步儿的情感体验有关;第二个例子与滑板文化中的青少年有关。

莱维特(Leavitt,1995)的一项社会学研究,考察了日托环境中的情感文化。他通过研究很好地说明了,使用民族志方法的研究者,不需要像许多人类学家那样——离开自己目前所处的文化环境,转而生活在研究所处的文化环境中,依然能沉浸于研究文化并获得其他方法无法获得的洞察力。他们的研究在 6 个日托中心的 12 种环境中进行,耗时 7 年。由于他们会在每周的每一天(从婴儿和学步儿早上到日托中心一直到他们晚上回家)对婴儿和学步儿进行观察,所以他们已经成为婴儿和学步儿生活的一部分。作为一名参与式观察者,他们会与婴儿和学步儿一起交谈和玩耍,会拥抱和安慰哭泣的婴儿和学步儿,会在婴儿和学步儿的安全受到威胁时进行干预,并帮助他们走出困境。

研究结果是对婴儿和学步儿每日经验的有力描述和分析。通过日常实践,研究者能够体验到日托中心的情感文化,包括具有约束力的规定,例如关于哭泣的规则,以及照顾者关于参与和职业距离的信念。莱维特通过分析发现,在这些环境中,照顾之所以令人不安不是它无法满足婴儿和学步儿的身体需要,而是它无法满足婴儿和学步儿情感方面的需要。在日托中心,与满足婴儿和学步儿的情感需要相比,简单地处理婴儿和学步儿的身体问题,通常被置于更重要的地位,由此婴儿和学步儿开始否认自己的情感并抑制自己的情感表达。莱维特通过研究得出的结论是,照顾者在照顾年龄很小的婴儿和学步儿时存在一些重要问题,他们可能只为赚取工资而工作,忽视婴儿和学步儿的情感需要。

正如这个例子所表明的,民族志是一种质性的研究方法,它注重解释行为及行为产生的背景。虽然许多儿童研究者没有时间或机会沉浸在研究文化中,但是对于那些已经沉浸在儿童环境中的实践者,民族志方法可能非常适用,因为他们每天都在儿童环境中工作。这通常为深入开展研究创造了独特的机会,如果研究者只是访问儿童环境的研究者,而不去熟悉环境,那么研究是无法开展的。

182

　　理论在民族志研究中发挥着重要的作用。现有的理论不仅能为这类研究提供信息，还能在这类研究中获得检验。莱维特的研究是基于一个象征性的互动框架来进行的，并通过马克思主义理论做出解释。然而，新的理论经常会出现在民族志领域的笔记、观察和访谈中。专栏 8-1 列举了一些用于学龄前儿童研究的民族志方法。

专栏 8-1

用于学龄前儿童研究的民族志方法

- **文化价值观的传播**：被动参与式观察＋非正式访谈＋正式访谈。
- **在家自发地使用英语(双语儿童)**：以此作为学校同伴游戏的练习——叙事性游戏——游戏过程的录音＋母亲的现场记录。
- **社会性行为和创造性行为**：观察＋录像＋访谈 4 名"极具独创性"儿童。
- **同龄人建构自己的文化**：对访问仪式和友谊进行参与式观察，同时对进入现场的策略进行描述。
- **假装游戏**：民族志访谈＋非参与式观察＋儿童作品分析。
- **儿童实践工作者的卓越表现**：来自不同背景的数位卓越实践者，基于访谈、参与式观察、书信和自传体反思，建构生活故事和叙事性描述。

来源：改编自 Hatch，J. A.（Ed.）.（1995）. *Qualitative research in early childhood settings*. Westport，CT：Praeger.

183　　民族志方法适用于不同年龄和身处不同环境的儿童。它不仅适用于结构化的环境，例如教室、少年犯中心、儿童之家、医院病房或青年俱乐部，还适用于进行儿童聚会和休闲活动的非正式和无组织的环境。专栏 8-2 提供了一个与日托环境截然不同的民族志研究的例子——一项关于青少年滑板的民族志研究。这个例子突显出民族志方法的灵活性，因为与莱维特的研究相比，它既不需要参与式观察，也不需要投入较长一段时间。

专栏 8-2

一项关于青少年滑板的民族志研究

塞弗特和亨德森(Seifert & Hedderson,2010)对内在动机非常感兴趣,因为内在动机对个体发展、学习和健康有至关重要的作用。当个体自由或自主地从事某项活动时,内在动机就会产生,因为这个时候个体没有受到强迫,他们发现活动本身是令人愉快和有益的。我们一般会在培养好奇心、探究欲、挑战力、掌握力和兴趣的环境中培养内在动机。因此,塞弗特和亨德森让青少年在自发和自然的环境中努力掌握技能,他们发现,自发和自然的环境——大城市滑板公园,能让青少年自发地产生快乐。

为实现对内在动机的丰富描述,塞弗特和亨德森选择民族志的研究方法。这项田野调查在一个时间范围内进行,这对于大多数希望在有限条件下开展小规模项目的研究者来说是可行的。尽管研究者花了相当多的时间与参与者进行互动,但亨德森最终并没有成为这项活动的参与者。他们扮演的完全是观察者的角色,即在某种程度上沉浸于现场,同时进行观察和记录。在参观了 6 次滑板公园之后,即大约 8 小时的仔细观察之后,研究者开始进行访谈。他们随机挑选一个个体进行访谈。玩滑板的青少年通常会主动接近研究者并发起会话。

研究数据来自 20 名玩滑板的青少年,研究主要是个体访谈,也包括一些小组访谈。访谈是半结构化和开放式的,围绕有关滑板的广泛话题进行。研究者先通过现场记录和速记的方式记录数据,之后再进行完整转录。在初步阅读访谈记录并形成整体的意义感之后,研究者再将参与者的回应分解为更小的单位。参与者在表达对自身经历的想法和感受时,会使用一些词或短语,编码单位就是从这些词或短语中提取出来的。研究者先将这些单位整合成子主题,然后再将这些子主题整合成更高级的主题——这一过程与扎根理论中编码和分类的过程非常相似。

为了减少偏见,提高信度,两位研究者分别对这些单位进行分类,并就主题达成一致意见。然后他们将这些主题汇编成一份摘要,同时邀请一个独立的滑板青少年小组对他们的解释进行评价。这个小组一致认为,这份摘要和他们自己的经验基本一致。在对青少年认为滑板有趣的原因进行探究时,有三大主题与之相关:满足和成就、挑战、自由和自主。

　　和大多数质性研究一样,这项研究也是通过摘录观察笔记,记录参与者的回应,丰富了研究的内容。受研究方法和调查活动的限制,作者得出的结论是:内在动机不仅是指为获得乐趣而自由地参加一项活动,似乎还涉及掌控一项挑战并最终获得强烈的主观体验。

　　来源:Seifert,T., & Hedderson,C. (2010). Intrinsic motivation and flow in skate-boarding: An ethnographic study. *Journal of Happiness Studies*,11(3),277 - 292.

叙 事 分 析

　　叙事分析以故事为数据,重视对经验的第一手描述。研究者发现,人们通常会根据自己讲故事的方式来理解生活。这种方法:

> 指的是一系列研究各种故事文本的方法。正如国家和政府更喜欢以建构故事的方式来描述历史一样,对社会运动、组织、科学家、其他专业人员、族裔或种族群体和个体的描述也是如此。(Riessman,2003,p.705)

　　当个体或团体在讲述自己的故事时,他们是在重构和解释过去,而不是描述过去的事实。叙事分析的目的不是让你尽可能准确地描述过去,而是对那些讲述故事的人进行观察,发现他们重新想象生活的方式。

　　叙事研究有许多特点。通常情况下,通过口述历史或书本历史对生活故事进行研究,使用的是结构化程度最低的深度访谈,而不是问卷。在访谈过程中,研究者尽己所能地少说话,少使用提示,基本扮演倾听者的角色。布鲁克斯和达洛斯(Brooks & Dallos,2009)的一项研究就是一个很好的例子,该研究探讨了青少年对困难发展的理解。研究以 5 名 15—17 岁的少女为样本，她们都曾被转交到儿童和青少年心理健康服务中心。之所以优先选择叙事分析法，而不是其他的质性研究方法，是因为这项研究旨在引导青少年说出自己生活中不断发展的故事，探讨她们对这些经历及意义的理解。

　　研究者使用一个简单、宽泛且具有叙事性的问题来提示参与者："你能告诉我，你生命中哪些重要的经历成就了现在的你吗？"唯一的额外提示不是研究者事先准备好的任何问题，而是用来获取更多青少年观点的问题——"你刚提到了……你可以具体说一下当时发生了什么或你当时的感受吗？"因此，这些叙事非常清楚地说明，青少年认为与自己生活有关或对自己生活重要的是什么，以及他们如何理解自己的经历。

　　尽管研究者给予的提示很少，但是叙事一直被视作共同建构的（即使听众是自己或想象出的另一个人），研究者以及他们提供的提示，对引发特定环境中的故事起着重要作用。一次访谈就代表一种相关的环境，研究参与者会有意识或无意识地调整自己的反应来适应这种环境，因为他们知道自己正在向一位特别的观众展示自己。因此，个体在理解自身经验的过程中，在过去、现在和未来不断变化的联系中创造故事和重新创造故事。

　　因此，叙事分析的数据包括长篇谈话或书面叙述。通过一次或多次访谈，研究者能够获得更多与研究环境相关的对人类生活和人类经验的描述。如果参与者数量充足，例如整个班的儿童，那么研究者就可以获得记叙文。然后，研究者再记录访谈的现场，转录文本，分析和解释其他书面成果。

　　与这里介绍的其他质性方法一样，叙事分析也有自己的专业词汇、方法和思想流派。从非常简单、直观的方法，到技术性和形式化非常高的编码系统，叙事分析的方法种类繁多。

　　在分析时有一个关键的过程是再述——研究者选出叙事数据的某些特征，然后以新的描述生活经验的形式重新呈现这些数据（Cresswell，2008）。在这个过程中，研究者将数据重新组合成一个不同的框架，以此阐明可能存在的意义，找到与研究主题相关的新层次的意义。专栏 8 - 3 的例子展示了一种简单的数据分析方法，这种方法由理论驱动并使用了主题式的方法。

▌▌▌▌ **专栏 8-3** ▌▌▌▌

叙事分析：一名阿斯伯格综合征病人的日记

麦凯和卡里森对一位后来被诊断为阿斯伯格综合征的女士戈尔迪·卡里森的童年日记进行叙事分析。麦凯和卡里森发现，叙事分析是一种可以提供丰富信息数据来源的方法。麦凯在临床工作中第一次见到戈尔迪·卡里森，当时她被转诊到国家自闭症谱系疾病诊断和评估服务机构。

戈尔迪·卡里森在47岁时被诊断患有阿斯伯格综合征，随后在治疗的过程中，她提到了自己的日记。事实证明，这是一段内容非常丰富的详细叙事，涵盖了她从13岁到15岁的日常生活和思想。日记是用漂亮的书法字体写的，写得非常详细，一年就有18卷。仅仅一年，她对日常生活和经验的童年反思就超过了10万字——她和父母、同伴以及教师的关系，她全神贯注做的事情，她通过感官体验到的混乱和可怕的世界，她试图理解自己和他人的情感，她对孤独的追求和恐惧，她无法理解社会从众性，认为女孩们陷入了以时尚、化妆和男孩为中心的毫无意义的活动中。

麦凯和戈尔迪·卡里森从治疗师和来访者的关系，转变成共同研究者的关系。研究的目的是对戈尔迪·卡里森的日记进行叙事分析，再述她的生活，从而在她先前完全迷茫的生活中寻求价值和意义。

数据分析的方法是由理论驱动的和主题式的。理论驱动的数据分析方法意味着，按照阿斯伯格综合征的诊断标准来分析，一个似乎缺乏连贯意义的、混乱的、不同的生活故事可以被重构成有意义的故事。主题式的数据分析方法意味着，按照主要的和反复出现的主题对叙事进行细分。两位研究者独立完成了一项艰巨的任务——逐行阅读整个数据集并初步确定主题。然后研究者将属于主题的每一段文本都转录到电子表中。研究者在选择文本片段和确定文本片段所属的主题方面，存在很高的一致性。

研究者将确定的大量主题视为子主题，之后再将其整合成更高级的主题（如表8-1所示的一个例子）。子主题包括对人的恐惧、孤独、对艺术的痴迷、触觉敏感和完美主义。更高级的主题包括社会交往困难、全神贯注和感官敏感。然后，将这些主题与阿斯伯格综合征的诊断标准进行比较。研究的结果是，两位研究者分别从临床医生和叙述者的角度，将之前似乎不连贯和令人费解的童年生活故事再述成有意义的连贯的生活叙事，就像未被诊断出阿斯伯格综合征一样。

来源：MacKay, T., & Carrison, G. (forthcoming). *An Asperger Diary*.

这个例子展示了如何以直截了当、直观和易懂的方式进行叙事分析。在运用这种方式进行叙事分析时，不需要有使用高度技术性的编码系统的经验，就可以讲述出有感染力、可信的故事。表 8 - 2 展示的是一个从挑选出的叙事文本派生子主题的例子。

表 8 - 2　叙事分析：从叙事文本派生子主题

叙 事 文 本	子 主 题
相比于和同龄人相处，我似乎总是和比我小一二岁的人相处得更好，尽管学校里大多数人都嘲笑我——或者我想象他们会在学校里嘲笑我	同伴关系
我的学校很可怕——特别是那儿的衣帽间，有很多人，我得离他们远一点	对人群的反应
我的生日就在这一周，我宁愿不想这件事，我还没有决定我到底想做什么，那天我最想做的事情是自己一个人活动，上午去长途旅行，下午画画，我说的自己一个人不包括父母	特别的事件，画画，喜欢独处的人
凯伦给了我笔记本，一本有关写字的书，还有……指甲油！哦，好吧，也许可以把它当作涂料或其他东西	时尚和外观
生日、圣诞节、假期——噢，我讨厌它们！只有画画和晚餐休息的时间是美好的，我珍惜自己一个人在绘画室休息的时间	特别的事件，画画，喜欢独处的人
然后，我们听了蒙特威尔第的《奥菲欧》歌剧，太可怕了，两个人通过尖叫来表达他们是如何得相爱（或者也可能是他们互相憎恨——我不知道）	缺乏同情心
尼基没再做她的艺术，因为她的外婆患上了心脏病，我想如果这种事发生在我身上，肯定不会阻止我做我的艺术	艺术，缺乏同情心

（续表）

叙 事 文 本	子 主 题
因为我没有穿雨衣,所以我全身湿透了,但我很想继续,这时雨下得很大,还刮起了大风,我拒绝去避雨	感官
凯伦说我没有感情是对的,例如我的父母和亲戚,我永远无法拥抱他们或握住他们的手。坦白地说,我想我不在乎爸爸是否死了。起初我会为自己对他不太好而感到抱歉,但我会强迫自己马上收回这个想法并且不再产生类似的想法,最重要的是,我从来没有想过哭泣	缺乏同情心,不正常的情感
我决定试一下她的自行车,我失去了对方向的控制,失去了平衡,失去了神经——这并不是说我拥有任何东西——而是掉进了树篱里	协调
现在我要宣布年度真相!戈尔迪·卡里森买了一件新衬衫!我不想要它,但是爸爸买给了我。我昨天被迫穿上了它,肯定有人偷偷地把我的旧衣服扔掉了,所以我不得不穿上这个。旧衣服是黑色的——它很方便,因为我可以在没人知道的情况下将画笔涂在上面	时尚和外观

来源：MacKay, T., & Carrison, G. (forthcoming). *An Asperger Diary*.

188

专栏 8 - 4

研究在实践中的应用：设计质性研究

此实践的目的是让你思考如何设计质性研究和如何收集质性数据。

对于研究项目的设计和研究方法,从第五章到第八章已经讨论过与之相关的一些主要问题。用你已经研究过的信息,为一个研究项目选择一个合适的主题。它可能是一个来自实践的主题,也可能是一个实际的领域,之后你要在其中开展一个完整的研究项目。你可能会从一系列质性方法中做出选择,也可能想要使用量化方法。回答下列问题：

● 你将如何设计这项研究?

● 你会问什么类型的问题? 你收集信息的范围是什么?

● 你会从什么来源收集信息?

● 你会用什么方法收集信息?

● 你的研究主题是否特别适合使用扎根理论、民族志、叙事分析或者综合法？例如，完全沉浸于你正在研究的文化是研究该主题最好的方式吗？成为参与者或观察者是否有好处？通过使用半结构化访谈，你能获得你想要的数据吗？或者通过使用少量的提示和从参与者那里获得冗长的叙事，你能获得更多的信息吗？

个 案 研 究

什么是个案？怎么研究个案？个案研究的历史可以追溯到一个多世纪以前。经典的个案研究当属弗洛伊德的研究。弗洛伊德（Freud，1909）以一名5岁男孩小汉斯作为个案，对他患有的恐惧症进行分析和研究，专栏8-5就是节选自这个研究的内容。目前，非常幸运的是，我们还有其他更为现代的个案研究的方法。每个学科的儿童研究者基本都会采用个案研究。个案研究是本章的重点内容，因为它可以让研究者灵活地使用各种质性方法和量化方法。

专栏8-5

一名5岁男孩的恐惧症分析（节选）

其他的观察，也在暑假进行，表明小男孩持续出现各种新的发展。

汉斯，4岁3个月。今早，母亲像往常一样给汉斯洗澡，在洗完澡之后帮他擦干身体并扑上爽身粉。母亲在他的阴茎周围扑粉时，很小心，尽量不碰着它。这时，汉斯说："你为什么不把你的手放在那里？"

母亲："因为那样会很脏。"

汉斯："那是什么意思？会很脏？为什么？"

母亲："因为那样不合适。"

汉斯：（大笑）"但是这样做很有趣！"

另一位母亲……告诉我，她3岁6个月的女儿也有过类似的勾引行为。母

亲为女儿做了一条内裤……想看看内裤是否太紧而影响了走路……母亲的手沿
着孩子大腿的内侧向上滑。突然，小女孩双腿并拢……说："哦，母亲，把你的手
放在那里，这感觉可真好。"

来源：Freud, S. (1909). Analysis of a phobia in a five year old boy. In J. Strachey (Eds.), *The complete psychological works of Sigmund Freud*. The Hogarth Press. Reprinted with permission of The Random House Group Ltd.

190 　　作为一种研究方法，个案研究可以是对个体、家庭、团体、机构、社区，甚至是
资源、项目或干预的调查。任何一个单位或实体，无论大小，只要有明确的界限，
都可以作为个案研究的对象。例如，一位母亲与病入膏肓或残疾的孩子的关系，
一名儿童在学校应对癫痫的策略，或者在母亲住院期间对一名儿童照顾经验的
研究。由于目前缺乏适当的实践框架来满足精神病儿童的需要，所以研究者针
对儿童保育工作者展开了一项调查，旨在征求他们的做法和意见。如果研究者
找到了一个能很好地说明整个情况的家庭个案，那么调查的效果就可以大大提
升。如果研究目的是出台一项新的实践政策并通过一个特别的单位实施干预，
那么这可能是一个有关变革的个案研究，并且在研究过程中，我们要寻求管理
者、工作者、父母和儿童的观点。鲍尔（Ball, 1981）对海滨综合学校的研究和路
易斯（Lewis, 1961）对桑切斯家庭的研究，都是儿童研究领域经典的个案研究。
通过个案研究，形成一幅完整的图画或者是一幅能说明一切的小插图。

　　由于定义个案研究的是分析单位，而不是研究方法，所以个案研究没有特定
的研究方法。个案研究一般会使用多种方法，包括观察法、问卷法、标准化评估
法、等级量表法、深度访谈法和其他诸如叙事、文件和报告的数据资源。因此，个
案研究可以和本章描述的扎根理论、民族志、叙事分析等其他方法结合起来使
用。事实上，尽管个案研究是质性研究的主要类型之一，但经常使用传统的量化
方法。虽然个案研究自身缺乏复杂的专业词汇和复杂、独特的方法，但它能够和
其他方法（包括经典的量化方法）相结合。对于大多数儿童实践者所处的现实环
境来说，它是非常适用的。由此，个案研究成为一种非常适用于儿童研究并且在

儿童研究中非常流行的方法。

下面我们将详细描述一个成功的个案研究(专栏 8 - 6)——爱丁伯纳特操场项目(Briggs,1995)。由于多方面的原因,这个研究的研究环境和儿童研究者所处的研究环境非常相似。它是一项混合研究,使用一系列量化方法和质性方法,因此,典型的研究设计可能对大多数实践者都有用。这一研究不仅在研究思路上富有想象,获得了非常好的研究结果,而且它的观点和方法也都非常简单,而且容易获得。此外,它也是一个重要领域的研究:它解决一个必须以创新方式解决的现实问题。开展这项研究不需要大量额外的资源,因为主要的资源是研究实践者的工作和承诺。这项研究的另一个特点是强调情境变量(见第二章)的重要性。最后,这项研究导致了一些变化。它不仅说明了需要调查的情况,而且还解决了问题并带来持久的、重要的变化。

专栏 8 - 6

爱丁伯纳特操场项目：一个成功的个案研究

191

背景：一所大型小学所在的社区出现了多重社会经济问题,布里格斯和麦凯受这所小学校长的邀请,在这所小学从事教育心理学家的工作。他们需要对一个主要的问题——操场问题进行调查,找到解决方法。每天一到课间休息和午休,操场上就会发生各种冲突、欺凌和攻击事件,学生回到教室后,这些事件仍在持续进行,教室一片混乱。这个问题已经发展得非常严重,最后我们只能将最坏的麻烦制造者限制在操场的一个特定区域,我们将这个区域称为好围栏并由门卫进行监督。

界定问题：研究者认为,在开展研究之前,应该尽可能准确地确定问题的范围和性质。在对操场问题观察了一段时间之后,请教师对自己班里问题最严重的学生进行提名。由此,我们确定了大量学生,但他们主要集中在两个年龄组——小学 4 年级和 5 年级(8 岁和 9 岁)。

计划干预：为解决这一问题,研究者制定了一系列策略,重点进行小组工作干预。为实现这一目的,学校聘请了第三位研究者(米勒),他是当地有小组工作经验的一位社会工作者。在解决操场问题上，门卫是最有经验的人，所以最后我们让门卫从存在操场问题的年龄组中选出 12 名问题最严重的学生。学校不仅与这 12 名学生的父母开了一次会，还定期与学校管理者、研究者和负责小组工作的班主任开会。

研究对象：2 个小组，每组 3 人，研究者每周对每组进行一次长约 1 小时的小组工作干预，干预共 10 周。小组成员是固定的，这样能增强小组认同感。通过小组工作干预，帮助小组成员建立自尊，探索诚实、信任等问题，提升每个人（包括小组成员自己）对当前行为模式负面影响的认识，以及分享对其他行为方式的调查。为确保研究不只集中于这一组"问题儿童"，研究者对小学四年级、五年级的所有学生都进行了欺凌调查，并将调查结果作为培训全体教职工的基础。同时研究者也为所有学生的父母开设了工作坊。此外，研究者还为每一名儿童制定每周的目标并鼓励他们进行团队合作以相互支持，实现目标。

收集数据的方法：研究使用了多种收集数据的方法——问卷法、教师对学生行为持续地评估、记录操场事件、教职工反馈表以及教职工和学生的半结构化访谈。通过这些方法收集到的数据，大部分是质性的，但也有部分数据可以用量化的方法进行分析。这些数据为报告的发表奠定了基础，同时还为干预过程以及与学校教职工和管理者持续进行讨论提供了大量额外的质性信息。

问卷：在干预之前，所有四年级、五年级的学生（$n=90$）都接受过一项专为这个研究设计的欺凌调查。关于学生对学校欺凌和操场欺凌的认识和个人经验，研究者进行了取样调查，并允许他们自由描述对此的感受和做出的回应。这能够突显出问题的严重程度，问题对儿童个体的影响以及操场作为欺凌和攻击发生的主要场所所起的关键作用。研究完成后，研究者对相同的学生再次进行问卷调查并评估干预前、干预后发生的变化。

行为评估：班主任分别在干预前、干预期间和干预后两个月，对参加小组工作干预学生的课堂行为进行评估。班主任每天都要使用从"非常好"到"非常糟糕"的五点量表和描述性评语对学生进行评估。

操场事件记录：在研究开始之前的一个月，校长对上报的所有操场事件进行了记录。在一年后——干预结束后很久，校长再次进行准确的记录并长期追踪。这些记录是对已发生事件的详细描述。为了有助于编码,他们将这些事件分为三种类型:"轻微的""严重的"和"非常严重的"。然后,研究者给记录的每个事件一个加权分数,以此反映事件的严重程度或其他特征。因此,这项研究既提供了量化数据,也提供了质性数据。

教职工反馈表:在干预完成后,学校大部分的教职工都上交了半结构化反馈表。针对儿童和学校发生的变化,反馈表使用简单的提示,请教职工就整个项目的结果发表自己对这些变化的看法。这是从教职工的角度来获得关键主题。

教职工和学生访谈:这些访谈作为数据来源能为研究提供最丰富的质性描述。在项目结束时,研究者对校长和小学四年级、五年级的教师进行教职工访谈。将访谈内容完整地记录下来,之后研究者便能对全文进行分析。参加小组工作干预的儿童成对接受访谈。

结果:这些来自不同来源的数据为小规模的项目提供了非常有用的三角互证。

学生交回的问卷因教师在反馈表和访谈中表达的观点,以及他们对学生行为的评估而得到有力的印证,而且所有这些内容都可以和操场事件的记录以及学生在访谈中表达的观点相比较。研究采用卡方检验等简单的方法(见第六章)对问卷、行为评估和事件记录进行量化分析,分析结果令人信服地表明,学校里基本没有什么欺凌文化,操场变成一个更适合玩耍的地方,课堂行为有所改善以及操场事件有所减少。虽然这些结果直接表现出统计显著性,但是想要表明真正有意义的项目是什么样的以及它取得了什么成果,我们还得使用质性数据。例如,一个男孩说在小组工作中他最喜欢的是"学做好人",而另一个男孩说他现在在玩足球这一类团队游戏,而以前他只玩格斗游戏。

结论:项目中使用的简单思想和方法,为确定问题的核心要素,建立解决问题的干预措施,收集和分析数据来说明过程的质量以及证明结果的有效性提供了一种方式。

在研究发表之后,更准确地说,是项目完成两年后,校长再次接受访谈。她说,该项目是一个转折点,改变了学校和校风,并且使学校的工作重点从控制学生行为转向促进教育和培养公民意识。

来源：改编自 Briggs，S.，MacKay，T.，& Miller，S.（1995）. The Edinbarnet playground project：Changing aggressive behaviour through structured intervention. *Educational Psychology in Practice*，11（2），37 - 44.

专栏 8 - 6 描述的个案研究非常符合传统的参与式行动研究。学校和学生不是被研究的对象，而是调查和改变过程中的合作者。这就是他们的项目。它证实了一些情境变量（见第二章），特别是所有权的重要性。在对项目成功至关重要的因素进行分析时，作者指出，"学校对项目拥有的所有权至关重要"。学校让每一年级的每个人都参与进来，"很明显，这个项目是学校对其获得成功进行的高水平投资"（Briggs et al.，1995，p.42）。任何时候，学校都要高度重视这个项目，学校不只是对主要目标班级的教职工和学生予以高度关注，对整个学校都是如此。关于这一点，校长讲了一则轶事。有一天，在操场上，她听到一个女孩对小组内的一个男孩说："你不能再那样做了——你正在参加操场项目。"在项目实施的过程中，小组成员变得非常善于合作。由此，他们也从操场恶霸转变成和平合作场所的守卫者。

如果实践者对那些更需要技术的质性方法感到畏惧，那么他可以考虑使用个案研究，因为个案研究有一个吸引人的特点是，你可以选择简单有效的方法来收集数据和呈现数据。事实上，有时，对访谈中关键主题的简单记录会比一系列数据表更能对项目产生有意义的影响。专栏 8 - 7 是与校长的最后一次访谈的转录文本。它提供了量化数据无法呈现的信息。转录文本没有出现在已发表的研究中，而是摘自作者的数据档案。

专栏 8 - 7

爱丁伯纳特操场项目（转录文本节选）：与校长的最后一次访谈

在这个项目开始之前，我感到非常绝望，因为每天在午餐期间，儿童与儿童之间会发生大量的争斗和集体斗殴。事实上,他们互相打斗用的砖块、石头和木棍现在还在我的办公桌下面。情况真的非常糟糕。无论我们怎么做——与父母一同处理或者让父母来处理,似乎都无济于事。这似乎并不重要——我们只是无法控制这些孩子。这让人十分焦虑,因为情况已经糟糕到学校必须使用所谓的好围栏来进行强制管理。那些经常不守规矩、惹麻烦的儿童——这样的儿童大量存在——被限制在操场的一块区域内并让门卫对他们进行照顾。

当教职工参加在职课程时,一说到自己来自这所学校,就会遭到人们的嘲笑,这所学校的名声让教职工备受伤害。现在,情况有了很大的改变,因为其他人会在参加课程的时候询问操场项目的内容,这大大提高了教职工的士气。我再也不用像以前那样承受巨大的压力了。

通过这个项目,我明白了一件事,起初我认为自己什么也做不了,但现在我有一种更为积极乐观的态度,即儿童是可以改变的,而在此之前,我从未有过积极的态度。现在我明白,我们是可以做一些事情的,并且这些事情可以在很长一段时间里持续做下去。

来源:Briggs et al. (1995). data archives:Transcript not in the published report.

总之,无论是质性研究方法,还是包含一系列质性研究方法的混合研究方法,都可以为儿童研究者提供大量帮助。质性研究的结果可以丰富每一类项目的数据,从访谈文本和叙事文本中选出的引文,通常还可以对这些数据进行解释,并令它们变得生动。但是上文给出的健康警告揭示了这样一个事实:从许多方面来看,这都是一个困难且需要方法的领域,即使是初级研究者,也需要发现一些应用起来相对简单且易取得成效的方法,包括本章描述的这些方法。如果一个简单的儿童研究项目进展顺利并最终能解决一个重要的研究问题,那么即使它是实践者日常工作的一部分并在有限的资源条件下进行,我们也无法预测这个项目的结果。上文提到的个案研究没有获得研究资助,它只是实践者在

195 学校里从事的一项让事情变得更好的工作。这项研究获得成功之后,这所学校又以小规模的方式开展了另两项研究——爱丁伯纳特阅读项目(MacKay,1999)和爱丁伯纳特早期阅读项目(MacKay & Watson,1999)。这些研究继而引发了一项大规模的长期研究——西邓巴顿郡扫盲倡议(West Dunbartonshire Literacy Initiative,MacKay,2006)。该研究涉及儿童近 70 000 名,投入研究经费数百万英镑,为整个辖区创造了巨大利益。

专栏 8-8

研究在实践中的应用:收集质性数据

该实践的目的是获得收集质性数据的经验。

这一实践与专栏 8-4 紧密衔接,在这一实践活动中,你需要选择一个质性研究主题,进行研究设计并思考收集数据的方法:

1. 设计和管理半结构化访谈。半结构化访谈被研究者广泛用于收集量化数据和质性数据。请重读第七章中有关访谈的内容和表 7-10 中给出的设计指南。设计一份半结构化访谈,收集与主题相关的质性数据。这意味着你需要设计大量开放式的问题,由此,参与者就可以以自己的方式表达观点,而不必从有限的回应中做出选择。你从访谈中获得的信息和你从同一主题的问卷中获得的数据主要存在什么区别?

2. 预访谈。一旦设计好访谈,就可以找少数参与者进行预访谈,即使只有二到三人。在征得他们的同意后完整地记录访谈内容。

3. 获取叙事文本。为了与半结构化访谈法形成对比,你可以找一名参与者,让他为你提供一段与主题相关的叙事性描述。在记录之前再次征得他的同意。思考一下,访谈结构和获得叙事的方法主要有什么区别?再看一遍本章有关"叙事分析"这一部分的内容,记住,叙事不只是对访谈问题作出一系列更长的回答。叙述主题主要由参与者而不是研究者提出。回想一下,在布鲁克斯和达洛斯的研究(Brooks & Dallos,2009)中,为了进一步向参与者提供一个小的提示,他们提出一个简单的带有提示性的问题:"你能告诉我,哪些重要的经历使你走到今天这一步?"简而言之,使用提示将参与者引导到你正在调查的主题上并让参与者自由描述。

4. 比较和对比。当你为这一练习收集完试验数据,并转录完相关材料后,你就可以对访谈法和叙事法进行比较了。它们如何产生相似类型的数据? 主要的区别是什么? 对于你正在调查的主题,它们各自的优势和劣势是什么?

专栏 8-9

研究在实践中的应用:分析质性结果

该实践的目的是获得一些分析结果的初步经验。

现在,你的任务是对访谈数据和叙事数据进行分析。在分析时,非常重要的一点是抛开你对参与者言语形成的总体印象,然后以一种更系统的方式将他们的反应分解成各个主题。在这一阶段,我们希望你不要使用复杂的或技术性较强的编码系统。

1. 仔细阅读数据。你要反复阅读转录文本和所有笔记,由此你才能进入参与者的世界,并真正理解你所收集的数据和关键信息。

2. 剪切和粘贴。下一个任务是为数据编码做准备。这本质上是一项剪切和粘贴的工作。这在过去对许多人来说确实是一件剪切和粘贴的事情,那时我们经常闲坐在咖啡馆里或火车上,然后打开笔记本电脑做这件事。对于喜欢或必须在硬拷贝上工作的人,他们依然可以这样,但这时工作的灵活性和效率会低很多。无论是用电脑工作还是硬拷贝工作,先保存一份原始的转录文本,然后在副本上工作。通读整篇文本,突出或划出每个有意义的段落或单位。它可以是一个词、一个短语或一个句子。从本质上讲,文本的每个部分都包含与调查有关的思想或观点。再看表8-1和表8-2左边一栏的内容。表8-1展示的是完整的转录文本,其中加粗的文本是被选出的有意义的单位。而在表8-2中,左边一栏直接呈现从整个叙事文本中提取出来的有意义的单位。从转录文本中剪切出每个单位,然后将其粘贴到表格的单元格中(如表8-2所示)。确保识别出每个单位。想要不漏掉每个单位,最容易的方法是再增加一栏,然后在这一栏输入每个单位的编号,这些编号代表它们来自哪份转录文本。

3.数据和编码。下一个任务是对数据进行初级编码以形成主题。表8-1中标题为编码的栏目和表8-2中标题为子主题的栏目就是很好的例子。如果一个单位包含多个主题,例如表8-2中的一些单位,那么我们可以根据需要多次复制这些单位,直到它们每次出现时,旁边的栏目只有一个主题。现在,按照主题对单位进行分类(要么使用分类功能,要么重新对纸片进行分组)。

在这一阶段,你可以将几个主题整合成一个更高级的主题,如表8-1中的编码所示。或者你也可以将一些过于宽泛的主题进行细分。

4.信度和效度。在所有研究中,非常重要的一点是,研究者需要确定自己处理文本的方式是否具有一定的信度和效度(见第五章的相关内容)。也就是说,其他人也有可能会选择相同的文本片段,并以相似的方式进行编码吗? 它最终能否有意义地突显文本内容? 检验信度最好的方法是让其他人也独立完成相同的任务,然后比较结果。如果项目中还有另一位研究者,那么你们可以合作,在主题上达成一致。

在对接受心理健康服务的青少年进行叙事分析研究时,检验信度和效度的方法如下:

研究者独立分析所有数据,同事独立分析访谈部分的数据。然后两者对各自独立分析的结果进行讨论,增强效度并确保分析能够得到其他人的承认,即其他人可以分享他们研究的意义。(Brooks & Dallos,2009,p.105)

关于滑板的民族志研究也使用了相似的方法:

首先,两名研究者分别对有意义的单位进行分类,然后两者按照修改的要求对分类结果进行比较并就主题达成一致意见。其次,研究者将主题汇编成一份摘要,然后呈交给一个独立的滑板小组,请他们对研究者的解释做出评价。这个小组认为,这份摘要基本符合他们的经历。(Seifert & Hedderson,2010,p.281)

参 考 文 献

Ball, S. J. (1981). *Beachside comprehensive: A case study of secondary schooling*. Cambridge: Cambridge University Press.

Banister, P., Bruman, E., Parker, I., Taylor, M., & Tindall, C. (1994). *Qualitative methods in psychology: A research guide*. Buckingham: Open University Press.

Berg, B. (2009). *Qualitative research methods for the social sciences* (7nd ed.). Boston, MA: Allyn & Bacon.

Briggs, S., MacKay, T., & Miller, S. (1995). The edinbarnet playground project: Changing aggressive behaviour through structured intervention. *Educational Psychology in Practice*, *11*(2), 37 – 44.

Brooks, E., & Dallos, R. (2009). Exploring young women's understandings of the development of difficulties: A narrative biographical analysis. *Clinical Child Psychology and Psychiatry*, *14*(1), 101 – 115.

Charmaz, K. (1995). Grounded theory. In J. A. Smith, R. Harré, & L. van Langenhove (Eds.), *Rethinking methods in psychology* (pp. 27 – 49). Thousand Oaks, CA: Sage.

Creswell, J. W. (2008). Narrative research designs. In *Educational research: Planning, conducting and evaluating quantitative and qualitative research* (3nd ed.) (pp. 511 – 550). Upper Saddle River, NJ: Pearson/Merrill Prentice Hall.

Floersch, J., Longhofer, J., Townsend, L. et al. (2010). Integrating thematic, grounded theory and narrative analysis: A case study of adolescent psychotropic treatments. *Qualitative Social Work*, *9*(3), 407 – 425.

Freebody, P. (2003). *Qualitative research in education: Interaction and practice*. Thousand Oaks, CA: Sage.

Freud, S. (1909). *Analysis of a phobia in a five year old boy. Pelican Freud Library. Vol. 8, Case Histories* (pp. 169 – 306). Harmondsworth: Penguin.

Glaser, B. G., & Strauss, A. L. (1967). *The discovery of grounded theory: Strategies for qualitative research*. Chicago, IL: Aldine.

Gray, D. (2004). *Doing research in the real world*. Thousand Oaks, CA: Sage Publications.

Haste, H., Hogan, A., & Zachariou, Y. (2001). Back (again) to the future. *The Psychologist*, *14*(1), 30 – 33.

Hatch, J. A. (Ed.). (1995). *Qualitative research in early childhood settings*. Westport, CT: Praeger.

Holloway, I. (1997). *Basic concepts for qualitative research*. Oxford: Blackwell.

Kaplan, A. (1964). *The conduct of inquiry: Methodology for behavioral science*. San Francisco, CA: Chandler.

Kidder, L., & Fine, M. (1987). Qualitative and quantitative methods: When stories converge. In M. Mark & L. Shotland (Eds.), *New directions in program evaluation*. San

Francisco, CA: Jossey-Bass.

Koshy, V. (2010). *Action research for improving practice: A step-by-step guide* (2nd ed.). London: Sage.

Leavitt, R. L. (1995). The emotional culture of infant-toddler day care. In J. A. Hatch (Ed.), *Qualitative research in early childhood settings*. Westport, CT: Praeger.

MacKay, T. (1999). Can endemic reading failure in socially disadvantaged children be successfully tackled? *Educational and Child Psychology*, *16*(1), 22 - 29.

MacKay, T. (2006). *The west dunbartonshire literacy initiative: The design, implementation and evaluation of an intervention strategy to raise achievement and eradicate illiteracy*. Dumbarton: West Dunbartonshire Council.

MacKay, T., & Watson, K. (1999). Literacy, social disadvantage and early intervention: Enhancing reading achievement in primary school. *Educational and Child Psychology*, *16*(1), 30 - 36.

Malinowski, B. (1922). *Argonauts of the western pacific: An account of native enterprise and adventure in the melanesian new guinea*. New York: Dutton.

Mead, M. (1928). *Coming of age in samoa*. New York: Morrow.

Mead, M., & Wolfenstein, J. (1955). *Childhood in contemporary cultures*. Chicago, IL: University of Chicago Press.

Merriam, S. (Ed.). (2002). *Qualitative research in practice: Examples for discussion and analysis*. San Francisco, CA: Jossey-Bass.

Morse, J. (Ed.). (1991). *Qualitative nursing research: A contemporary dialogue*. Newbury Park, CA: Sage.

Pettigrew, S. (2000). Ethnography and grounded theory: A happy marriage? *Advances in Consumer Research*, *27*, 256 - 260.

Reason, P. (Ed.). (1994). *Participation in human enquiry*. London: Sage.

Riessman, C. K. (2003). Narrative analysis. In M. S. Lewis-Beck, A. Bryman & T. Futing Liao (Eds.), *The sage encyclopedia of social science research methods* (pp. 705 - 709). London: Sage.

Robson, C. (2011). *Real world research: A resource for social scientists and practitioner-researchers* (2nd ed.). Oxford: Blackwell.

Seifert, T., & Hedderson, C. (2010). Intrinsic motivation and flow in skateboarding: An ethnographic study. *Journal of Happiness Studies*, *11*, 277 - 292.

Sherman, R. R., & Webb, R. B. (1988). *Qualitative research in education: Focus and methods*. London: Falmer Press.

Taber, N. (2010). Institutional ethnography, autoethnography and narrative: An argument for incorporating multiple methodologies. *Qualitative Research*, *10*(1), 5 - 25.

Thorndike, E. L. (1905). *The elements of psychology*. New York: A. G. Seiler.

Whiting, B. (1963). *Six cultures: Studies of child rearing*. New York: Wiley.

Whiting, B. B., & Edwards, C. P. (1988). *Children of different worlds: The formation of social behavior*. Cambridge, MA: Harvard University Press.

Whiting，B. B.，Whiting，J. W. M.，& Longabaugh，R. (1975). *Children of six cultures: A psycho-cultural analysis*. Cambridge，MA：Harvard University Press.

推　荐　阅　读

Birks，M.，& Mills，J. (2011). Grounded theory：A practical guide（4nd ed.）. London：Sage.

Flick，U. (2009). *An introduction to qualitative research*（4nd ed.）. London：Sage.

Gobo，G. (2008). *Doing ethnography*. London：Sage.

Riessman，C. K. (2008). *Narrative methods for the human sciences*. London：Sage.

Yin，R. K. (2009). *Case study research: Design and methods*（4nd ed.）. London：Sage.

第三部分

特殊议题

第九章
与儿童协商和让儿童参与研究

本章目标：
- 概述在与儿童协商和让儿童充分参与研究方面取得的实际进展。
- 为设计和实施可靠有效的涵盖儿童观点的参与式研究提供实用指南。

　　第一版《如何做儿童研究》（Greig & Taylor，1999）是第一本有关儿童研究的书。与此同时，1989 年出台的《儿童法案》（Children Act）（National Archives，2012）以及 1995 年出台的《儿童(苏格兰)法案》[Children (Scotland) Act]和《儿童(北爱尔兰)令》[Children(Northern Ireland)Order]都提出，研究者要与儿童协商。然而，研究者还没有充分认识到这一做法的意义。在这之后，我们呼吁研究者更多地倾听儿童的声音，让儿童参与研究，表达观点并赋予儿童权利。随后几年，除了 2004 年修订的《儿童法案》和联合国儿童基金会（United Nations International Children's Emergency Fund，UNICEF）于 2002 年编写的一本有关儿童参与研究的指南，还出现大量的教材和期刊文章，这些教材和期刊文章呼吁开展"对"儿童的研究，"和"儿童的研究，"关于"儿童的研究，甚至将儿童作为"共同研究者"的研究。此外，儿童权利议程的发展也引起了新的国际公约、国家机构、区域和地方倡议、全球机构以及慈善组织前所未有的关注。这些机构和组织通过传播与儿童权利、能力有关的新观点来推动变革。距离第二版《如何做儿童研究》(Greig et al.，2007)出版又过去数年，其间有关儿童研究的报告和指南大量涌现。

204 　　研究者在产生新想法和新变化上发挥核心作用。对此做出最大贡献的是实践型研究者，他们为获得良好的实践效果，总是在自己的专业实践领域努力与儿童进行协商并进入儿童的世界。通过研究，他们不仅在如何看待儿童，如何与儿童打交道以及如何与儿童一起工作上，对我们提出挑战，还让我们认识到，目前一些实践做法存在压迫性。

　　英国和爱尔兰分别于 1991 年和 1992 年批准实行《联合国儿童权利公约》(United Nations Convention on the Rights of the Child，UNCRC，1989)，其中有 41 条是关于儿童供养、保护和参与的，这些条款很好地维护了 18 岁以下儿童的自由和权利。然而，由于缺乏法律基础，这些条款虽能激励人心，但执行起来存在困难。所有已经批准实行《联合国儿童权利公约》的国家和州都承诺，在制定法律和政策时，遵循这些条款，定期向联合国人权专家组报告实际进展。为确保新制定的法律遵循《联合国儿童权利公约》，英国引进了《人权法案》(Human Rights Act，1998)。因此，所有儿童工作者都目睹了这场前所未有的变革：为保护儿童，供养儿童以及本章最重要的内容——与儿童协商和让儿童参与研究，各级政府以及各种慈善项目、研究、新框架和政策都努力遵循公约的条款。

　　《联合国儿童权利公约》的第 12 条和第 13 条阐述了"与儿童(18 岁以下)协商和让儿童参与研究"需要考虑的一些重要因素。

　　第 12 条规定：

　　　　缔约国应确保有主见能力的儿童有权对影响到其本人的一切事项自由发表自己的意见，对儿童的意见应按照其年龄和成熟程度给予适当地看待。

　　　　为此目的，儿童特别应有机会在影响到儿童的任何司法和行政诉讼中，以符合国家法律的诉讼规则的方式，直接或通过代表或适当机构陈述意见。

　　第 13 条规定：

儿童应有自由发表言论的权利；此项权利应包括通过口头、书面或印刷、艺术形式或儿童所选择的任何其他媒介，寻求、接受及传递各种信息与思想的自由，而不论国界。

对于希望与儿童协商和让儿童参与研究的人，这些条款具有重要意义。我们不仅要尊重儿童，倾听儿童的观点，还需要赋予儿童发表言论和行动的权利，通过创造性的方法，有效倾听儿童的观点。

如果作者在文章中提到儿童的声音，那么他们通常会引用这些特别的条款，正是这些作者吸引了我们的注意力，让我们关注到这样一个事实：我们和儿童一起感知、生活、工作和研究的许多方式，实际上是在压制他们的声音。基于有关儿童贡献有效性和成人权威的臆断，作者既没有征求儿童的观点、意见、情绪和愿望，也没有将其付诸行动。实际上，儿童一直保持沉默，最终遭受成人的压迫。2004 年，苏格兰颁布《教育（对学习的额外支持）（苏格兰）法案》［Education (Additional Support for Learning)(Scotland)Act，2004］，该法案从 2005 年起，一直指导苏格兰的实践。它不仅强调与普通儿童协商的必要性，还强调与存在学习困难和其他困难的儿童协商的必要性。在协商的过程中，我们真的需要认真、可靠、有效地倾听所有儿童的观点，包括年龄很小和需要额外支持的儿童的观点。对于可以实现有效协商和处理研究结果的方法，我们需要认真思考。

《联合国儿童权利公约》第 12 条和第 13 条还影响了儿童参与研究的过程。这个过程比与儿童协商更重要，因为它是一个真正赋予儿童权利，让儿童成为研究伙伴、共同所有者或共同研究者的过程。在这个过程中，儿童能发起某种想法和行为，制定关键决策，执行关键任务。在儿童参与研究的过程中，我们要尊重儿童，视他们为儿童研究领域的专家，因为他们能对研究做出独特且有影响力的贡献。最后，我们不仅要给予儿童口头支持，还要将与儿童协商和让儿童参与研究的精神渗透到会产生影响的研究实践中。

我们将在这一章思考什么是儿童的声音。我们需要思考的是，如何赋予不同年龄和不同能力的儿童权利，让儿童找到自己的声音并用自己的声音发表言论。同时，我们还要保证自己不仅能听到儿童的声音，还能仔细倾听和理解儿童的声音并采取行动。从产生最初的想法到传播最初的想法，我们会在整个研究过程中考察各种模型、框架和实践，为与儿童协商和让儿童参与研究提供支持。最后，在促进与儿童协商和让儿童参与研究上，软件和在线设备等技术是一些新的方法，下面我们将用一些例子，深入探讨这些方法。

协 商 和 参 与

协商：倾听儿童的声音

"通过你说的话，我可以看见你"，这是本·约翰逊（Ben Johnson）的一句俏皮话，但同时也反映出一种哲学观点——语言是一种最能揭示人类的事物，理解说话者不仅要听见他说的内容，而且必须听懂他说的内容。下面我们举一个例子，这个例子是语音教练罗登贝格的一段回忆——她的小学老师赋予她权利的生动过程。

> 有一次，我送给她一朵黄色的花，她问我为什么喜欢这种花。
> "因为它是黄色的，像太阳一样。"我说。
> "你怎么知道它是黄色的？"她问。
> "因为太阳给了它一些东西。"我回答。
> "你怎么描述那个东西？"
> 她以这种方式继续与我交谈，最终她用苏格拉底法重新创造了我：通过问答的方式寻求真理。（Rodenberg，1993，p.27）

在促进与儿童协商方面，这种苏格拉底法表明，熟练地参与和交流比简单问答更有效。因为这是一个发现事物本质的过程。但令人感到可悲的是，长期以来，人们一直认为，所有儿童，无论是没有能力的儿童，还是能力不如成人的儿童，研究者都应该观察他们，而不是倾听他们，特别是在会对儿童产生影响的重要问题上。此外，一些儿童可能正处于某个特定的发展阶段，或在语言使用方面存在障碍,所以并不是所有的儿童都能以这样一种传统的方式,形成自己的想法、观点或表达自己的想法、观点和感受。这意味着,在让研究者"听到"儿童声音的过程中,一些儿童遇到了多重障碍。

如果做出有关儿童的决定,那么儿童会有什么看法,基尔凯利等人(Kilkelly et al.,2005)对此进行了研究。儿童提出,大部分担心来自学校。获得这个研究结果一点也不奇怪,因为儿童大部分时间都在学校度过。儿童提出,他们担心的主要是他们在学校生活决策中没有发言权。

> 学生在学校没有发言权,教师的意见总是排在第一位。
> 一些教师不管你说了什么,继续按照自己的想法行动。

正如克赖顿和巴雷特(Crichton & Barrett,2007)指出的,倾听、听见儿童的观点并按照儿童的观点采取行动是三个独立的过程,在儿童研究模型中,这三个过程必不可少。儿童是合法公民,他们可以参与研究议程并为社会变革做出有价值的贡献,这是一种在权利驱使下产生的观念,它可以有效避免下面这种情况的发生:在儿童没有真正参与研究的情况下进行协商(Lewis,2010)。

2001年,英国教育与技能部(Department for Education and Skills,DfES)通过儿童和青少年部发表了一篇名为《学会倾听:儿童参与的核心原则》(*Learning to Listen:Core Principles for the Involvement of Children and Young People*,DfES,2001a)的指导意见。有些服务(例如,儿童在寄宿学校中使用的心理健康服务、社会服务和教育服务)会对儿童产生影响,为了能让儿童参与对这些服务的设计、提供和评价,该指导意见为各个部门提供了一个官方通用的框架,以此发展有针对性的政策、行动计划和有效的实践。该指导意见借鉴吸收经济和社会研究理事会(Economic and Social Research Council,ESRC)项目的结果,旨在赋予儿童权利,正如普劳特(Prout,2001,2002)所报告的,这个项目旨在揭示1995年至2001年的童年。

这里提出的研究议程在很大程度上奠定了社会学的传统基础。然而,在承担这项任务的时候,研究者立刻意识到,这将是一项重大的方法学任务,这项任

207

务需要他们开展一项具有创造性的研究项目。在项目进行的过程中,研究者要将儿童视作社会行动者,即儿童既会影响他们的社会环境,也会受社会环境的影响。这意味着,在让儿童成为研究者和策略行动者,记录儿童观点,剔除儿童和倾听儿童声音方面,我们需要寻找新的方法,解决这些方面的问题。

英国以及其他批准实行《联合国儿童权利公约》的国家和州目前都已出台有关与儿童协商的政府指导意见。地方当局在其官网上提供信息和指导意见,以此阐明他们承诺的儿童权利以及通过参与式工具和参与式过程与儿童协商的过程。英国卫生部、英国教育部和英国社会服务部等部门发表了声明,对那些旨在履行对儿童的义务的创举进行赞助。慈善机构也出台了类似的指导意见,还独自通过研究,对政府在人道主义目标方面取得的进展进行了评价。

参与:儿童作为公民有发言权

为促进与儿童协商,让儿童参与研究,英国教育部、英国卫生部和英国社会服务部采取了相关措施。在他们的宣传宣言中,参考英国教育与技能部门发布的指南(2008年修订),给参与下了定义。在最早发布(2003)的协商文件中,参与的定义如下:

学生参与指的是成人与儿童合作,尊重儿童的观点并鼓励儿童:
- 更积极地参与教育活动,包括对自身学习的评价。
- 创造、建立和改善服务,以更好地满足自己和社会的需要。
- 改变学校、邻里和社区。
- 致力于创建一个有凝聚力的社区。
- 从小学会平衡个体权利和公民责任。
- 通过参与,习得成年生活所需的知识、理解和技能。

这意味着,在实践中我们要将儿童视为合作伙伴,让儿童参与所有重要的生活技能——对话、冲突解决、协商和和解……并为儿童提供决策的机会(DfES,2003,p.3)。

这一定义引发了一些重大举措,例如,发展和评价学生委员会、服务提供者、慈善机构和政府部门使用工具包与儿童建立工作伙伴关系。但是,与此同时,我们要思考的一个重要问题是,当儿童是研究的合作伙伴或者共同研究者时,对儿童进行研究有什么意义? 我们将在本章后文详细讨论这一点。

儿童协商和参与模型

目前,在倾听儿童和促进儿童参与研究方面,最具创新性和知识性的方法来自艺术和人文领域的研究,尤其是社会学领域的研究。但是,同样的方法在心理学领域早已存在。在应用心理学家的日常实践中,这些方法得到广泛应用,但在发展心理学的文献中,这些方法却没有得到很好的体现。在所有领域,越来越多的人认识到,儿童是意义的共同建构者,即使是处于早期发展阶段和有明显残疾的儿童,也能发表有效的、值得纳入研究的观点。我们已经在第二章和第三章详细讨论了一些心理学和社会学的基本理论,它们为促进儿童协商,使用参与研究方法奠定了基础。我们将在下文重点介绍一些主要的模型。如果我们想要和儿童一起开展参与式研究实践,包括探索儿童观点的研究,儿童在研究过程中和参与者领导的研究中发挥重要作用的研究,那么这些模型或许可以为我们提供一些信息。

克赖顿和巴雷特(Crichton & Barrett,2007)对儿童协商和参与的若干模型进行批判反思。尽管一些模型强调工具设计和选择的重要性,成人操作的困难,象征的可能性和不同层次儿童参与的机会,但这些模型也存在一个重大的问题(Hart and UNICEF International Child Development Centre,1992;Hayes,2002;Shier,2001),即在更广泛的、能影响所有儿童参与的社会和历史背景中,这些模型缺乏代表性。显然,克赖顿和巴雷特(Crichton & Barrett,2007)借鉴了布朗芬布伦纳(Bronfenbrenner,1992)修正的理论(见第二章),引用了霍布斯(Hobbs,2006;Hobbs et al.,2000)的儿童协商和参与模型(见图9-1),直接对学校中权力、权威、关系的影响和机会的建构进行探索,以确定儿童能否真正参与研究和能在多大程度上参与研究。对于在现实世界中从事儿童工作的专业人员,霍布斯的儿童协商和参与模型能促使他们思考,这些因素是如何影响儿童

209

参与研究的。此外，霍布斯的儿童协商和参与模型还促使我们思考，哪些工具、方式和方法能最大限度地提升儿童参与研究，减少使用剥夺儿童权利的方法。

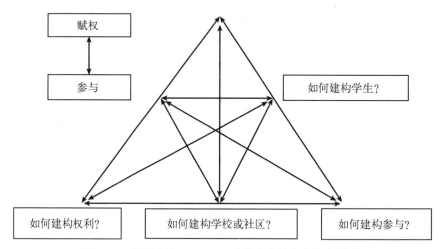

图 9-1　霍布斯(Hobbs，2006)的儿童协商和参与模型

虽然霍布斯的儿童协商和参与模型主要用于教育环境，但也用于卫生环境和其他保健环境。图 9-1 展示了从儿童参与到赋予儿童权利的良性循环，各因素之间强大的相互关系是这个模型想要涵盖的重点内容。也就是说，为判断儿童参与者是否有效地参与和协商研究，我们有必要思考如下内容：

210

- 如何根据儿童实际的年龄、发展阶段、能力以及其他当权者对儿童的建构来建构儿童参与者。
- 如何根据当地的环境、服务和文化精神来建构儿童参与者。
- 如何建构服务提供者，包括有关参与的政策(如果有的话)。
- 如何建构权力，以及儿童与服务提供者所创造的环境发生相互作用的方式。
- 如何通过赋权，即赋予参与者权力，促使参与者参与任务、活动，解决参与问题。

假设现在有两所特殊学校，这两所学校都创设了有效的环境来支持儿童协商和参与，下面我们以这两所学校的做法为例来说明。

第一所特殊学校隶属于一家大型的融合教育机构,对于制定代表儿童观点和权利的法律,这家机构热烈响应。在当地政策和项目方面,这所学校鼓励在所有的保健环境和学科中制定相关法律,并与其他社区、志愿机构和合作机构建立联系。其中一个项目是建立多机构工作组,让小组成员依照国家政策的变化修订地方政策。这所学校还汇集了当地的一些文件,这些文件体现了当地政府维护儿童权利和尊严,尊重儿童观点,鼓励儿童参与以及对儿童采取行动的精神和宣言。这所学校承诺,将监测上述事件的发展以及它们对儿童可能产生的影响。为了使儿童协商和参与符合伦理且有效,学校政策不仅体现了这些承诺,还遵循建议指南。学校开展了一些活动来提高学校教职工以及其他工作人员的认识。学校使用的参与式工具和程序,通常设计得较为完善,学校通过这些工具和程序来促进儿童协商和参与并对其进行评价。此外,学校还在对儿童有影响的事情上体现出对儿童产生的实际影响。

因为残疾儿童必须在医院接受长期治疗和康复教育,所以第二所特殊学校在一家医院里。学校的校长原来是一名护士,后来经过培训成为一名教师。学校和医院都从医学的角度来理解儿童,认为残疾儿童有内在缺陷,所以教育项目由治疗需要和日常需要共同决定。在这种情况下,医生和诊断专家最了解儿童的情况,学校的教育不独立于医院,而是将医院的政策、程序和做法考虑在内。因此,这所学校没有专门针对残疾儿童制定相关的教育政策,在治疗或教育方面,也没有相应的与儿童协商的工具、实践或程序。虽然医院设有法律部,但主要职能是防范和处理数百起有关治疗的投诉,制定体现儿童权利和观点的新法律,不是它优先解决的问题。

211

专栏 9-1

研究在实践中的应用:更广泛的环境

基于图 9-1 的模型,思考上述两所特殊学校的做法。分组或成对讨论以下问题:

- 从模型的各个维度来看,这两所特殊学校有哪些差异?

- 你为什么认为这两所特殊学校在社会和历史或文化方面存在这些差异?

- 这些差异可以改变吗?

- 在减少这两所特殊学校的差异上,你可以做些什么?

提出儿童协商和参与模型的一个重要意义是强调环境精神的重要性,包括实践环境、地方当局、民族精神以及使之转化为现实的支持和认识水平。我们能做好的一件事是用心处理和减少权力的不公平,通过建立新的平台来倾听儿童的声音。

与儿童举行多学科会议的协商模型

为改善儿童服务而与儿童协商已成为英国许多地区和服务领域的做法。目前,英国教育标准办公室(Office for Standards in Education,Ofsted)/苏格兰教育局(Education Scotland)[之前叫苏格兰督学署(Her Majesty's Inspectorate of Education,HMIe)]经常直接咨询儿童,询问他们对服务质量的看法。在英国和威尔士,"每个孩子都很重要"(DfES,2004)这一议程明确指出,需要在多学科背景下与儿童协商,苏格兰的"为每个孩子做出正确的选择"的议程也是如此。为了使日常实践中的协商更有意义,也更可靠,伍尔夫森等人(Woolfson et al.,2006,2008)提出一种模型。该模型包括以下八条支持儿童参与者的关键策略:

1. 会前,应让参与者充分了解会议内容并为会议做好准备。

2. 参与者只能和自己认识的成人一起参加会议。

3. 在参会对象的选择上,应该咨询参与者的意见。

4. 如何在会议上发表观点,参与者应有自己的选择。

5. 如果会议采纳了参与者的观点,那么应该向他们提供证据。

6. 参与者应该始终能理解会议期间使用的语言。

7. 会议期间,应该让参与者参与决策。

8. 会后,应该向参与者发送书面反馈。

在实施的过程中,该模型还包括其他重要的特点:考虑中心目前的实践和资源;模型渗透于现实生活环境的实践;有一个调解员确保在会议之前、期间和之后应用之前提到的8条策略。虽然该模型主要寻求中学生的观点,为教育提供额外支持,但会议有可能是多学科的。因此,该模型是一种跨学科的适应性模型,它与其他指导方针是兼容的,可以用于其他年龄和发展阶段的儿童以及存在交流障碍的儿童。伍尔夫森等人(Woolfson et al.,2008)明智地指出,该模型也可用于更年幼的儿童以及存在更严重和更复杂的学习障碍的儿童。

方 法 和 框 架

目前,在减少儿童和成人之间权利不平等方面,有许多参与式工具和参与式过程。一般来说,这些方法旨在开展对儿童友好且有趣的活动,包括共同分析和学习。活动让参与者自己选择议程,由此表明对参与者的尊重。活动还允许参与者控制活动进度,同时也为参与者提供提示、实例等一些结构性支持以帮助他们产生新想法。

传统方法是促进协商和参与的良好起点,具体包括:访谈法,焦点小组法,问卷法,适应儿童的年龄、发展阶段和环境的方法以及结构化、多感官(或多通道)的方法。尤其是5岁以下的儿童,他们的观点不是写下来的,也不是直接说出来的,而是通过角色扮演、木偶游戏和参与式游戏表达出来的(Children in Scotland,2002)。对于0—2岁和3—5岁的儿童,麦克诺顿等人(MacNaughton et al.,2007)使用图画、照片、文字等方法获取他们的观点,并由此发现,以年幼儿童为研究对象的研究,主要的困难是,以成人为导向的交流占据主导地位。

　　这种观点背后存在这样一种文化假设——儿童不可能做出任何有价值的贡献,这种假设会产生如下问题:儿童无法自信地表达观点,即使儿童能表达观点,儿童表达的观点也不会被认真对待。正如弗卢伊特(Flewitt,2005)所指出的,年幼儿童用一系列"声音",通过多通道表达观点。我们需要注意的是,在儿童的交流领域,要以儿童为本的方式来理解儿童的观点。对于年幼儿童,我们还需要合理考虑他们的公民身份。

　　在倾听儿童观点方面,对研究者来说,年幼儿童和存在严重、复杂学习困难的儿童,包括存在交流困难的儿童,或许是最具挑战性的群体。在一篇研究综述中,约瑟夫·朗特里基金会(Joseph Rowntree Foundation)发现,许多专业人员大多数情况下不遵循有关儿童权利的法律和指导,不与残疾儿童协商或让他们参与会对他们产生影响的事务。"问我们"项目受儿童协会(Children's Society)和约瑟夫·朗特里基金会共同资助,接受英国卫生部国家残疾参照组(Department of Health's National Disability Reference Group)发布的"质量保护"(Quality Projects)倡议的指导,直接解决了这一问题。该项目以一个由重度残疾儿童组成的大型参考小组为研究对象,旨在寻求他们对以下问题的看法:他们喜欢什么? 他们更想要什么? 他们有关协商和参与的经历以及通过"纳入"他们,理解了什么? 该项目使用一系列研究方法,包括照片、歌曲、视频、问卷和绘画。研究者在使用研究方法的过程中发现,参与者可以发表明确的观点。这些重度残疾儿童想像其他儿童一样,去其他儿童去过的地方,做其他儿童做过的事,和其他儿童一样感受相同的嗡嗡声。他们希望,在会对自己产生影响的事情上,能得到尊重,参与协商,发表自己的观点,并且自己的观点能得到倾听,由此他们便觉得自己成为社会的一部分。

幼儿参与:马赛克法

　　马赛克法(Clark & Moss,2001)综合多种研究方法。如果研究对象是年龄非常小的儿童,我们可以灵活使用马赛克法;如果研究对象是青少年,我们也可以将马赛克法作为一种参与式工具来使用。马赛克法由许多独立的方法组成,在解决研究问题时,我们可以综合使用这些方法。我们可以用它们来了解言语信息和视觉信息,包括儿童(在托儿所或邻里等环境中)拍摄的重要照片;以视频、绘画、地图等方式记录研究环境;绘制地图;讨论生产文献资料的意义;访谈、召开会议或观察。因此,以"环境和儿童是意义的共同建构者"这一观点为基础,马赛克法综合使用传统技术和新技术。表 9-1 是对马赛克法及其注意事项的总结。

表 9-1　马赛克法及其注意事项:以"在托儿所的感觉"场景为例　214

工　　具	问　　题
观察(研究者记录儿童的叙述)	这里发生了什么?
	肢体语言、声音、表情对叙述的作用
儿童会议(简短的访谈提纲)	儿童为什么要去托儿所?
	成人做了什么?
儿童为什么要去托儿所?	最喜欢或最讨厌的活动是什么?
	最喜欢或最讨厌的人是谁? 最喜欢或最讨厌的地方是哪里?
	开放式问题
给儿童一台(便宜的、一次性的)相机,让儿童去拍自己想拍的事物	你最想拍什么?
	为什么拍这些?
旅行(儿童自主行动并选择记录方式)	告诉我或者向我展示所有重要的地方
绘图(景点图,可以使用照片或图画)	观察、提问、倾听、录音、制作地图
角色扮演(提前选择一个玩具,并用它来描绘托儿所的世界以及故事词干)	告诉我现在你的故事里发生了什么? 接下来又会发生什么?
父母和实践者的观点(简短的访谈)	对你的孩子来说,你认为他们在家或托儿所表现得怎样才算好或坏?

马赛克法以参与式的农村评价法为基础,旨在了解农村贫困地区人们的观点并赋予他们权力。研究者已经采用马赛克法对青少年群体进行研究,包括社会服务研究(O'Kane,2000)、健康教育研究(Morrow,2001)和应对青少年心理健康问题的研究(Punch 2002a,2002b)。这些研究通常会努力赋予青少年权

利,因此青少年可以参与到对他们产生影响的服务和政策的发展之中。表 9-2
从研究问题、研究工具和研究程序三个方面,对儿童参与式方法进行总结。

表 9-2　儿童参与式方法总结

研究问题	研究工具	研究程序
社区的社会支持水平对幸福有重要影响吗?	自由书写或录音记录	回答下列问题: 谁对我重要?为什么? 什么是朋友? 为什么交朋友? 我觉得我属于哪个群体?
来自两所伦敦学校的102 名 12—15 岁学生(Morrow,2001)	同上	当你不在学校时,学校发生了什么? 你们做了多久的朋友? 你在这里住了多久? 对于未来,你有什么愿望?
	照片	选择重要的东西去拍摄;控制相机;为照片附加解释性文字以供之后讨论
	地图、小组讨论	画出当地地图;找出与当地青少年异常行为有关的报纸文章以供之后讨论
对于会对你产生影响的决策过程,你有什么看法?	决策图	沿两条坐标轴标出关注区和感知到的决策程度(没有、一些、很多)并进行编码;显眼的海报和标签
受地方当局照顾的青少年(O'Kane,2000)	罐和豆的活动	给出 6 个陈述句,例如,"你多喜欢开会",分别对它们进行 1 级到 3 级的评价;每个陈述句对应一个罐子,你可以往里面投 1 粒、2 粒或 3 粒豆子;如果投了 3 粒豆子,那么需要说明原因,如果罐子里的豆子不足 3 粒,那么要说明还需要做什么才能得到 3 粒豆子
	菱形排列练习	将焦点小组讨论确定的 9 个陈述句写在小的菱形卡片上,然后对它们进行排列组合,形成一个大的菱形,顶部代表最重要的,底部代表最不重要的
随着 8—14 岁儿童的成长,如何与他们协商独立问题?	绘画	让儿童自由绘画可以促进儿童参与,这些绘画可以用于讨论,提供信息
	照片	同上

（续表）

研究问题	研究工具	研 究 程 序
玻利维亚农村地区的在校儿童（Punch，2002a）	蜘蛛图解	在一个大圆里写出关键问题（例如"去过的地方"），然后在大圆外画几条腿并在上面写上地名，再在每条腿的下面画一只脚，在脚上写去过这个地方的次数
	日记	捕捉日常的精彩活动内容
应对心理健康问题的举措有哪些？	工作表	适宜的能力，以社区生活为基础，地方，喜欢或不喜欢，学校作业和琐事
主流学校和寄宿学校的 86 名青少年（Punch，2002b）	访谈：个体	更私密和敏感的话题，完成任务
	访谈：小组	更为常见的主题和观点
	秘密盒子	为避免抑制真实的想法，要求被访者将问题写在纸上，投进一个密封的盒子里；被访者写下的问题可能是从未公开的秘密，所以我们需要通过这种做法进行匿名处理
	对心理健康的话题进行主题式讨论	对肥皂剧进行视频剪辑；问题页的单词，常用短语
	对担忧的事情进行排序	列出 20 件令你担忧的事情并按照重度担忧、中度担忧和轻度担忧排序
	关于问题处理的蜘蛛图解	大圆代表担忧，腿代表解决方式

216

参与：与小组和年龄较大的儿童合作的框架

通过对儿童进行参与式访谈，研究者发现，无论是个体形式的访谈，还是小组形式的访谈，都有助于研究。为进一步探讨这个话题，我们转向希尔等人（Hill et al.，1996）的一项研究，这项研究主张倾听小学生的声音，是最早解决明显差距的研究之一。

在儿童研究中，特别是在 5—12 岁儿童的研究中，大多数研究者会忽视质性

方法的使用。通常,研究者关注学龄前儿童和青少年,因为他们正处于儿童发展
的关键阶段。因此,希尔等人(Hill et al.,1996)对可以倾听小学生声音的质性
方法进行探讨。这项研究通过调整实践者(社会工作者和教师等)使用的质性策
略,探讨儿童对情感和幸福的看法。这项研究的结果为那些想要对儿童进行访
谈的人提供了一个很好的、灵活的框架。这项研究的论文介绍了儿童焦点小组
讨论和个体访谈这两种主要方法。

　　最理想的焦点小组规模是 5 名或 6 名年龄相近的儿童,出于某些研究目的,
同性别的小组可能是一个可行的选择。对于焦点小组讨论的目的和形式,研究
者应该向儿童明确解释,有待探索的主题数量应该有限。我们应该以一种直截
了当、开放的方式,提出研究问题,并不时提供讨论概况。访谈者要做的一项重
要事情是促进所有小组成员进行有效的同伴互动。希尔等人制定的讨论议程包
含下列主题:

- 研究目的。
- 列举儿童的情绪。
- 解释情绪。
- 不同情绪的重要性。
- 持续的消极情绪和反应。
- 儿童的问题和忧虑。
- 他人对儿童忧虑的回应。
- 成人的情绪及促进儿童幸福的因素。

　　焦点小组讨论在儿童的学校进行,个体访谈在家里或学校进行。虽然个体
访谈使用的一些技术和主题与焦点小组讨论相同,但个体访谈能更深入地探讨
儿童的特定情绪。在这个例子中,研究者觉得,儿童在学校比在家里轻松。表
9-3 总结了各种让儿童参与焦点小组讨论和个体访谈的方法。研究者应该依据
年龄、背景和儿童来选择最适合的研究方法。

　　为了向儿童咨询他们幸福或情绪的强度,需要儿童对 1—5 或 1—10 这样的

量表有一个概念上的理解。研究者通常会使用视觉版本的量表，例如"情绪温度计"（0＝不生气；10＝非常生气）或一系列越来越幸福的脸（例如，脸上的微笑变得越来越大），然后请儿童指出和自己类似的脸。

表 9－3　获取 5—12 岁儿童情绪观和幸福观的方法

焦 点 小 组 讨 论	
介绍	研究者和儿童一起制作名字标签并用几句话来介绍自己
头脑风暴介绍	将想到的所有情绪记下来并对其进行命名，然后重点围绕它们进行讨论
视觉提示	人的面部轮廓能展现出不同的情绪表情 没有情绪的外星人诺姆先生解释儿童命名的情绪 插图：用 4 幅图来展现两个好朋友打架和和解的过程（讨论可能的原因和解决方法）；画一幅图，在这幅图里有一对夫妇，在洗东西和擦干东西时发生了争吵（讨论家庭矛盾）
角色扮演	演一名儿童不开心或害怕或担心，并向成人寻求帮助的情景；提供典型的成人干预；需要认真准备和汇报
自我完成（工作表）	提供可量化的数据；为口齿不清的儿童提供帮助
问卷	完成句子："当_____，我很难过" 幻想的愿望："列出 3 件能让你更快乐的事情" 简单的图表：表明儿童会请谁来帮自己解决担忧
绘画	为绘画命名，"这是一名感到……的儿童，因为……"
个 体 访 谈	
介绍	"关于我自己"的表，喜欢或不喜欢（例如食物、流行歌手）
生态图	重要的人："最容易交谈的人""最好的帮手""最有趣的人"，可供之后讨论特定情绪时使用
面部轮廓	同小组访谈
句子完成卡	强烈的情感："当……时，我感到非常安全""我感到最难过的是……"
角色扮演	研究者假装自己是一名向朋友寻求帮助的儿童：从小组访谈中选取情节
问卷	同小组访谈

来源：改编自 Hill, M., Laybourn, A., & Borland, M. (1996). Engaging with primary-aged children about their emotions and well-being: Methodological considerations. *Children and Society*, 10(2), 129-144. Reproduced with permission.

参与式工具包

全面参与式工具包之所以会大量增加,得益于英国政府的权利议程和相关政策,我们既能在万维网上免费下载这些工具包,也能购买出版的工具包。这些工具包由儿童慈善机构、政府部门、地方当局和独立作者等一系列机构或个人制作。目前,它们广泛使用,易于获取,只要在计算机上搜索关键词"参与式工具包",就可以获得大量国家和国际资源的链接。事实上,这些工具包的数量非常庞大,所以本章不可能全部介绍。从内容上看,这些工具包最开始的部分往往是关于儿童权利和声音的定义和宣言。这些工具包经常使用大量协商或参与式研究的例子,介绍收集儿童参与者信息的技术。许多工具包专门设计一套评价工具和其他工具来处理结果和具体的问题。许多工具包有一套基本的研究程序,例如表 9-2 和表 9-3 总结的那些研究程序,这些研究程序在很长一段时间被广泛用于所有工具包。表 9-4 描述的参与式工具包的例子是工具包中非常典型的一些工具。

在过去十年里,官方发布的指南和具有创造性的参与式工具包大量增加。如果弱势儿童参与研究,我们推荐下列工具包:"在我的鞋里"(In My Shoes,IMS)(Calam et al., 2000),"所有关于我的侧写"(National Society for the Prevention of Cruelty to Children,2008)和 SEN 工具包(DfES,2001b)。

计算机软件和在线参与式工具包

使用信息技术和万维网是促进儿童参与研究项目的另一种方法。这里我们将介绍有关这些方法的一些例子。

"在我的鞋里"是一个计算机软件工具包,旨在帮助儿童表达自己作为服务对象的经历的看法,包括那些可能令人痛苦的事件或关系。据该网站(www.inmyshoes.org.uk/In_My_Shoes/Introduction.html)介绍,大量测试表明,可在多种情况下使用该工具包,包括对儿童的访谈:

- 谁被虐待?
- 谁在表达情绪上有困难?
- 谁难以接触?
- 谁存在发展迟缓或发展困难?

　　如果访谈对象是存在学习障碍的成人,也可以使用"在我的鞋里"工具包。项目开展的过程是:先对一位成人进行培训,然后让他对儿童进行结构化访谈,记录儿童的声音、语音和视频。通过一系列单元,鼓励儿童在家里、教育环境和其他环境与不同的人分享经历和情绪。考虑法律方面的一些问题是促进这个项目发展的核心,发展的重点是促进主题领域之间的交流,避免主要的问题。

　　该项目对成人工作者进行为期两天的培训,通过培训,成人能坐在儿童身边,用结构化访谈帮助、指导儿童,与儿童互动。所以,这个过程不是让儿童单独面对电脑并回答电脑给出的问题。许多独立的出版物对这个项目的有效性进行了讨论(Barrett,2007;Cousins,2006;Glasgow & Crossley,2004)。

表 9-4　参与式工具包的例子

220

（基于 Learning South West，Unite and Dynamix 等网站指南）

活　动	方　　法
椅子圆圈	除一名儿童外,其他儿童围坐一圈。没有椅子的儿童站在圆圈中间说一句话,同意的儿童站起来,把椅子让给站在圆圈中间的儿童。这样,站在圆圈中间的儿童可以获得一把空椅子。同时,这也意味着一名儿童失去自己的椅子,站在圆圈中间。这个站在中间的"新"儿童再说一句话,游戏这样进行下去。如果没有人站起来,那就意味着没有人同意,围坐一圈的人一起鼓掌,以此表示这名儿童很有个性
表情	所有人站成一圈,其中一个人说"让我看看生气的表情",这时,所有人都做出这种表情。可以变化情绪表现的强度,即让我看看水平 1、水平 5 或水平 10(更强烈或更不强烈)的表情
肯定程度	通过这个活动想要说明每个人的决定不是非黑即白,每个人有权拥有自己的观点。所有人一起站成一个圈,圈中间放一把椅子,请某个儿童说一句话,然后每个人向前走或向后走,儿童与椅子的距离代表他的同意程度。站在圈外表示完全不同意,而摸着椅子代表完全同意。如果站在椅子和圈之间,那么儿童与椅子的距离就代表同意的程度。我们可以围绕儿童各自所站的位置进行讨论

（续表）

活　动	方　法
拼图艺术	活动前,先把与某个主题(例如友谊)相关的碎片放在一起,然后再将这些碎片拼成一个大的拼图。随后再将完整的拼图分成小的碎片,每个小组分到一块碎片并画下或写下他们对这块碎片的感受(与做别人的朋友、帮助他人、如何交朋友等有关的感受)。小组讨论结束后,每个小组向所有人展示并描述他们的那块碎片,然后大家一块将碎片拼起来
钓鱼游戏	在卡纸上剪出鱼的形状,在每条鱼上写一个词(可以是规则发展、问题探讨、行为和选择方面的词)。把回形针贴在鱼上,用钉子、绳子和磁铁自制一根钓鱼竿。每个参与者都可以去钓鱼,如果钓到了鱼,就要发表自己对这个词的看法
决定树	在一张纸上画一棵树,在树的顶端写一个问题,这个问题可以用是或否来回答。在问题的下面,将"是"写在一边,"否"写在另一边。请儿童分别在"是"和"否"这两个决定下列出所有可能的结果。请儿童考虑所有的结果再做出决定。如果问题不能用"是"和"否"来回答,那么有几种不同的观点就用几条分枝来表示,然后在每种观点下列出所有可能的结果。同样,请儿童认真思考每个结果再做决定
穿别人的鞋走路	剪出两双鞋,每双鞋都由两只不同颜色的鞋组成。请两名儿童或一名儿童和一名成人分别穿一双鞋。穿别人的鞋能让你体验别人的感受,例如残疾儿童、生活在农村地区的儿童等
菱形排列	让每名组员都进行一场"头脑风暴",每个人选出9种他们认为最重要的观点,将它们排列在一张图中,最重要的观点放在最上面,最不重要的观点放在最下面,其他观点放在中间,最后排列成一个菱形。每个人都分享自己的排列顺序,并从优点、缺点、障碍、动机等方面讨论每一种观点。小组应努力在决策上达成共识
决定板	这项活动可用于探讨儿童对决策问题的看法。在一张坐标图中,一条坐标轴代表特定决策,另一条坐标轴代表重要人物。儿童使用交通灯贴纸来评价谁在决策中拥有最大的发言权。将交通灯贴纸视为一个等级量表:红色表示"没人说话";黄色表示"有人说话";绿色表示"大多数人都有说话"
环境需要	这项活动需要一张大的地图、有关该地区的照片、一把尺子、彩色粉笔、报纸和大张纸。让儿童使用照片、剪报或绘画在地图上标出不同的区域。儿童应该表达自己对每个区域的看法,强调城镇或环境部分的问题,但同时也要展示这些区域及其规定的好处
怎么办? 怎么办? 怎么办?	这项活动旨在鼓励参与者开发项目,实现愿景。他们应该从一个问题开始,对解决问题的方法进行探讨,最终找到一种解决一系列问题的方法。例如,如何让儿童对服务有更大的发言权?如果在每个答案出现之后,又出现另一个答案,怎么办?

221

222

（续表）

活　动	方　　法
气球、篮子、绳子和云（一种视觉表征的形式）	这项活动对项目计划有帮助，它需要分别代表气球、篮子、绳子和云的图示（海报、工作表或绘图板）： 在气球上——写下飞行需考虑的问题和因素； 在篮子里——写下能帮助和支持你实现目标的人或组织的名字； 在绳子上——写下在热气球或项目开始之前，什么能阻止它； 在云里——写下什么能推动热气球偏离航线（一旦项目开始）； 放飞——在气球上写下能使事情发生和发展的因素； 支持？气球会被吹离航线吗？如果偏离航线怎么办？什么能使它飞起来？什么能使这个项目按计划进行？什么能使这个项目偏离计划？
洋葱	这项活动通过调查所有的角度和观点，确定一条可识别的思维轨迹，由此保证研究小组对复杂问题的理解： 在第一个圈中写下研究小组将要研究的问题； 请研究小组在便利贴上写下最初的想法，例如他们认为这个问题存在的原因，并将它们贴在第二个圈内； 请他们查看其他组的便利贴，并询问其他组"为什么"； 请参与者写下他们的回答并贴在第三个圆圈里； 重复以上步骤
排序	这项任务能为决策和排序提供便利。先将 9 个优先事项写在便利贴或 A4 纸上，并在白板上画一个菱形（见菱形排列活动）。然后，每个小组将他们前 9 个想法排列在菱形中（如果他们愿意，可以在上面的列表中添加任何内容），最重要的想法排在最上面，往下依次是第二重要的想法、第三重要的想法、第四重要的想法……最不重要的想法排在最下面。起初，他们的想法可以变动，但最后需要达成小组共识
海报	这项任务旨在发现儿童对环境的担忧以及环境对儿童健康的负面影响。该任务不需要参与者书写内容，而是要在了解个体担忧的基础上，以小组为单位，用海报进行展现。这项任务需要一张大纸，A3 或者更大的纸，胶水和剪刀，许多杂志、报纸、明信片、笔、贴纸等。使用从杂志图片到毡尖笔的一切物品，儿童可以单独工作或成对工作，对于自己面临的困难或障碍，儿童可以选择图片或文字来表达。将单独工作或成对工作的儿童聚在一起，以小组为单位讨论海报。每个小组选一名儿童记录讨论内容，然后对练习中提出的三个主要的担忧（他们将提出的主题制成统计图表来筛选）进行反馈。对主要的小组进行改革并制作出一张大的集体海报。在制作的过程中，每一组轮流在主表上张贴他们认为最大的一个担忧。如果没有产生新的问题，主海报就代表了这个集体对障碍和困难的看法

（续表）

活　　动	方　　　法
解决树	这项参与式活动旨在让儿童明确他们所担忧的问题,然后想出针对这些问题的解决办法。活动需要一棵树(可以是画的,也可以是从活动挂图或墙纸上剪下来的),树叶型的便利贴,蓝丁胶。儿童要明白他们正在经历的问题或困难(使用"问题墙"也是开展这项活动的一种有效方法)。儿童将所有的问题转化成主题。解决树的每根树枝,对应一个主题。儿童探讨每个主题中的障碍或困难,然后依次调查所有主题。他们将解决方法写在树叶上(如果有不同的方法就写在新的树叶上),最后把树叶贴到相应主题的树枝上
224　视频	对于会对儿童产生影响的问题,视频的方法允许儿童在无须书写的情况下做出反馈。视频的一个优点是你不一定在房间里,你可以把相机放在儿童闲逛的地方,拍摄情境并进行讨论。视频也可以用来帮助儿童展示他们的环境。例如,可以先拍摄游戏区域,然后再进行讨论。使用视频的方法需要一台数码相机,最好有一个可以旋转,面对小组的触摸屏,一台可以连接相机以快速获得小组反馈的显示器,还有一些纸和笔供参与者在计划他们所说的内容时用。把相机交给儿童,儿童轮流拿着相机发言。第一个环节让儿童熟悉相机。让儿童观看拍摄的视频,了解相机的使用方法。你可以帮助儿童提出如何改善画面的问题。第二个环节是鼓励儿童思考他们想在相机前说的话。也许在他们"了解相机"的时候,出现了一个关键的主题,或者你想让他们和一个特定的人说话,或者他们想要进行讨论。无论如何,拍下这个。也许他们想在拍摄前依据他们将要讨论的主题顺序画一个故事板。如果使用了故事板,那么之后就不需要再对故事进行编辑。如果获得儿童的允许,那么随后在会议上就可以使用视频来反映问题
225　时间表	时间表可用于挖掘那些通过直接询问无法获得的信息(可能是被遗忘的信息)。时间表有助于提供儿童给出信息的背景。时间表也有助于调查儿童事件。想想这个项目或想法以及它是如何发展起来的。让人们在讨论后回到问题墙,将他们在未来几年的项目中想看到的东西写在上面。他们想在什么时候取得什么成就? 如何解决已经出现的问题? 在特定的时间可以采取什么行动? 这项活动需要长而干净的桌子、无障碍的地面空间、彩纸、钢笔和铅笔、贴纸或胶水。用纸代表儿童生活和项目中的不同时段,可以让儿童在纸上写下大型事件来说明
彩色按摩浴缸	这项活动可用于了解儿童的观点、动机以及环境中会对他们产生影响的事件,活动需要彩纸
彩色按摩浴缸	在一张蓝纸上写上"蓝色——高贵的颜色",然后问:如果你可以做一天统治者,你会做的(改善你的社区的)第一件事是什么? 在一张绿纸上写上"绿色——钱的颜色",然后问:你计划怎么挣钱? 在一张红纸上写上"红色——关闭的颜色",然后问:在你的社区或环境或情况中,什么是真正的关闭? 在一张橙色纸上写上"橙色——动机的颜色",然后问:你的动机是什么? 什么让你更有创造力?

（续表）

活　动	方　　　法
评价：涂鸦墙	这项任务允许参与者使用挂图或壁纸、钢笔和一些胶带,对会议做出匿名反馈;在房间的某处放置一面纸墙,在墙的边上放许多不同颜色的笔,鼓励人们在会议期间随时将他们的观点写在墙上
评价：爱或恨的改变	这项任务与上面的"涂鸦墙"类似,都以结构化的方式收集反馈。它需要便利贴、钢笔和一张画在挂图纸上的图表,图表上有爱、恨和改变的选项,给每个参与者 3 张便利贴,请每个小组在便利贴上回答以下问题：你认为这次会议有何优点？你认为这次会议有何缺点？你将改变什么？让他们将写有优点、缺点和改变的便利贴,分别贴在图表的爱、恨和改变部分
评价：用你的脚来投票	房间的一端代表"非常好",另一端代表"非常不好",两端之间代表不同的情绪,研究者根据儿童的站位判断他们的情绪状态;项目主持人对儿童进行提问,例如"你觉得这个专题讨论会怎么样？"儿童在房间中的站位代表他们的观点,接下来再对儿童的观点进行讨论
评价：圆圈	这项活动需要影印版的空白圆圈、钢笔和铅笔。对评价的对象或主体,例如信息手册,进行讨论。首先,小组需要讨论一份好的信息手册是什么样的,应该包含什么内容。然后,将选择出的标准在分段圆的边缘上表示,给每一节涂上颜色,表示信息手册符合标准的程度。这种方法稍作改变就可以用来评价会议。请小组成员概述一个好的会议应具备的重要特点,将这些特点展示在墙上,邀请小组成员在特点下面放置一个笑脸或哭脸,然后小组讨论："为什么有些人会给'会议长度'哭脸？"由此,儿童就可以"假设性地"进行讨论,而不必暴露自己

226

在线协商正在被发展为一种参与式研究的工具。在参与式研究中,考虑使用交互式信息技术有许多充分的理由。计算机网络具有潜在的广泛性和快速性,通过计算机网络,我们可以快速获取较大的数据集。无论是在家里,还是在学校,我们随时随地都可以访问计算机,这在空间和时间上为参与者提供了一些选择。儿童往往精通计算机,并在社交网络上广泛使用计算机和手机。因此,在线协商是一种他们感到舒服并喜欢使用的方式。使用在线协商,既没有文书需要处理,也不需要和具体的研究者打交道,这可能会使研究变得更加私密,压力更小,更方便,甚至还可能提高回应率。利用好的软件,儿童可以设计和分析他们自己的在线调查和问卷。没有具体的访谈者,可能会令儿童更加轻松,并减少社会期望或预期给他们带来的压力。此外,还有一些证据显示,通

227

过电脑匿名调查，回答者更容易提供敏感信息（Mann & Stewart，2000，cited in Oliver，2007）。

奥利弗（Oliver，2007）描述了苏格兰地方当局如何与一所大学的计算机系合作，编制出一份在线的儿童问卷。**参与在线协商**（participation in consultation on-line，PICO）根据具体的研究问题和目标，可以轻松地设计和调整问卷。研究证明，在广泛收集成千上万名儿童对学校经历的观点上，这种方法是有用的，包括：

- 细心学习（2007），地方当局为获取儿童的观点开展了一个项目，该项目编制了一份在线问卷，调查学校如何提高学生的成绩。
- 家庭作业项目（2006），使用参与在线协商问卷，收集所有小学生对家庭作业的观点。
- 行为和纪律调查（2005），使用参与在线协商问卷，收集学生和教职工对行为、纪律和校风的观点。

有研究在线调查学生对学生委员会的观点，想要获取相关信息，请搜索"在学校有发言权"网站（www.havingasayatschool.org.uk）。关于如何使用万维网作为研究工具，洛维茨等人（Dolowitz et al.，2008）出版的一本书详细介绍了在线资源如何帮助研究项目，包括如何有效使用万维网的提示和技巧。本书的章节包括主题发展、搜索引擎和目录、伦理、使用调查和表格在线收集数据、数据分析、剽窃和引用。

儿童作为研究者参与研究的框架

研究证明，让儿童以研究者的身份主动参与研究，通常会为研究带来一系列好处（Jones and Welch，2010）。这些好处可能包括：

- 学习研究的过程，相关的思维及实践技能——儿童是学习者。

- 增强研究结果的政治影响——儿童是政治运动者。
- 提高儿童世界知识的信度和效度——儿童是自己生活中最好的专家。　228
- 提高儿童服务的效率和价值——儿童是消费者或服务使用者。
- 通过在与儿童的对话中尊重儿童来提高保护——儿童是易受伤害的，面临压迫危险的，需要被授权成为合法且活跃的公民。

　　无论是只有成人的研究项目，还是只有儿童的研究项目或者成人和儿童合作开展的研究项目，想要成为好的、可信的和有效的研究项目，都面临相同的挑战（见第五章、第六章、第七章和第八章）。本节的重点是儿童作为研究者或共同研究者参与研究的过程。无论研究者年龄多大，合作状态如何，研究过程与所有研究者相关。这些都基于良好的研究实践，并且这些研究都包括这样一个过程：产生最初的想法和项目计划，确定研究问题和研究目的，收集数据和分析数据，报告和传播研究结果。表9-5展示的是对儿童作为研究者或合作研究者参与研究的过程（Davis，2009；Kellett，2005；Kirby，1999）。

　　在思考研究主题的参与水平时，上述过程是一个有用的参考框架。尽管这个过程的目的是鼓励儿童成为研究者或共同研究者，并给予儿童在参与研究方面的一些控制和选择（谁、什么、何时、如何），但它必须被恰当地使用。直觉必须始终占据上风。例如，参与者的年龄和能力或多或少会使一些任务和一些类型的参与碰到困难。最突出的例子可能就是，让儿童控制任何可用的预算。即使是一些经过深思熟虑的研究案例，也极有可能遇到这类困难，但需要结合背景仔细考虑。

专栏9-2

研究在实践中的应用：儿童作为共同研究者

研究以下案例摘要：

1. 如果依据儿童是共同研究者的观点做出了正确的决策，那么再使用表9-5和你的合作伙伴或团队一起讨论一下。

2. 为什么会做出这些决策？讨论可能的原因。

3. 讨论研究者做出这些决策之后可能遇到的困难和阻碍。

表 9－5　儿童作为研究者或合作研究者参与研究的过程

参与研究的 阶段和水平	决　策　和　计　划
阶段 1：项目 规划	谁是研究的"负责人"——成人还是儿童——在对整个项目进行决策时，具体内容包括： 指导小组和实际研究小组由谁组成 预研究的设计和计划 项目预算 方法，包括收集数据和分析数据的工具 研究的主要目的，包括标题和主题 实际的研究问题和研究目的，儿童个体或儿童群体的参与以及他们在研究中扮演的角色
阶段 2：收集 数据	儿童应以何种方式收集来自儿童和教师、父母、社会工作者、卫生工作者、社区工作者等成人的信息 作为主要的研究者收集所有相关的信息 作为研究的合作伙伴收集部分信息 作为同辈研究者只收集同辈的信息 作为研究参与者对成人研究者做出回应
阶段 3：分析 收集到的数据	儿童应在多大程度上参与分析 对分析方法做出关键决策 检验成人研究小组的分析 仅解释数据的含义 与成人研究小组共同解释数据的含义
阶段 4：报告 结果	在展示研究成果及其影响时，应该由儿童负责哪些任务？ 选择报告的形式（出版的报告和书面的报告、演示文稿、录像、戏剧等） 为资助者或利益相关者选择关键信息 根据需要提出主要的政策修改建议 撰写或共同撰写研究报告 检查或验证研究结果
阶段 5：政策 发展或运动	关于社会和政府对研究结果的回应，儿童应以何种方式对其产生影响： 选择传播的方式 向重要部门（地方服务提供者、当局或中央政府）传递信息 向媒体传递信息 向父母或社区传递信息 向其他儿童传递信息

━━━━━━━━━━━━　**案例 9–1**　━━━━━━━━━　

与生活在儿童中心的儿童共同研究

研究问题

为了回应有关照管儿童需求的报道,我们进行了一项研究,发现这些接受照管的儿童,生活能力很差,不能很好地照顾自己。

研究目的

为减少权利不平等的现象,我们使用参与式研究法,直接接触接受照管的儿童,让他们作为共同研究者。

参与者

8 名接受照管的儿童中,有 6 名参加一些活动。每组 4 名儿童(2 名男孩,2 名女孩)定期参加活动。在项目期间,3 名儿童搬走。对于有学习需求的一些参与者,我们必须对他们的材料做出区分。

参与过程

- 为儿童提供适当的信息和参与选择可以帮助儿童作出知情决策。
- 制定合作议程。
- 使用参与式技术。
- 研究收集的信息,儿童可以分享和传播。
- 对于共同研究的经历,儿童可以获得反馈。

方法

向全体参与研究的人员发放信息单并与他们展开讨论,同时获得中心经理的批准。研究者前往照管中心与参加者共进晚餐,并发放内容清晰的资料册,解释研究目的和可能需要参与者参与的活动大纲。随后,参与者根据这些信息自行考虑是否参与。

参与的过程和技术

　环境

按照计划,在参与者同意的情况下,研究者在三个月内,定期拜访茶点中心,并在大型的生活区以一种非正式的方式开展活动。

议程

为实现更高的研究目的——教育经验——研究者要求参与者确定对他们重要的问题,以及应该共同研究的问题。会议使用参与式工具包来提供帮助,例如"增加趣味!"该工具包包含一系列吸引参与者参与的方法和活动(Dynamix,2002)。具体包括:

- 用于收集信息的便利贴(有利于移动和分组)。
- 用于确定想法优先顺序的菱形等级(从最重要的问题到最不重要的问题)。
- "十大"提示——巩固收集到的信息。
- "世界上最坏的"——探索极负面的问题。
- "棉签辩论"——一种让每个人都有平等发言机会的方法。
- 如何,如何,如何——一种更深入地看待问题的方法。
- 花时间计划会议,使它们变得有趣,但同时也具有灵活性,能够对会议中的意外事件做出反应。
- 用可视化的思维导图记录讨论(在这种情况下,使用录音、转录等其他方法太费时)。
- 视觉地图为互动以及电脑思维导图软件、配套挂图的使用提供聚焦点。
- 计划在中心外的一个地方社区大厅举办晚会,开展一系列活动,包括社交休息和非正式的讨论(Dynamix,2002)。
- 定期回顾讨论,检查理解和反馈,这些通常需要借助计算机。

传播

参与者就如何处理收集到的信息进行协商(例如,与中心工作人员、经理、教师分享,向其他处境中的儿童发放传单,制作数字化视频光盘)。

在一次寄宿照管儿童的保健会议上,研究者与照管儿童共同构建和汇报的研究结果也被提交给中心的工作者。

评价

与 4 名照管儿童一起使用目标图表来获取参与者对权力、控制和享受的观点(Dynamix，2002)。与参与者一起讨论他们对目标图表的反应和评价。请参与者对知情选择、获得倾听和畅所欲言的观点进行等级评价。请参与者对研究影响发表观点。

如果想要了解更多儿童担任研究者角色的案例，请参阅伯顿等人(Burton et al.，2010)和蒂斯德尔等人(Tisdall et al.，2009)的研究。

来源：Chick, H., & Inch, W. (2007). Co-researching with young people living in a young people's center. In *Seeking and taking account of the view of children and young people* (pp. 37 - 57). A Psychological Perspective. Retrieved from the World Wide Web：http://www.itscotland.com/pdp/.

体现参与精神的一般框架

对于"对儿童""和儿童一起""关于儿童"，甚至是"将儿童作为共同研究者"的研究，所处的文化或环境绝不可能是真空的。本书的读者可能是教师、护士、社会工作者、托儿所护士、心理学家、学生或青年工作者，受篇幅限制，这里只能列举这几种可能性。如果我们身处这些职位，我们也会被带入一种社会环境，这种社会环境不仅影响儿童充分参与研究的能力，还会影响我们参与研究的能力。我们的观点，政府和地方当局的文化和精神以及我们和儿童共享的背景和环境，包括家人和家庭、医院、学校、单位等，是决定参与程度和参与质量的关键。正如我们在第二章理论探讨部分和前文霍布斯的儿童协商和参与模型中发现的，通过理解问题和改善实践，我们可以改进自己在这方面的立场。我们可以通过加强参与，努力赋予儿童发言权，特别是在一些证明儿童的观点和声音使变革成为现实的研究中。

最后，我们要讨论的框架是一个可以在专业实践中评估服务、系统或实践的框架。你对参与有多友好？你的研究对参与有多友好？你的服务对参与有多友好？当我们在学校、病房、宿舍和诊所等特定环境的参与式项目中尝试与儿童合作时，我们也可以使用该框架。环境对参与有多友好？在"对儿童""和儿童一起""关于儿童"，甚至是"将儿童作为共同研究者"的研究中，该框架是一个有用的框架,因为它可以实现我们做研究的初衷——让参与者有发言权,并通过改变展示影响力。该框架帮助我们发现,研究可以凸显参与链中哪些薄弱环节。表9-6说明了在评估实践中的参与精神时,我们需要关注的一份有助于考虑儿童观点的清单。

专栏 9-3

研究在实践中的应用:致力于参与精神

回顾专栏9-2中的案例摘要。使用表9-6与你的合作伙伴或小组讨论研究者是如何证明他们致力于参与精神的。

表 9-6　实践中的参与精神:一份有助于考虑儿童观点的清单
(Kirby et al., 2003;Mackay et al., 2007)

233

有组织的参与精神
- 儿童的参与是政策或实践的一个核心特征
- 让儿童参与的原因是明确的
- 以明确的价值观作为儿童参与标准的基础
- 为儿童、服务人员和专业人员制定明确的目标

共同参与的精神
- 儿童作为独特专业知识的来源,应受到尊重
- 多花时间与儿童建立关系
- 了解儿童在家庭和其他的生活环境中发生的事情,以及这些事情对他们参与研究的影响
- 表现出兴趣、尊重,能积极倾听
- 提供对理解的反馈和现实核查

权力和控制的实践精神
- 参与是服务发展计划的一部分吗?
- 儿童如何参与目标规划?
- 儿童在了解自己的观点是如何产生影响时,你是如何支持他们的?
- 你有明确的信息来帮儿童做出明智的决定吗?
- 这是一种很容易被儿童访问的格式吗?
- 是否有明确和真正的参与选择?
- 服务如何处理保密问题?
- 是否有时间、地点和参与的选择?
- 儿童是否参与制定议程?
- 你是否了解对儿童重要的观点以及儿童想要研究的东西?
- 儿童在从事的活动中有发言权吗?

（续表）

方法
- 使用多种工具或感官,包括所有年龄、风格和能力的儿童
- 共同关注富有灵活性和创造性的活动
- 为儿童提供范例
- 对所有维度(地点、时间、对象、眼神交流)进行控制
- 收集到的信息要公开透明
- 提供双向、持续的反馈
- 为儿童和其他人提供明确的反馈和评价

影响
- 赋权
- 自尊
- 归属
- 控制
- 回应儿童的观点
- 对所能达到的目标,要实事求是
- 酌情让儿童参与研究传播

对协商和参与方法的批判

在过去十余年里,与儿童协商和参与有关的方法和工具大量增加。这主要是因为,在权利议程的推动下,我们进行了大量研究,使得有关倾听儿童的研究,从几个关键的、开拓性的研究,发展到更易获取的多项研究的集合,许多研究都可以在网上免费获得。毫无疑问,万维网也在这方面发挥了一定的作用。未来十年,我们和儿童一起工作和研究的方式,将继续发生戏剧性的变革。然而,这一领域并非没有困难和争论。现在人们普遍持有这样一种观点:儿童,即使是年龄很小或残疾的儿童,也应该像公民一样受到尊重,他们发表的观点确实是有效的,可以采用适宜的参与式工具和参与式过程对其评估。儿童作为真正的研究者或共同研究者参与研究,是儿童拥有的一项绝对权利。这不只是一项得到普遍认可的权利,还是一项真正自由的权利。同时,对于那些作为研究者参与研究的儿童来说,研究能否为他们带来实际的好处而不是假设的好处,这一点仍缺乏有效的证据(Hill et al., 2004)。

234

受伦理、法律、体制和实践的多重限制,研究者能在多大程度上真正参与研究,我们仍心存疑惑。正如我们在这一章所探讨的,现实世界存在许多制约研究的因素,这些因素确保我们一定会对所有环境中存在的限制因素和研究目的进行考虑,然后根据实际情况做出判断(Davis,2009)。这些限制因素包括研究的问题、伦理、预算、时间和利益相关者的期望等。根据兰斯当(Lansdown,2001)的观点,想要成为一项有效的参与式研究,需要达到的最低标准是:

- 与参与者真正相关。
- 有产生影响的能力。
- 充足的时间和资源。
- 参与者的现实期望(明确且一致的目的和目标)。
- 信任、尊重和公平的价值。
- 为实现计划,对参与者进行培训并予以支持。

人们常常混淆协商和参与,虽然两者有重叠之处,但用于儿童时,它们可能有很大的不同,因为它们服务于不同的目的。尽管所有的研究参与者可能都想改变政策和实践,但已有文献表明,这种可能性非常小,除非研究结果不存在争议并且不会引起利益冲突(Tisdall,2009)。人们发现,重要的是,如果儿童做决策时没有足够的经验,那么要在赋予儿童权利和不让儿童承担太多的责任之间取得平衡(Aston & Lambert,2010;DfES,2001)。在协商和参与式研究中,任何任务都应如此。

我们在此简要回顾的一些特定研究表明,如果工具得当,那么可以发现,儿童在发表自身对家庭、学校和其他地方日常生活的看法时,是一名敏锐且具有建设性的评论员。此外,儿童还可以配合生成数据,并为研究设计和研究实施做出贡献。研究者还发现,对这些工具的有效性进行批判性反思非常重要,对这些工具在每种情况下使用的优缺点进行传播也很重要。克拉克和莫斯(Clark & Moss,2001)发现,他们的马赛克法能为服务评估提供依据,同时营造一种变化、对话和发展参与式方法的氛围。然而,尚不明确的是:这项议程是否由成人发

起,或者儿童是否有足够的隐私,或者任何特定的文化是否都能促进"倾听"。这
需要时间、培训,而且将与学校的课程计划形成竞争。

使用旅游、地图、照片等传统的参与式工具,确实可以产生有用的数据,但如
果没有其他方法的支持,它们可能无法发挥真正的价值。在实际使用相机时,可
能会出现一系列问题,从研究结束后将贫穷社区无法获得的器材引入贫穷社区
的伦理问题,到儿童拍摄错误的事物或根本没有意义的照片,再到最后的蓄意破
坏。绘画、工作表和日记很容易被个体和更大的团体获得,而且大部分很受欢
迎。然而,这些工具的使用效果,很大程度上取决于为匹配参与者的能力而探索
的概念的适应质量,并不是所有的儿童都喜欢画画,有些儿童就不会画画。当一
项任务与儿童的识字技能和其他学习技能上的实际能力不匹配时,也会出现数
据缺失和不完整的情况。参与者和他们的父母可能会感觉,研究者和他们一起
回家,一起参与他们的其他工作和休闲活动是一种负担。

精心设计的工作表和日记对于生成数据和洞察力非常有用,但设计得当需
要时间(Punch,2002b)。图 9-2 至图 9-7 表明,第一作者在整理两名儿

图 9-2　两个年龄分别为 6 岁和 12 岁的姐妹
用照片讲述她们拜访姑姑家的故事

童——12岁的克莱尔和6岁的杰玛——的观点时,初步尝试给她们很大的自由。研究者给她们一台数码相机,要求她们在姑姑家留宿时,拍摄对她们来说很重要的东西。一旦拍完照片,研究者就会要求她们说出拍摄这些照片的原因。

236

开始

图9-3 开始

克莱尔:"我请姑姑帮我拍照,并让杰玛去找一些她想要拍的事物,但是杰玛只对她的玩具娃娃感兴趣,所以她要拍芭比娃娃吗?真是可笑!然后,当我试图向杰玛展示拍照的方法时,她就生气了。于是我决定自己一个人去拍照,但是她也跟了过来,跟着我走来走去,让我心烦!"

最喜欢的景色

克莱尔:"虽然这两张图片不是非常清晰,但是它们是我最喜欢的景色。站在花园里,我可以看到马厩里可爱的马,以及它们出去活动的过程。我喜欢看它们。通过卧室的窗户,我可以看到农场、大海以及光线横穿大海照到另一侧地上

图 9 - 4　最喜欢的景色

的景象。我们家的房子在一条繁华的街上，看不到这些美丽的景色。"

我的卧室　　　　　　　　　　　　　　　　　237

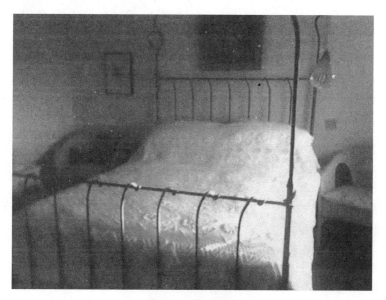

图 9 - 5　我的卧室

克莱尔："我喜欢睡在这个房间，因为这是奶奶在世时住的房间。奶奶去年去世后，我一直十分想她，她真的很爱我，对我也很慈祥。因为我非常喜欢这间卧室，所以爸爸妈妈在家里给我准备了一间很像的卧室，甚至床都是一模一样的,只是这个床更大。"

睡觉时间

图 9-6　童话故事书

克莱尔:"我之所以拍童话故事书是因为姑姑每天晚上都会走进我的房间,用苏格兰方言给我读一些睡前故事。我喜欢恐怖故事,最喜欢的是《奇怪的来访者》。我的姑姑们都能背出这个故事,因为当她们还是小女孩的时候,奶奶就给她们讲这个故事。这个故事虽然恐怖,但真的很有趣,我特别喜欢其中'魔鬼,魔鬼!'的片段。"

238

早餐时间

克莱尔:"我在姑姑家的时候,姑姑会为我做一份特别的早餐——将融化的黄油和蜂蜜烤进面包里。它的味道真是太棒了。因为我非常喜欢蜂蜜,所以姑姑给我起了个昵称叫蜂蜜宝贝。我觉得这很特别。"

图 9-7　早餐时间

　　这类儿童研究的缺点,我们不难猜测。研究中使用的语言也有可能发挥强大的影响力,如果我们能处理好缺点并仔细规划,那么我们获得的数据就真的能产生持久的影响。

　　谈到参与式访谈,焦点小组访谈允许儿童制定部分研究议程,有利于增强小组成员的信心。当然,个体访谈更为私密和亲密。个体访谈在许多研究中都发挥着至关重要的作用,这不难想象。此外,如果个体访谈能和焦点小组访谈结合起来,通过小组给予支持和接纳,同时与个体就新问题进行更深入地探讨,那么个体访谈非常有助于研究者和焦虑儿童建立融洽的关系。虽然研究证明,参与式访谈对获取观点非常有用,但这种方法确实存在一些缺点。我们很难对其进行录音和转录(完全不知道是谁在说话以及谁说了哪些内容),而且无论你是领导小组进行访谈,还是仅仅观察他们,你都不可能记录整个过程。此外,集体活动也会导致集体效应,一些观点出现的频率会比其他观点出现的频率更高(Hill et al., 1996)。

　　最后,计算机、移动电话、软件等技术的使用,在带来许多挑战的同时,也带来许多好处。毫无疑问,直觉告诉我们,这些参与方式对儿童来说,肯定是更有

239

意思的和更有趣的。但是,如果没有实际的证据作为基础,我们就不能认为,它们消除了反应的社会期望效应,促进了亲密关系,减少了失败的回应或增加了回应的数量,因为参与者可能会提交多份问卷或者因为技术方面的其他限制,引起参与者的反感。这些方法虽然蕴含极大的潜力,但并没有被普遍使用,也没有得到所有参与者同等的支持。然而,这是一个重要的发展领域,上面提到的很多问题,在不久的将来肯定会得到解决。

本 章 小 结

本书在前文提到了很多研究,这些研究都以获取有效的观点作为研究的具体目标,对问卷法、访谈法(见第七章)等标准的研究方法进行了富有创造性地改编,对参与者提出适当的任务要求,最终实现了研究目标。因此,研究者创新的不是方法本身,而是方法的使用方式。在前文列举的研究案例中,有的研究者使用质性的、归纳的和参与式的方法,因此他们能理解儿童的观点,赋予儿童话语权。这种认知—发展法对于与儿童协商和让儿童参与研究非常重要(Clark & Stratham, 2005；Lewis & Lindsay, 2000),我们在第五章讨论过这一点。如何找到合适的工具,寻求有效的观点,这种认知—发展法能为我们提供帮助。在与儿童协商和让儿童参与研究方面,社会建构主义模型和框架将儿童置于一个非常有影响力的环境中。这很重要,因为正是这种考虑决定了一些参数——代表我们提供的参与和影响的水平。在第十章,我们将围绕与儿童研究者合作时的合理期望,深入探讨相关的伦理问题。

专栏 9-4

研究在实践中的应用：使用参与式研究方法设计和实施研究

该实践的目的是,在你使用参与式研究方法与儿童协商时,为你提供设计研究和实施研究的经验。

思考成人研究者和儿童研究者的相对角色,你可能会发现,本章内容很有用。选择下列研究问题中的一个,设计收集数据与分析数据的方法。

- 中学生如何看待学校在心理健康问题上给中学生提供的支持?
- 定期参加评论的儿童(例如有特殊教育需要的儿童或由地方当局抚养或照顾的残疾儿童)对评论有什么看法?
- 参加住房项目的无家可归的青少年对无家可归项目以及这个项目对他们生活的影响有什么看法?

记住,使用的方法要符合儿童的年龄和兴趣,由此赋予参与者表达观点和产生影响的权力。

记录访谈数据需要获得儿童及其照顾者的同意。

参 考 文 献

Additional Support for Learning Act. (2004). *Education (additional support for learning) Act 2004: Consultation on draft code of practice, draft policy papers and draft associated regulations response booklet*. Edinburgh: Her Majesty's Stationery Office.

Aston, H. J., & Lambert, N. (2010). Young people's views about their involvement in decision-making. *Educational Psychology in Practice*, 26(1), 41 - 51.

Barrett, W. (2007). Evaluating the use of in my shoes as a participatory technique for seeking and taking into account the views of children and young people. In *Seeking and taking account of the views of children and young people: A psychological perspective* (pp. 25 - 36). Retrieved from the World Wide Web: http://www.itscotland.com/pdp/.

Bronfenbrenner, U. (1992). Ecological systems theory. In R. Vasta (Ed.), *Six theories of child development: Revised formulations and current issues* (pp.187 - 249). London: J. Kingsley.

Burton, D., Smith, M., & Woods, K. (2010). Working with teachers to promote children's participation through pupil-led research. *Educational Psychology in Practice*, 26(2), 91 - 104.

Calam, R. M., Cox, A. D., Glasgow, D. V., Jimmieson, P., & Groth L. S. (2000). Assessment and therapy with children: Can computers help? *Child Clinical Psychology and Psychiatry*, 5(3), 329 - 343.

Chick, H., & Inch, W. (2007). Co-researching with young people who are looked after and accommodated in a young person's centre. In *Seeking and taking account of the views of children and young people: A psychological perspective* (pp.37 – 57). Retrieved from the World Wide Web: http://www.itscotland.com/pdp/.

241 Clark, A., & Moss, P. (2001). *Listening to young children: The mosaic approach*. London: National Children's Bureau.

Clark, A., & Stratham, J. (2005). *Listening to young children: Experts in their own lives. Adoption and Fostering*, *29*(1), 45 – 56.

Cousins, J. (2006). In my shoes: A computer assisted interview for communicating with children and vulnerable adults. *Adoption and Fostering*, *30*(1), 89 – 90.

Cremin, H., & Slatter, B. (2004). Is it possible to access the "voice" of pre-school children? Results of a research project in a pre-school setting. *Educational Studies*, *30* (4), 457 – 470.

Crichton, R., & Barrett, W. (2007). The contribution of psychological/sociological perspectives to an understanding of effective participation. In *Seeking and taking account of the views of children and young people: A psychological perspective* (pp.12 – 24). Retrieved from the World Wide Web: http://www.itscotland.com/pdp/.

Davis, J. (2009). Involving children. In E. K. M. Tisdall, J. M. Davis & M. Gallagher (Eds.), *Researching with children and young people: Research design, methods, and analysis*. Los Angeles: SAGE.

DfES. (2001a). *Learning to listen: Core principles for the involvement of children and young people*. London: Department for Education and Skills.

DfES. (2001b). *SEN toolkit*. Annesley: Department for Education and Skills.

DfES. (2003). Working together: Giving children and young people a say. Retrieved March 26, 2012, from the World Wide Web: http://www.education.gov.uk/consultations/downloadableDocs/239_2.

DfES. (2004). *Every child matters*. London: The Stationery Office.

Dolowitz, D., Buckler, S., & Sweeney, F. (2008). *Researching on-line*. Basingstoke. UK: Palgrave Macmillan.

Flewitt, R. (2005). Is every child's, voice heard? Researching the different ways 3-year-old children communicate and make meaning at home and in a pre-school play group. *Early years*, *25*(3), 207 – 222.

Glasgow, D., & Crossley, R. (2004). Achieving best evidence: A comparison of 3 interview strategies for investigative interviews in a forensic population with mild learning disabilities. In C. Dale & L. Storey (Eds.), *Learning disability & offending* (pp.35 – 44). Chichester: Pratis Nursing Practice International.

Greene, S., & Hill, M. (2005). Researching children's experience: Methods and methodological issues. In S. Greene & D. Hogan (Eds.), *Researching children's experience: Methods and approaches*. London: SAGE.

Greig, A. D., & Taylor, J. (1999). *Doing research with children*. London: Sage.

Greig, A. D., Taylor, J., & MacKay, T. (2007). *Doing research with children*. London: SAGE.

Hart, R. A., & UNICEF International Child Development Centre. (1992). *Children's participation from tokenism to citizenship*. Florence, Italy: UNICEF International Child Development Centre.

Hayes, B. (2002). Community, cohesion, inclusive education. *Educational and Child Psychology*, *19*(4), 75 – 90.

Hill, M., Laybourn, A., & Borland, M. (1996). Engaging with primary-aged children about their emotions and well-being: Methodological considerations. *Children & Society*, *10*(2), 129 – 144.

Hill, M., Davis, J., Prout, A., & Tisdall, K. (2004). Moving the participation agenda forward. *Children & Society*, *18*, 77 – 96.

Hobbs, C., Todd, L., & Taylor, J. (2000). Consulting with children and young people: Enabling educational psychologists to work collaboratively. *Educational and Child Psychology*, *17*(4), 107 – 115.

Hoppe, M. J., Wells, E. A., Morrison, D. M., Gillmore, M. R., & Wilsdon, A. (1995). Using focus groups to discuss sensitive topics with children. *Evaluation Review*, *19*(1), 102 – 114.

Jones, P., & Welch, S. (2010). *Rethinking children's rights: Attitudes in contemporary society*. New York: Continuum International Publishing Group.

Kellett, M. (2005). *How to develop children as researchers: A step-by-step guide to teaching the research process*. London: Paul Chapman.

Kilkelly, U., Kilpatrick, R., Lundy, L., Moore, L., Scraton, P., Davey, C., Dwyer, C., & McAllister, A. (2005). *Children's rights in northern ireland: Research*. Belfast: Northern Ireland Commissioner for Children and Young People in association with Queen's University.

Kirby, P. (1999). *Listening to young children: The mosaic approach*. London: Save the Children.

Lansdown, G. (2001). Children's participation in democratic decision making. UNICEF. Retrieved from the World Wide Web: http://www. unicef-icad. org/publications/pdf/insight.pdf.

Lewis, A. (2010). Silence in the context of "child voice". *Children and Society*, *24*(1), 14 – 23.

Lewis, A., & Lindsay, G. (2000). *Researching children's perspectives*. Philadelphia: Open University Press.

MacKay, F., Barret, W., & Chrichton, R., (2007). Conclusions and implications for practice. In *Seeking and taking account of the views of children and young people: A psychological perspective* (pp. 83 – 92). Retrieved from the World Wide Web: http://www.itscotland.com/pdp/.

MacNaughton, G., Hughes, P., & Smith, K. (2007). Young children's rights and public

242

policy: Practices and possibilities for citizenship in the early years. *Children and Society*, *21*(6), 458 – 469.

McKnorrie, K. (1995). *Children (Scotland) Act 1995*. Edinburgh: W. Green/Sweet & Maxwell.

Mill, M., Davis, J., Prout, A., & Tisdall, K. (2004). Moving the participation agenda forward. *Children of Society*, *18*, 77 – 96.

Morrow, V. (2001). Using qualitative methods to elicit young people's perspectives on their environments: Some ideas for community health initiatives. *Health Education Research*, *16*(3), 255 – 268.

National Archives. (2012). Children Act 1989. Retrieved March 26, 2012, from the World Wide Web: http://www.legislation.gov.uk/ukpga/1989/41/contents.

National Archives. (2012). Children (Northern Ireland) Order (1995). Retrieved March 27, 2012, from the World Wide Web: http://www.legislation.gov.uk/nisi/1995/755/contents/made.

National Youth Agency. (2006). Involving children and young people: An introduction. Retrieved March 27, 2012, from the World Wide Web: http://www.nya.org.uk/dynamic _files/hbr/sharedresources/lnvolving%20cyp%20-%20an%20introduction.pdf.

NSPCC. (2008). All about me: Child line teachers' pack for children and young people with secial educational needs (Keystage 2/ Keystage 3). Retrieved from the World Wide Web: http://www.nspcc.org.uk/inform/resourcesforteachers/classroomresouces/.

O'Kane, C. (2000). The development of participation techniques: Facilitating children's views about decisions which affect them. In P. Christensen & A. James (Eds.), *Research with children: Perspectives and practices* (pp. 136 – 59). London: Falmer Press.

Oliver, L. (2007) The contribution of participation in consultation online as a technique for seeking and taking into account the views of children and young people. In *Seeking and taking account of the views of children and young people: A psychological perspective* (pp. 83 – 92). Retrieved from the World Wide Web: http://www.itscotland.com/pdp/.

Prout, A. (2001). Representing children: Reflections on the 5 – 16 programme. *Children and Society*, *15*(3), 193 – 201.

Prout, A. (2002). Researching children as social actors: An introduction to the children 5 – 16 programme. *Children and Society*, *16*(2), 67 – 76.

Punch, S. (2002a). Interviewing strategies with young people: The "Secret Box", stimulus material and task-based activities. *Children and Society*, *16*(1), 45 – 56.

Punch, S. (2002b). Research with children: The same or different from research with adults? *Childhood*, *9*(3), 321 – 341.

Rodenberg, P. (1993). *The need for words: Voice and the text*. New York: Routledge.

Shier, H. (2001). Pathways to participation: Openings, opportunities and obligations. *Children & Society*, *15*(2), 107 – 117.

Sinclair, R. (2004). Participation in practice: Making it meaningful, effective and sustainable. *Children & Society*, *18*(2), 106 – 118.

243

Street, C. (2004). In-patient mental health services for young people: Changing to meet new needs? *Perspectives in Public Health*, *124*(3), 115 – 118.

Tisdall, E. K. M., Davis, J. M., & Gallogher, M. (2009). Researching children and young people. *Research design*, *Method and Analysis*. London: Sage.

UNICEF. (1989). Convention on the Rights of the Child. Retrieved March 12, 2012, from the World Wide Web: http://www.unicef.org/crc/.

UNICEF. (2002). Children participating in research, monitoring and evaluation: Ethics and your responsibility as a manager. Retrieved March 12, 2012, from the World Wide Web: http://www.unicef.org/evaluation/files/TechNote1_Ethics.pdf.

Woolfson, R. C., Harker, M., Lowe, D., Shields, M., Banks, M., Campbell, L., & Fergusson, E. (2006). Consulting about consulting: Young people's views of consultation. *Educational Psychology in Practice*, *22*(4), 337 – 353.

Woolfson, R. C., Bryce, D., Mooney, L., Harker, M., Lowe, D., & Ferguson, E. (2008). Improving methods of consulting with young people: Piloting a new model of consultation. *Educational Psychology in Practice*, *24*(1), 55 – 67.

推 荐 阅 读

Children's Society. (2001). *Young People's Charter of Participation*. London: Children's Society.

Children's Rights Officers and Advocates. (2002). *Up the Ladder of Participation*. London: CROA.

Fajerman, L., Treseder, P., & Connor, J. (2004). *Children are service users too: A guide to consulting with children and young people*. London: Save the Children.

Greene, S., & Hogan, D. (Eds.). (2005). *Researching children's experience: Methods and approaches*. London: Sage.

Kirby, P. (1999). *Involving young researchers: How to enable young people to design and conduct research*. York: Joseph Rowntree Foundation.

MacBeath, J., Demetriou, H., Ruddick, J., & Myers, K (2003). *Consulting pupils: A toolkit for teachers*. Cambridge: Pearson Publishing Company.

Madden, S. (2001). *Reaction consultation toolkit: A practical toolkit for consulting with children and young people on policy issues*. Scotland Programme: Save the Children.

Shaw. C., Brady, L. M., & Davey, C. (2011). *Guidelines for research with children and young People*. London: National Children's Bureau.

Shephard, C. (2002). *Participation-spice it up: Practical tools for engaging children and you*. Save the Children.

Tolley, E., Girma, M., Stanton-Wharmby, A., Spate, A., & Milburn, J. (1998). *Young opinions: Great ideas*. London: National's Children's Bureau.

244　Treseder, P., & Crowley, A. (2001). *Taking the initiative: Promoting young people's participation in decision-making in wales*. London: Carnegie Young People Initiative.

Treseder, P., Children's Rights Office., & Save the Children Fund. (1997). *Empowering children & young people: Training manual*. London: Save the Children.

Youth Council for Northern Ireland. (2001). *Seen and heard? Consulting and involving young people within the public sector*. Northern Ireland: Youth Council for Northern Ireland.

Weisner, T. S. (2005). *Discovering successful pathways in children's development mixed methods in the study of childhood and family life*. Chicago, IL: University of Chicago Press.

White, P., & Save the Children Fund and National Youth Agency. (2001). *Local and vocal: Promoting young people's involvement in local decision-making-an overview and planning guide*. London: Save the Children.

Willow, C. (1997). *Hear! Hear! Promoting children and young people's democractic participation in local government*. London: Local Government Information Unit and National Children's Bureau.

第十章
儿童研究伦理

本章目标：

- 探讨当代儿童研究伦理的基础。
- 考察儿童研究活动的原则。
- 讨论参与水平和伦理。
- 讨论知情同意在儿童研究中的重要性。
- 考察接触儿童参与者的过程，包括获得研究伦理委员会许可的方法。
- 提供评价研究是否符合伦理的实用指南。

从事儿童工作的专业人员通常会和更有经验的实践者一起工作，对于碰到的每一种新情况，都会以各种方式进行反思，这是最初学术培训的一部分，能让从事儿童工作的专业人员学到许多技能。但是，在实践中观察经验丰富的研究者的机会可能很少。研究本来就是一个耗时且漫长的过程，在实践中观察整个研究的机会很难与学术研究模块匹配。此外，众多发展研究在设计研究时，涉及的是认知行为而不是外显行为。由于研究者和参与者本身的关系性质，研究者通常不太欢迎局外人在场。因为局外人在场有可能影响研究环境，限制研究发展，还有可能影响研究的内部效度。

保证研究过程遵循基本的研究伦理是研究者需要掌握的一项基本研究技能，但初级研究者发现，他们很难对实践进行观察或体验。对于经验不足的研究者来说,可以练习设计访谈记录表或问卷,练习提问技巧,增强观察能力。但对经验不足的研究者来说,更具挑战的是掌握一套技能,这套技能对解决儿童和儿童家庭研究中可能碰到的伦理困境有帮助。毫无疑问,经验丰富的研究者也经常面临伦理困境(Campbell,2008;Powell & Smith,2009;Schnenk & Williamson,2005)。然而,自相矛盾的是,伯贝克和德拉蒙德(Birbeck & Drummond,2007)发现,伦理方面的内容在文献中讨论得并不多。然后会出现这样一种情况:研究的某个基本部分,在实践中难以实施,文献对该部分的描述也很糟糕。我们期望,准研究者在开始研究之前,一定要考虑所有可能存在的伦理困境。仔细规划和了解潜在的陷阱,对此有所帮助,但我们不能低估儿童工作中那些不可预测的因素和可能面临的伦理困境,因为这些问题经常在你意想不到的时候出现。

本章将探讨研究者,特别是初级研究者,如何在开展实践研究的过程中做好准备,迎接一些比较常见的伦理挑战。正如我们前面说过的,这是一本实用的书,所以我们将探讨研究者如何为意外事件做最充分的准备,同时以我们和其他人的经历为例进行解释。但是,在此之前,更为重要的是考察作为研究准备基础的伦理原则。这一考察不可避免会包含如下内容:当代儿童研究伦理的基础;专业群体尤其是与儿童直接参与研究相关的专业群体之间的差异。这一领域的争论越来越多,本章最后有关研究在实践中的应用专栏要求你在做决定时结合自己的专业考虑伦理问题。

当代儿童研究伦理的基础

儿童研究伦理包括两方面的基础知识:一是一般的伦理理论;二是人类研究的一般伦理原则以及如何将它们应用于儿童研究。许多专业至今仍无法给儿童研究以具体的伦理指导,儿童在历史上的社会地位可能是导致这种现状的部分原因(见第一章)。正如我们在前面讨论过的,直到最近几十年,人们才认识到,儿童应享有特定的权利,并且规定,在会对儿童产生影响的事情上,与儿童进行协商。这样的现状促使初级研究者调整适用于成人研究的一套伦理原则,供

247

儿童研究使用。前人已经做过一些尝试并取得了成功,其中申克和威廉森
(Schenk & Williamson,2005)的成果是一个良好的开端。

　　初级研究者在对儿童研究伦理问题展开讨论时,可以参考人类研究的一般
伦理原则。1978 年,贝尔蒙特报告(Belmont Report)确立了 3 条伦理原则,之
后比彻姆和查尔瑞斯(Beauchamp & Childress,2008)又补充了第 4 条伦理原则
(不伤害原则,意思是避免造成伤害的原则)。比彻姆和查尔瑞斯的《生物医学伦
理学原则》(*Principles of Biomedical Ethics*)是这一领域的开创性著作。这本书
于 1979 年首次出版,目前已经是第 6 版(Beauchamp & Childress,2008)。这 4
条原则被研究者广泛使用,具体内容如下:

- 自主(autonomy)原则,也可称为自治原则,具体指参与者是自由的,既不
  受他人控制、干涉,也不受他人限制,例如不准确的理解,阻止有意义的选
  择等(Beauchamp & Childress,2008)。将自主原则应用于儿童意味着儿
  童可以自由选择是否参与研究,而不必担心拒绝参与研究会导致不良后
  果——使自己处于不利地位。自主原则还需要研究者以恰当的形式和水
  平来提供研究信息,让每个儿童充分了解:如果他们同意参与研究,他们
  需要做什么,包括如何处理从他们那收集的信息。

- 不伤害(non-maleficence)原则,不伤害原则主张不伤害他人,最初我们
  把不伤害原则和有利原则整合成一个原则。比彻姆和查尔瑞斯(2008)讨
  论了伤害一词内涵的泛化,认为理解这个词的含义很重要。为避免造成
  疼痛、痛苦、残疾、犯罪和死亡,研究者在和儿童一起工作的时候,需要采
  取合理、充分和适宜的步骤。凯迪(Keddie,2000)有一项关于儿童和玩
  具的研究,其中有一个很好的关于伤害的例子。在这个研究中,研究者在
  某些情况下进行了干预,以防止对儿童造成身体伤害,但在其他情况下却
  没有进行干预,从而致使伤害发生,对儿童造成非身体的伤害。

- 有利(beneficence)原则,这一原则的要求是,作为专业人员,我们要做对
  他人有利的事,并比较成本、风险和收益,判断相对权重,从而使参与者的
  总体利益高于风险。这意味着研究者需要明确,研究将给儿童乃至整个

社会带来哪些利益和风险，以及利益是否高于风险。

- 公正（justice）原则，是指给予参与者应得的、公正的、公平的和适当的待遇（Beauchamp & Childress，2008）。这意味着研究者必须确保所有儿童都受到公平和平等的对待，包括对纳入和排除标准的思考。从事信息收集工作的应该是那些不太可能从研究结果中受益的人。

作为有道德的人，这些原则会影响我们个人生活和职业生活中的各种行为。在开展人类研究时，我们显然应该遵守伦理原则，而不是在给自己贴上"研究者"的标签后，就允许自己不遵守伦理原则。为什么要制定伦理原则来指导研究呢？简单的回答是，研究者对研究原则的滥用使得我们有必要对其加以规范。由此，对什么是符合伦理的或不符合伦理的研究行为，就不存在任何主观的解释了。大部分滥用研究原则的研究发生于第二次世界大战期间的纳粹德国，并在纽伦堡战争审判期间（1945—1946）引发全世界的关注。这些研究的信息是明确的。卡普兰（Caplan，1992）主编了一本名为《医学疯了：生命伦理学和大屠杀》（*When Medicine Went Mad: Bioethics and the Holocaust*）的书，在谈及纳粹实验的伦理影响时，她是这样阐述的：

> 通过科学提供被社会认可的价值观和伦理规范的尝试失败了。当医学和科学承诺会实现自己的伦理价值时，我们不应该再相信他们，这些价值必须出自其他来源。（Caplan，1992，p.48）

当伦理问题和研究涉及人类时，我们不应该让科学家进行自我管理，这不是因为他们违背了承诺，也不是因为在战争期间，那些参与实验的所谓的科学家都是疯子。而是因为在当时的专政体制下，尽管已经提出伦理原则，并且科学家在实验前也都发誓会遵循这些原则，但事实证明，科学家不止一次违背这些原则，犯下严重罪行。在纳粹集中营里，实验的目的是推动知识发展以维护雅利安人的利益（一种扭曲和错误的善举），但这是以牺牲被认为是低人一等的成人和儿童的利益为前提的。例如，据报道，约瑟夫·门格勒（Josef Mengele）是那个时代最臭名昭著的医生之一,他在奥斯威辛集中营里对 1 500 对双胞胎(包括多胞胎)进行实验。他之所以做这个实验,源于他的两大兴趣:一是发现多胞胎的秘密,从而使优越种族的人口成倍增长;二是发现行为和身体特征的遗传基础。但他采用的实验方法是折磨人的、不人道的,经常导致儿童死亡。

　　这种研究的价值必然会遭受质疑,同时,处理这些实验数据和其他实验数据的争论仍在继续。科尔(Kor,1992)是双胞胎实验的幸存者,于 1945 年 1 月从奥斯威辛集中营中被解救出来。他认为,这些实验是不符合伦理的,所以使用这些实验的数据也是不符合伦理的。同时,科尔还以一种比现有伦理原则更直接的方式,警告医生和科学家,并敦促他们做出如下承诺:

- 做出永不侵犯任何人的人权和尊严的道德承诺;
- 倡导一种普遍的观点:"假如你是实验对象,以一种你想要被对待的方式来对待你的实验对象";
- 做科学工作,但请不要停止做一个人。当你停止做一个人的时候,你会成为一名追求科学的科学家,但你将成为今天的门格勒。(Kor,1992,p.7—8)

儿童研究活动的原则

　　在第二次世界大战和纽伦堡审判之后,对于以"研究"为幌子发生的事情,人们感到震惊并决定不能让未来发生类似的事情,因此各种形式的治理和监管应运而生,下文将对此进行简要的讨论。在治理的过程中发现,虽然儿童不是一个独立的群体,但儿童显然是需要整体关注的一个部分。《纽伦堡公约》产生于第二次世界大战后的纽伦堡审判,它规定了 10 条与人类研究相关的道德、伦理和法律原则。1948 年确立了《纽伦堡公约》的最终版本,内容包括与参与者自愿同意有关的细节。研究者需要保证,研究是为了社会利益,研究应先在动物身上进行试验,避免给参与者造成不必要的身心痛苦。该公约还提到研究者应具备进行实验的科学资格,有必要对风险进行评估,以及参与者应享有自愿退出实验的权利。

　　1949 年 8 月 12 日颁布的《日内瓦公约》,特别是《日内瓦第四公约》,补充了与平民有关的国际法。1864 年颁布的《日内瓦公约》是最初的版本,该版本只适用于战斗人员,《关于陆战法规和惯例章程》作为 1907 年《海牙第四公约》的附约,也只适用于战斗人员。《关于战时保护平民之日内瓦公约》,即《日内瓦第四公约》的基本条款,对研究和儿童做出了重要申明:第 14 条规定,必须在战争期间建立安全区,保护 15 岁以下儿童以及 7 岁以下儿童的母亲;第 82 条规定,在拘留期间,应将儿童及其家人安置在一起,使他们能够过上"适当的家庭生活"(Lossoer,1949,p.184);第 147 条规定,禁止"故意杀人,实施酷刑或进行不人道的实验,包括生物实验"[Lossier,1949,p.211,进一步讨论如何对受战争影响的儿童进行研究,另见博伊登(Boyden,2000)和美国心理学会(American Psychological Association,2010)的成果]。

　　世界医学协会(World Medical Association)发现,医生在战争前和战争期间违反了现有的伦理原则,因而它建立了一套自己的审查制度,以保证医生能意识到自己对研究对象的道德义务。此外,世界医学协会还于 1954 年为从事研究和实验的人编写了一套伦理原则。这套伦理原则经过若干次修订,发展成《赫尔辛基宣言》,并于 1964 年 6 月在赫尔辛基举行的世界医学大会上获得通过。随后,世界医学协会还对该宣言进行了数次修正。目前,《赫尔辛基宣言》的最新版本是第 7 版,于 2013 年由世界医学协会出版(World Medical Association,2013)。《赫尔辛基宣言》对涉及人的研究,提出国际伦理标准,在增强、阐述和明确《纽伦堡公约》细节的同时,还考察了针对儿童参与者的知情同意问题。该宣言提出,研究不仅应征得儿童法定监护人的知情同意,而且在未成年儿童能够做出判断和选择的时候,还应征得儿童的知情同意。后文我们将详细讨论这一问题。

　　国际联盟(League of Nations)作为联合国的前身,于第二次世界大战初解散。随后,联合国成立并于 1945 年通过《联合国宪章》。联合国规定,设立人权委员会。随后,人权委员会开始着手起草《国际人权法案》,该法案在 1948 年的世界联合国大会上获得通过,并更名为《世界人权宣言》。在联合国这个大家庭中,有许多专门致力于儿童研究的机构,包括联合国教育、科学及文化组织(United Nations Educational, Scientific and Culture Organization,

UNESCO）和联合国儿童基金会（United Nations International Children's Emergency Fund，UNICEF）。1959 年,《儿童权利宣言》首次颁布。1989 年,《儿童权利公约》再次强调每个儿童应享有基本的人权。联合国儿童基金会以《儿童权利公约》为指导,为儿童研究者提供了有用的建议。申克和威廉森（Schenk & Williamson，2005)也基于国际上用于收集儿童数据的符合伦理的方法,开发了一套极好的资源。

　　除了上面提到的宪章和公约,许多专业团体,例如英国心理学会（British Psychological Society，2009)、英国国家儿童局（National Children's Bureau，Shaw et al.，2011)、英国社会学协会（British Sociological Association，2004)及英国医学研究委员会（Medical Research Council，2004)还制定了自己的标准来规范专业研究。显然,我们可以在本章呈现更多相关的内容,但我们更希望这些专业的专业人员和学生熟悉自己研究领域的国际标准以及自己国家管理研究的标准。经济与社会研究理事会（Economic and Social Research Council，ESRC，2010)还编制了一套全面的研究伦理框架,这一框架对所有专业的初级研究者可能都有帮助。

　　在第二次世界大战期间进行的那些不符合伦理的实验,显然是一些比较极端的例子。我们认为,它们对我们今天的行为几乎不会产生影响。然而,在所有的研究中,研究者都有可能掌控并滥用权力。当儿童是研究参与者时,成人手中的权力对儿童来说就是一把双刃剑。虽然滥用权力的程度可能有所不同,但重要的一点是,研究者一定要考虑可能产生的伦理问题,并保证遵守儿童研究的伦理原则。

251

参与水平和伦理

　　在设计研究的时候,每一位研究者应该考虑到所有可能出现的伦理问题以及相应的应对风险的措施。儿童参与研究的水平是影响研究风险水平的一个关键因素。哈特（Hart，1992)的八度参与量表提供了一个参与阶梯——从(对儿童的)操控到儿童发起并充分参与研究(见图 10 - 1)。目前,在医学研究中,

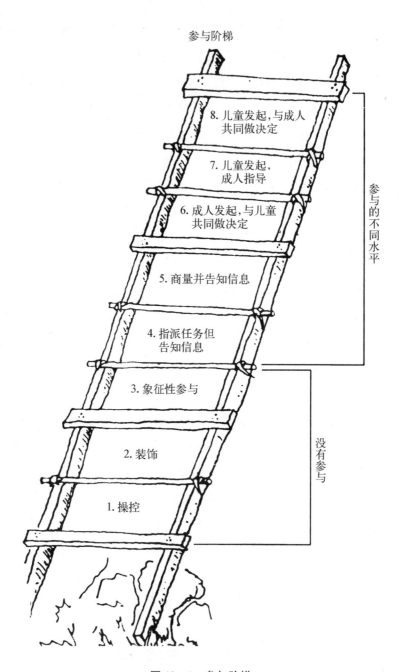

参与阶梯

8. 儿童发起,与成人
共同做决定

7. 儿童发起,
成人指导

6. 成人发起,与儿童
共同做决定

5. 商量并告知信息

4. 指派任务但
告知信息

3. 象征性参与

2. 装饰

1. 操控

参与的不同水平

没有参与

图 10-1　参与阶梯

儿童参与项目的八种水平。阶梯这一比喻引自谢莉·安斯汀(Sherry Amstein,1969)有关成人参与的著名论文,但这些类别是原创的。

来源:Reproduced with permission from the UNICEF Innocenti Research Centre.

儿童的参与可能处于最低水平,而在过去的十多年里,社会研究者让儿童充分参与研究并倾听儿童的声音(详见第九章,Balen et al.,2006;Campbell,2008;Hill,2005)。然而,我们生活的时代很想实现这样一幅图景——人们参与与自己有关的活动,所以未来我们很可能看到向更高参与水平的转变。例如,英国政府将"大社会"作为自己 2010 年的重要政策理念,国际残障人士也通过运动口号"没有我们的同意,不要做关于我们的决定"表达了他们的观点:在他们未充分参与的情况下,政府不应擅自决定任何政策。我们希望,一些专业群体不让儿童直接参与研究的做法永远成为过去时。

无论参与水平如何,研究者都有责任保障儿童的最大利益。自由儿童项目(freechild project)对哈特的参与阶梯做出了有效的调整。对于和不同参与水平的儿童一起工作的研究者,自由儿童项目还以工具箱的形式提供有用的细节。 252

我们想要强调"儿童应直接参与研究",而不是争论"儿童应在多大程度上直接参与研究"。在过去的 20 年里,人们的观点逐渐发生变化。在大多数领域,大部分人认为,儿童有权拒绝参与研究,也有权参与研究和发表自己的观点。如果是关于儿童的研究,那么研究者应该和儿童一起进行研究,而不是对儿童进行研究(Balen et al.,2006;Campbell,2008;Coyne et al.,2009;Czymoniewicz et al.,2010;Dockett et al.,2009;Hill,2006;Powell & Smith,2009)。虽然不同的专业有不同的专业立场,但所有专业在接触儿童(无论是间接接触还是直接接触)方面有相同的要求:一是应征得(儿童和重要成人的)知情同意和允许;二是坚持自主原则、不伤害原则、有利原则和公正原则。如果初级研究者想要知道自己是否考虑了所有的伦理问题,一种有用的办法是,将每一条伦理原则和研究涉及的每一个人,包括对照组和没有直接参与研究的人(例如儿童的兄弟姐妹或十几岁母亲的婴儿)进行比对,以确保找出所有的风险。在这个过程中,和没有参与研究但擅长调查的更有经验的研究者合作是有帮助的。这有助于初级研究者在接触儿童之前就能获得客观的观点。我们将在本章后文深入讨论这一话题。图 10-1 和表 10-1 是对参与水平以及符合研究标准的良好的实践准则的总结。 253 255

表 10-1　对符合一般研究标准和儿童研究标准的良好的实践准则的总结

一般研究标准 (适用于所有参与者)	儿童研究标准 (适用于儿童参与者)
仔细选择与研究目的相关的参与者,计算可能的成本和收益	哪些儿童能够从研究中受益?
	我们能占用他们多长时间?
	合理的干预是多少?
	失败的影响是什么?
选择标准	将有学习障碍或身体残疾的儿童排除在外是否合理?
约定(尊重、友好、开放、倾听)	是否需要额外的时间来与儿童相处?
	是否需要创新技术?
隐私、保密、同意、对参与的选择	研究者通常需要与儿童以及与儿童一起生活的成人进行协商,获得许可,协商的内容包括发表研究
	儿童是否知道并了解他们有拒绝参与研究或退出研究的权利?
	有胁迫的成分吗?
	对儿童提出什么要求,对他们来说责任过重?
	如果年长的儿童愿意参与研究,而他们的父母拒绝参与研究,那么他们还能继续参与研究吗?
介绍研究目的、过程和期望	研究涉及的儿童、父母、照料者和专业人员是否可以获得研究信息?
控制研究材料	儿童承担多少责任是合理的?
	成人应该干预多少?
反思、修改和传播研究	是否就研究设计与儿童和照料者进行过协商,以及他们是否能为研究设计做出贡献?
	他们是否收到了研究报告以及他们是否能对最终的研究报告产生一些影响?
	他们是否在研究评价方面进行过批判性反思?
适当的资金来源	对于一个不是完全为儿童利益而工作的组织,你是否应该接受它们的资助?
参与式方法的使用	对于儿童来说,研究是否有足够的吸引力和乐趣?
	研究是否兼具效率和乐趣?
	研究是否符合个体或群体的能力或偏好?
	研究使用的语言是否得当?

254

（续表）

一般研究标准 （适用于所有参与者）	儿童研究标准 （适用于儿童参与者）
感谢和奖励	儿童是否可以凭借自己的努力得到感谢和奖励？
谨慎选择研究环境	研究环境是否令儿童感到舒适、安全和可预测？
	从权力关系和印象管理方面来管理研究环境吗？
参与者的观点	在儿童研究中，克服权力关系以及避免成人片面解释儿童观点的可能性有多大？

来源：Alderson, P., & Dr Barnardo's Organization. (1995). *Listening to children: Children, ethics and social research*；IIford；Barnardos；Shaw, C., Brady, L-M., & Davey, C. (2011). *Guidelines for research with children and young people*. London：National Children's Bureau；The British Psychological Society. (2009). *Code of ethics and conduct*. Leicester：BPS. Retrieved March 7, 2012, from the World Wide Web：http://www.bps.org.uk/sites/default/files/documents/code_of_ethics_and_conduct.pdf.

知 情 同 意

正如我们在前文提到的，在考虑伦理问题（包括监管框架）时，要获得研究参与者的知情同意。根据《赫尔辛基宣言》（第 7 版）（World Medical Association，2013），虽然在法律上儿童没有获得知情同意的资格，但研究者应该获得儿童的知情同意。联合国儿童基金会在发布儿童参与的指导意见时也明确指出，从儿童权利的角度来看，获得父母的知情同意并不是一个恰当的标准（UNICEF，2002，p.5）。儿童和父母必须了解研究的意义。如果儿童能够了解研究的意义，那么研究者除了要征得父母的同意，还应征得儿童本人的同意。这意味着，如果儿童有能力理解知情同意，那么一定要让儿童知道，他们可以选择是否参与研究——换句话说，他们是真正的自愿者——他们知道自己可以在任何时刻退出研究以免受伤害。他们也确切地知道自己在研究中扮演的角色，即如果他们选择参与研究，他们必须做的一些事情。此外，他们还知道后期研究者处理这些数据的方式。如果儿童不和父母住在一起，肖等人（Shaw et al.，2011）建议获得和儿童住在一起的父母的许可，并告知不和儿童住在一起但与儿童保持联系的父母。

　　为获得知情同意,研究者应该向儿童和儿童的父母提供一些与他们参与研究的结果相关的信息和建议。例如,如果研究需要参与者服用一种新药,那么参与者应该被告知这种新药可能产生的副作用。研究者还需要告诉参与者,后期自己将如何处理研究结果。参与者需要知道,如果研究结果得以发表,谁最终可以看到这项研究。例如,在学生的论文中,我们可以看到,参与者签字的知情同意书上承诺,不会使用参与者的姓名并对研究进行匿名和保密处理,但基于我们对当地早期实践的了解和参与,我们很容易识别出参与者,尤其是在社会学和卫生保健专业的一些质性研究中。但是,在某些情况下,将一些信息放置在公共领域(例如图书馆或公开出版的刊物)可能会产生有害影响,因此对于谁最终可以获得研究成果,研究者有必要进行限制。但这种做法并不是最理想的,我们可以制定出更详细的计划。

　　研究者必须特别注意的一点是,年龄并不是我们判断儿童理解能力或知情同意能力的万全指标。例如,在工作中我们发现,需要制作各种版本的信息宣传册,针对不同年龄儿童的版本,针对成人的版本,针对有视力问题的父母的大字版本,并且每一版本又有四种不同的语言。提供研究信息以获得知情同意是一个非常严肃且耗时的过程,但是从一开始就把时间花在正确的事情上可以节省之后的时间。例如,研究伦理委员会在批准一项研究之前可能很希望看到你提供这些信息。

　　英国和其他国家都使用了不同的立法框架来让人们理解和赞同知情同意。英国和威尔士于 1969 年颁布《家庭法改革法案》,该法案规定 16—17 岁的青少年以及年龄更小但能理解提议的儿童都有权选择是否参与研究,但该法案在知情同意方面的法律立场还不太明确。16—17 岁的青少年具有良好的理解能力,对于那些能让自己受益的研究,他们会选择参与,而对于 16 岁以下的儿童,只要他们达到吉利克的能力标准(Gillick v West Norfolk and Wisbech Area Health Authority,1985),也一定会同意参与那些能让自己受益的研究。在与这些儿童进行协商时,他们表示,不希望父母参与,因为他们认为自己足够成熟,能理解研究的性质、目的和可能的结果[苏格兰于 1991 年颁布的《法律行为能力(苏格兰)法》也有类似的规定]。对于无法为儿童带来好处的研究,法律的立场还不太明确。英国医学研究委员会（Medical Research Council，2004）对此提出一条指导方针——将每位儿童参与者面临的风险降到最低。在临床试验中，如果研究者能从同意参与研究的儿童那里获得同样的结果，那么对于不同意参与研究的儿童，就不应该将他们卷入其中（European Union，2001）。实际上，给研究者的最好建议是，无论在什么时候，研究者都要努力让儿童和父母配合自己参与研究。

获 得 许 可

我们在知情同意之后而不是在知情同意之前讨论获得许可的问题，你也许会觉得奇怪。但是，我们认为，研究者在获得许可之前应该先考虑知情同意的问题，这主要是因为那些能许可你的人都想知道，你是如何获得儿童、父母（或那些肩负父母责任的人）或者两者的同意的。而且在许可你之前，他们还想看到你发给参与者的信件、传单或表格的复印件。

如果你想获得访问研究参与者或研究地点的权利，通常需要接触那些被俗称为"看门人"的人，这些人主要指那些试图维护他人利益并能以正式或非正式的方式允许你进行研究的人。在不同的国家和部门，获得许可的程序是不同的，因此找到适合自己研究环境的程序很重要。有时，这由当地机构的管理人员酌情决定，非常不正式，而在其他时候，这又由管理人员基于非常正式的框架进行管理。例如，英国国家研究伦理服务体系（National Research Ethics Service，NRES）隶属于英国卫生研究局（Health Research Authority），负责管理卫生和社会保健领域的研究，该服务体系听从英国 4 个卫生部门的安排，并负责支持 4 个城市的国家医疗服务体系研究伦理委员会（NHS Research Ethics Committees）和 2009 年成立的社会保健研究伦理委员会（Social Care Research Ethics Committees，SCREC）。研究伦理委员会（Research Ethics Committees，RECs）在制定标准和执行政策法规方面，发挥着重要作用，没有它们的批准，卫生和社会保健领域涉及病人、器官、组织或数据的研究就无法进行。

值得一提的是,除非研究伦理委员会得到英国伦理委员会的特别批准,否则研究伦理委员会不会同意对某种药品进行临床试验研究。此外,英国还有专门批准基因治疗研究的委员会(基因治疗咨询委员会)和国防研究的委员会。

幸运的是,从提出申请到获得审查结果最多不超过 60 天。尽管如此,我们绝不能低估获得研究伦理委员会批准的这个过程。近年来,随着在线综合研究申请系统(integrated research application system,IRAS)的建立和实施,申请程序大大简化。英国国家研究伦理服务体系的网站还提供很多有用的信息,包括申请流程图、模板信件、样本宣传单,等等。虽然这似乎令人望而生畏,但根据我们的经验,当地研究伦理委员会的协调员可以为你提供很大的帮助(详细的联系方式见英国国家研究伦理服务体系的网站)。如何使用英国国家研究伦理服务体系进行协商,表 10-2 给出了一些顶级技巧。如果你想要获得英国伦理委员会的批准,你需要记住的一点是,英国伦理委员会一般由专业代表和非专业代表组成,因此在写申请的时候一定要小心,如果使用了专业术语,一定要对其进行解释。

表 10-2　获得英国伦理委员会批准的顶级技巧

258

访问英国国家研究伦理服务体系的网站(www.nres.nhs.uk),为自己的研究制作适宜的宣传单和知情同意书。

访问在线的综合研究申请系统,完成简短的网络学习模块。

写下所有的疑问,然后查询网站的常见问题部分,看看能否找到答案。

有礼貌地和国家研究伦理服务体系的协调员进行联系并解决所有疑问。如果他们让你亲自参加会议,那么你需要知道会议的时间以保证自己空出那一块时间(如果你是学生,那么最需要关注会议日期的应该是你的导师)。

通过综合研究申请系统完成申请并确保你的导师(如果你有导师)对申请是满意的。记住,如果你是博士学历以下的学生,那么你的导师就是主要研究者,他需要在表格上签字并提供简历。

记住,如果你被邀请参加会议,那么你一定要对申请内容非常熟悉,具体的内容有:

每位参与者需要做的事情,即你的方法和行为;

在研究中和研究后照顾儿童的方式。和儿童一起进行研究意味着儿童有能力参与研究并同意参与研究,但他们也需要保护。

考虑到知情同意/同意的每一个可能的方面,提前准备好你的宣传单和表格。

确定你打算报告研究的方式,以防你的参与者因不寻常的特性或独特的标志而被识别出来。

如果研究者想在国家医疗服务体系内进行研究,那么还应该和这个体系的研究与发展部门进行协商,因为他们对研究可能会有别的要求。如果研究者不在国家医疗服务体系内进行研究,那么需要检查一下,是否需要遵守一些正式的程序。尽管我们已经提供了一系列问题,供研究者在申请获得英国伦理委员会批准之前考虑,但我们强烈建议初级研究者浏览英国国家研究伦理服务体系的网站。因为即使研究不需要获得英国国家研究伦理委员会的批准,浏览这个网站也非常有用。

其他重要的"看门人"是那些管理研究场所的人或者那些能接触到研究对象的人,例如教师、经理、护士长等。同样,这些人也非常乐于助人,与他们建立良好的关系是研究获得成功的先决条件。例如,一名学生想要重复一项有关学龄儿童安全性行为的研究,在对草拟的问卷稍作修改后,班主任允许研究者向儿童发放知情同意书以供儿童和儿童的父母阅读。通过与学校联系,研究者能够以自己想要的方式发布研究信息,而不是同学校郊游同意书一起寄出。在专栏10-1和专栏10-2中,我们举了两个例子,说明研究者在与"看门人"协商以及灵活应对研究挑战方面应如何做好准备。²⁵⁹

专栏 10-1

为了自己的利益:招募儿童参与研究

这项研究采用后现代的研究方法,重点研究儿童在父母离异后描述自己的话语,以及他们对自己参与决策程度的看法。该研究探讨了3个研究问题。

- 父母离异后,儿童对成人的看法如何反映在他们对自身参与决策(会对自己产生直接影响的决策)的评价中?
- 儿童访谈文本在多大程度上能够反映权利和儿童主导的话语?
- 父母离异后,儿童主导的话语如何反映在他们对自身参与决策程度的观点中?

然而,招募儿童参与这项研究极其困难。招募儿童之所以会出现困难有两方面的原因:一是研究需要获得坎贝尔所在大学的人类研究伦理委员会的批准;二是招募过程中出现一些问题。大学的人类研究伦理委员会、家庭服务提供者和父母等"看门人"的存在,意味着坎贝尔很难接触到儿童,让儿童直接了解这项研究。这导致坎贝尔放弃了一些招募方法,转而采用访问个人网络这种更简单、直接的方法。

总之,坎贝尔共花费 8 个月的时间才开始第一次访谈。

来源: Campbell, A. (2008). For their own good: Recruiting children for research. *Childhood*, 15 (1), 30–49.

专栏 10-2

对住院儿童的研究:伦理、方法和组织的挑战

本研究以 3 所医院的患病儿童作为研究对象,旨在调查他们参与协商和决策的经历。本研究想要将焦点小组访谈和个体访谈结合起来使用。在进行这项研究之前,研究者需要获得这 3 所医院的研究伦理委员会的批准。针对儿童访谈过程中可能出现的意外事件或可能导致儿童受伤的事件,研究者制定了具体的协议。

尽管研究者已经仔细规划了研究,但在焦点小组访谈的过程中,仍存在一些不利的因素。原先计划能获得 18 个焦点小组(共 17 名儿童)的数据,最终只获得 6 个焦点小组的数据。通过个体访谈,共获得 38 名儿童的数据,超出原先的计划。研究者在安排焦点小组讨论的时候遇到了困难,因为研究者在 7—9 岁、10—13 岁和 14—16 岁这 3 个年龄段,分别需要 3 名以上的儿童。因为这项研究在冬季进行,所以病房里患有呼吸道感染的 0—7 岁儿童的数量增加。在研究进行的过程中,3 所医院都在采取控制传染的措施,阻止冬季呕吐病病毒的传播。因此,将不同病房的儿童聚集在一起,参加焦点小组讨论进行得并不顺利。因为儿童的日常生活(例如上学、去游戏室、理疗、X 光扫描、进餐、药物治疗、医生巡视和家人探视)不同,所以研究者很难在特定的时间将他们聚集在一起。同时,住院时间缩短意味着儿童比预期更早出院,而患有急性疾病的儿童,因为病

260

得太重,无法参与访谈。

但是,研究者找到了应对这些挑战的一些方法。例如,从焦点小组访谈转向个体访谈并将访谈时间改为周六,因为在这一天,研究场所的活动比较少。

来源: Coyne, I., Hayes, E., & Gallagher, P. (2009). Research with hospitalized children: Ethical, methodological and organizational challenges. *Childhood*,16(3),413-429.

当研究对象是年幼的儿童,或者研究需要参观家庭环境,或者研究需要儿童参观某个地方时,"看门人"是儿童的父母。如果以儿童为研究对象的研究想要取得成功,那么最重要的是与儿童的父母保持良好的关系。保持良好的关系的基础是获得儿童的父母的信任,这需要你表现得诚实、可靠,并善于沟通。想要与儿童的父母保持良好的关系,特别重要的一点是有礼貌——一句简单的谢谢,可能就会让儿童的父母再次出现。

儿童研究的实践伦理

写这部分的目的不是为儿童研究提供规范的或有制约性的伦理方法。事实上,这非常困难,因为研究方法是多种多样的,研究问题也是无穷无尽的。研究者不应该将伦理问题视为研究的附加物,而应该将伦理问题、研究问题和研究方法结合起来考虑。有时,在学生论文中也会出现对知情同意、匿名和保密的重复陈述。这些陈述往往脱离现有的研究,因此很难让读者相信,研究者已经仔细思考过这项研究的伦理意义。这并不是说知情同意、匿名和保密不重要,显然它们是很重要的。这么做是为了保证研究者能较好地使用伦理原则,这意味着研究者要仔细思考研究的伦理意义,保证在研究中坚持伦理原则。

实际上,作为一名研究者,为保证你的研究符合伦理要求,你可以问自己很多问题并准备好答案。如果你已经被邀请参加伦理委员会的会议,那么这样做特别有好处。我们按照研究过程,列出了如下问题,虽然问题不多,但能帮助你

261

解决研究中碰到的困难。提出这些问题是为了强调一种观点,即伦理不只是研究者口头上说说的东西,而是所有研究中最重要的东西。

问题

- 在与研究问题有关的文献中,是否提到过任何伦理困难? 如果提到过,这些伦理困难是什么? 如何解决?
- 在你看来,这些伦理困难是否得到解决? 如果是,为什么? 如果否,为什么? 你能提供一种令人满意的解决方法吗?

研究问题

- 你的研究问题有必要研究吗? 重要吗?
- 这些研究问题以前研究过吗? 如果研究过,你为什么还要进行研究?
- 对这些研究问题进行研究,是否需要儿童参与?
- 参与是直接的还是间接的(例如,间接参与可能是对另一名家庭成员进行研究或在学校进行研究)?
- 如果研究涉及儿童,那么你是否考虑过知情同意等问题?
- 如果研究不涉及儿童,那么儿童的代理人可以准确回答研究问题吗?
- 如果儿童不参与研究,那么你能实现研究目的吗? 如果能实现,你为什么还要儿童参与研究? 儿童参与研究能给他们带来明显的好处吗?

262
取样

- 如何招募儿童参与研究?
- 你为什么选择这种取样方法?
- 参与者是否了解这种取样方法[正如希尔(Hill,2006)在一项研究中发现的,当儿童被排除在外时,他们会感到受伤或不公平——见专栏 10-3]?

- 你打算什么时候接触样本?

- 你需要获得哪些"看门人"的许可?

- 你是否以恰当的方式将与研究相关的信息呈现给样本(例如以儿童的母语来呈现信息)?

- 你如何记录他们的知情同意?

- 你需要得到哪些人的知情同意? 你这样做了吗?

- 如果这项研究是针对儿童的,你如何证明儿童理解知情同意的意思?

- 你如何处理保密问题,包括针对有特殊历史或背景的儿童的保密问题,因为他们可能会因自己的特殊性而被识别出来?

专栏 10-3

儿童对研究方法和协商方法的看法

儿童经常用公平和不公平这两个词来表达他们同意和不同意。他们认为,公平包含公正和平等这两层含义。他们往往不喜欢这种情况——有些人(似乎)比其他人拥有更多的机会或者享有更好的待遇。在研究和协商中,这与纳入和分化注意的标准有关。对于只有少数人能参与的协商机制,儿童会予以批判:

……除了我们,还有很多人没有机会加入。

儿童 1:如果是在我们学校,每个人能参加所有活动。

儿童 2:我从来没被选中过。

儿童 3:这是我第一次被选中。

他们认为,许多人被排除在外是不公平的,而且选择的标准通常存在偏见(例如偏爱年龄较大的学生)。同样,因为一些儿童在小组讨论中表现得更自信,所以他们的观点被认为更有价值或者成人更倾向于认真对待他们的观点。这些批判源于儿童对自己没有权利参与研究或影响参与者的抱怨。这表明,儿童普遍认为,自己没有权利和尊严,特别是在学校中。

儿童对公平的关切是儿童个体和群体共同思考的结果。虽然少数儿童似乎主要担心自己的观点被忽略,但许多人(例如统计员)都渴望看到具有代表性的

263

研究和协商。

来源：Hill，M. (2006). Children's voices on ways of having a voice：Children's and young people's perspectives on methods used in research and consultation. *Childhood*，13(1)，69–89.

收集数据的工具

- 为获取数据，参与者需要做什么？

- 对于参与者或他们身边的人，研究是否在身体、心理、社会或情感方面可能存在风险？如果存在，这些风险可以忽略不计吗？

- 如何定义忽略不计？如果这些风险可以忽略不计，如何证明它们的存在是合理的？

- 你是否探索过降低风险的所有可能的途径？如果没有探索过，为什么不探索？

- 你是否让客观的第三方审查过？

- 你是否对研究可能对儿童造成的伤害进行过评估？

- 研究是否会直接或间接影响其他儿童（例如，其他儿童所处的环境正好是研究场所）？如果会影响，你是否评估过儿童的风险？

- 你是否考虑过收集数据的风险或其他参与者的风险？

- 如何将已确定的风险最小化？

对设计好的收集数据的工具进行试用，有助于预测可能出现的问题。让儿童参与设计是一种避免问题的好方法（Hill，2006）。

数据处理和后续事项

- 你如何保证数据处理符合伦理原则？

- 你将数据保存在哪里？

- 如果这些数据是关于你的数据,你愿意以这种方式来保存它吗？如果不愿意,如何解决这个问题？
- 你是否违反了数据保护法？如果违反了,如何调整？
- 你是否违背了对参与者的承诺？如果违背了,为什么违背？
- 在研究完成之后,你如何处理数据？
- 你是否有和参与者分享研究结果的计划？
- 如果研究涉及儿童绘画或图表,是否存在研究数据的所有权问题？如果存在,你是否考虑过如何将这些数据还给合法的所有者？
- 最后,在回答完所有这些问题之后,你能否保证,不会伤害参与者？

264

本 章 小 结

我们希望,到目前为止,你已经知道,研究伦理是研究过程中不能随意舍弃的部分。研究伦理是我们在研究中要考虑的最重要的一个方面。如果研究者没有全面考虑研究伦理,那么不仅会对参与者造成潜在的伤害,还可能对他们的专业和其他专业人员造成负面影响。例如,一名医生在国家医疗服务体系初级保健环境中进行研究的时候,既没有遵循伦理原则,也没有获得相应"看门人"的许可。这不仅使参与者对研究者呈现给他们的信息感到极度焦虑,而且所有的研究活动都因此被停止(包括那些访问过程符合要求的活动),这令研究者感到非常痛苦。

在收集数据之前,至关重要的一点是,适当思考可能存在的伦理问题并获得相应"看门人"的许可。但是,作为一名遵循伦理原则的研究者,你的责任是获得所有"看门人"的许可并让他们签署知情同意书。我们不仅要在整个研究过程中遵守伦理原则,在研究结束之后,同样要遵守。如果你在参与者提供信息的时候承诺会对其进行保密,那么这些信息必须一直处于保密状态;如果你承诺销毁数据,那么在研究结束之后你必须这样做。

伦理是一件非常严肃的事情,忽视伦理不仅会伤害参与者和同事,最终还会损害你作为一名专业人员和研究者的名誉。

━━━━━━━━━━ **专栏 10 - 4** ━━━━━━━━━━

研究在实践中的应用：应用伦理原则

1. 找到与自己实际或潜在的专业群体直接相关的国家和国际伦理原则（可以通过图书馆、万维网或专业协会进行搜索）。

2. 记下原则中有关自主、不伤害、有利和公正的内容。在这些内容中，是否包含专门针对儿童研究的内容？

3. 接下来，在涉及的儿童研究领域找一个由专业人员开展的儿童研究。使用你搜索到的伦理原则和我们在"儿童研究的实践伦理"部分列出的问题清单，写下这项研究在研究伦理方面的优缺点。

参 考 文 献

American Psychological Association. (2010). *Ethical principles of psychologists and code of conduct* (*2010 amendments*). Retrieved March 7, 2012, from the World Wide Web: http://www.apa.org/ethics/code/index.aspx.

Balen, R., Blyth, E., Calabretto, H., Fraser, C., Horrocks, C., & Manby, M. (2006). Involving children in health and social research: Human becomings or active beings? *Childhood*, 13(1), 29 - 48.

Beauchamp, T. L. & Childress, J. F. (2008). *Principles of biomedical ethics* (6th ed.). New York: Oxford University Press.

Birbeck, D. J., & Drummond, M. J. N. (2007). Research with young children: Contemplating methods and ethics. *Journal of Educational Enquiry*, 7(2), 21 - 31.

Boyden, J. (2000). Conducting research with war-affected and displaced children: Ethics & methods. *Cultural Survival Quarterly*, Issue 24.2 (Summer). Retrieved March 7, 2012, from the World Wide Web: http://www. culturalsurvival. org/publications/cultural-survival-quarterly/united-states/conducting-research-war-affected-and-displace.

British Psychological Society. (2009). *Code of ethics and conduct*. Leicester: BPS. Retrieved March 7, 2012, from the World Wide Web: http://www.bps.org.uk/sites/default/files/

dqcuments/code_of_ethics_and_conduct.pdf.

British Sociological Association. (2004) *Statement of ethical practice for the British Sociological Association 2002 (appendix updated 2004)*. Retrieved March 7, 2012, from the World Wide Web: http://www.britsoc.co.uk/NR/rdonlyres/801B9A62 - 5CD3 - 4BC2 - 93E1 FF470FF10256/0/StatementofEthicalpractice.pdf.

Campbell, A. (2008). For their own good: Recruiting children for research. *Childhood*, *15*(1), 30 - 49.

Caplan, A. L. (Ed.). (1992). *When medicine went mad: Bioethics and the holocaust*. Totowa, NJ: Humana Press.

Coyne, I., Hayes, E., & Gallagher, P. (2009). Research with hospitalized children: Ethical, methodological and organizational challenges. *Childhood*, *16*(3), 413 - 429.

Czymoniewicz - Klippel, M. T., Brijnath, B., & Crockett, B. (2010). Ethics and the promotion of inclusiveness within qualitative research: Case examples from Asia and the Pacific. *Qualitative Inquiry*, *16*(5), 332 - 341.

Dockett, S., Perry, B., & Einarsdottir, J. (2009). Researching with children: Ethical tensions. *Journal of Early Childhood Research*, *7*(3), 283 - 298.

Economic and Social Research Council. (2010). Framework for research ethics. Retrieved March 7, 2012, from the World Wide Web: http://www.esrc.ac.uk/about-esrc/ information/research-ethics.aspx.

European Union. (2001). Directive 2001/20/EC of the European Parliament and the Council of 4 April 2001 on the approximation of the laws, regulations and administrative provisions of the Member States relating to the implementation of good clinical practice in the conduct of clinical trials on medicinal products for human use. Retrieved March 7, 2012, from the World Wide Web: http://www.eur-lex.europa.eu/smartapi/cgi/sga_doc?smartapi! celexapi! prod! CELEXnumdoc&lg=en&model=guicheti&numdoc=32001L0020.

Freechild Project. Ladder of Youth Voice. Retrieved March 26, 2012, from the World Wide Web: http://www.freechild.org/ladder.htm.

Hart, R. A. (1992). *Children's participation: From tokenism to citizenship*. Innocenti Essays No. 4 Series. Florence, Italy: UNICEF International Children Development Center.

Health Research Authority. (2012). National research ethics service. Retrieved March 7, 2012, from the World Wide Web: http://www.NRES.npsa.nhs.uk.

Hill, M. (2005). Ethical considerations in researching children's experiences. In S. Greene & D. Hogan (Eds.), *Researching children's experience: Methods and approaches* (pp. 61 - 68). London: Sage.

Hill, M. (2006). Children's voices on ways of having a voice: Children's and young people's perspective on methods used in research and consultation. *Childhood*, *13*(1), 69 - 89.

Keddie, A. (2000). Research with young children: Some ethical considerations. *Journal of Educational Enquiry*, *1*(2), 72 - 81.

Kor, E. M. (1992). Nazi experiments as viewed by a survivor of Mengele's experiments. In A. L. Caplan (Ed.), *When medicine went mad: Bioethics and the holocaust* (pp. 3 -

266

8). Totowa，NJ：Human Press.

Lossier，J. G. (1949). The Red Cross and the International (sic) Declaration of Human Rights. *IRRC*, *5*, 184 – 189.

Medical Research Council. (2004). *Medical research involving children*. London：MRC. Retrieved March 7, 2012, from the World Wide Web：http://www.mrc.ac.uk/Utilities/ Documentrecord/index.htm? d=MRC002430.

Müller-Hill，B. (1992). Eugenics：The science and religion of the Nazis. In A. L. Caplan (Ed.), *When medicine went mad: Bioethics and the holocaust* (pp. 43 – 52). Totowa, NJ： Humana Press.

Powell，M. A.，& Smith，A. B. (2009). Children's participation rights in research. *Childhood*, *16*(1), 124 – 142.

Schenk，K.，& Williamson，J. (2005). *Ethical approaches to gathering information from children and adolescents in international settings: Guidelines and resources*. Washington, DC：Population Council.

Shaw，C.，Brady，L. M.，& Davey，C. (2011). *Guidelines for research with children and young people*. London：National Children's Bureau.

UNICEF. (1959). Declaration of the rights of the child. Retrieved March 7, 2012, from the World Wide Web：http://www. unicel. org/lac/spbarbados/Legal/global/General/ declaration_child1959.pdf.

UNICEF. (1989). Convention on the rights of the child. Retrieved March 7, 2012, from the World Wide Web：http://www.unicef.org/crc/.

UNICEF. (2002). Evaluation technical notes. Children participating in research, monitoring and evaluation (M & E)-ethics and your responsibility as a manager. Retrieved March 7, 2012, from the World Wide Web：http://www.unicef.org/evaluation/files/TechNote1_ Ethics.pdf.

World Medical Association. (2013). World medical association declaration of Helsinki. Retrieved August 22, 2013, from the World Wide Web：http://jamanetwork. com/ journals/jama/fullarticle/1760318? resultClick=1.

267

推 荐 阅 读

Alderson，P.，& Morrow，V. (2011). *The ethics of research with children and young people: A practical handbook*. London：Sage.

Beauchamp，T. L.，& Childress，J. F. (2008). *Principles of biomedical ethics* (6th ed.). New York：Oxford University Press.

Mertens，D. M.，& Ginsberg，P. E. (Eds.). (2009). *The handbook of social research ethics*. Thousand Oaks, CA：Sage.

第十一章
交流研究

本章目标:

- 介绍广泛交流研究成果的必要性。
- 讨论与各类读者的交流。
- 分享发表研究成果的技巧。

如果你是一名负责任的研究者,那么在你的研究工作中,交流研究成果将是非常重要的一部分——即使研究没有完全按照计划进行。研究者可以用各种机会分享研究成果。我们将在本章介绍一些交流研究的基本原则,包括撰写研究报告,与研究对象交流研究报告,在会议和研讨会上交流研究报告以及为发表而写作。毕竟,如果你不分享你的研究成果,那么花费时间和精力进行研究就没有意义了。

撰写研究报告

假如你是一所学术机构的学生,正在撰写一篇研究论文,在介绍研究项目时,你可能要遵循一定的指导原则。格里斯利(Greasley, 2011)为这些学生提供了一本高质量的书,其中一节是关于撰写研究报告和评价研究过程的。你的研究报告应该包含哪些内容,以什么方式呈现,本书可以帮你做出更好地判断。

269　　如果你的研究获得了资助,那么通常你会就研究报告的内容和呈现方式,与资助者进行协商。一些资助者会规定一些细节,例如字体、字号、篇幅、格式和要求(例如使用术语表和附录)等。所以请你务必事先检查这些细节,这样你就不必花费宝贵的时间来修改格式或者重写报告。如果你没有任何可以参考的,那么下文将针对研究报告的内容,为你提供一些简短有用的信息。这绝对不是一本明确的指南,而是讨论一些你应该考虑的问题。

　　为了阐明每一部分的内容,我们使用一项研究作为例子,这项研究探究英国某地区儿童在急诊室的就诊情况。专栏 11-1 是对该研究的概述。

专栏 11-1

英国某地区 0—4 岁儿童频繁在急诊室就诊的原因的探索性研究

　　格林菲尔德(Greenfields,伦敦周边的一个小镇,名字是虚构的)地区的 7 家全科诊所在过去的 2 年中,儿童急诊室(accident and emergency,A & E)的就诊量每年增加 20%。这项研究旨在发现急诊室就诊量逐年增加的原因,提出可能的干预措施,扭转就诊人数增加的趋势。

　　对急诊室的就诊情况进行探究,主要有两个方面的原因:第一,除了非常必要的情况,否则不应该让儿童进入急诊室就诊;第二,有研究表明,儿童在急诊室接受治疗的大部分症状可以由全科医生(general practitioners,GPs)或护士来处理。英国卫生部明确指出,大多数病人没去全科医生处,就去急诊室就诊(Department of Health,2010)。英国国家医疗服务体系每年的花费是354 000 000英镑。接受急诊治疗的儿童在英国全国接受急诊的人中占了20%。在接受急诊治疗的儿童中,很少有儿童需要住院。最终需要住院的患儿很可能患有哮喘、喘息困难、喂养困难和扁桃体炎。

　　研究的样本是 7 家全科诊所中所有 0—4 岁的儿童。2010 年 9 月英国全国人口普查的结果显示,一年中这些儿童去急诊室就诊的次数在 4 次或 4 次以上。

研究使用数据管理系统对就诊次数在 4 次或 4 次以上的儿童进行搜索,共搜索到 70 名儿童。一些儿童就诊的次数超过 4 次,有一名儿童就诊的次数甚至达到了 13 次。英国国家医疗服务体系伦理委员会批准了这项研究。

研究方法是让卫生访视员与儿童的家人联系(全科医生建议不要联系的除外)。研究者编写一份宣传单,用来阐明研究,然后将宣传单提供给参与者,以获得参与者的知情同意。研究者对儿童的父母进行电话访谈,询问他们儿童去急诊室就诊的次数。在 70 名儿童(来自 69 个家庭)中,全科医生不建议联系的有 4 名,没有回应或没取得联系的有 9 名。研究共进行了 56 次访谈。

结果显示,在去急诊室就诊之前,42% 的家庭曾试图联系他们的全科医生。急诊室接诊的高峰时段是晚上 6 点到 8 点,但 54% 的急诊室就诊是在全科医生开放应诊的时间。根据英国的国家数据,来急诊室就诊的儿童很少有需要住院的,最终需要住院的是患有哮喘、喘息困难、喂养困难和扁桃体炎的儿童。很少有家庭知道超时服务,而且他们也没有意识到,如果给全科医生打电话的时间不在医生的应诊时间内,他们可以从其他来源获取支持。

这项研究发现,根据英国的国家数据,儿童在急诊室就诊时,虽然不需要住院治疗,但亦可接受私家医生或超时服务的治疗。这项研究建议引入自我管理哮喘方案,为患有哮喘的儿童提供快速追踪系统,以便在他们需要帮助时可以立即帮到他们。

270

为读者写作

在撰写研究报告时,你应该清楚你的目标读者是谁。在这点上,你应该与商业研究的赞助商达成共识。你要确保你的目标读者能看懂你的语言,这一点很重要。如果你不了解你的目标读者,你的研究报告可能会过于复杂,或者出现最糟糕的状况——写出一份自以为是的报告。格林纳(Greener)讨论了语言,特别是专业术语的使用。他写道:

没有人喜欢专业术语。令人沮丧的是……根本不明白别人在谈论什么，因为他们似乎有意将含有模糊术语的句子和旨在令人模糊而不是令人理解的缩略词串在一起。（Greener，2011，p.1）

同样重要的是，你的术语必须保持一致。举两个简单的例子：术语"病人"和"青少年"。一些学科乐于使用"病人"这一术语，而另一些学科则乐于使用"服务用户"或"客户"；一些学科乐于使用"青少年"这一术语，而另一些学科则使用"年轻人"或者"少年"。在撰写研究报告之前，你要检查一下你使用的术语是否一致。

在简单的语言和专业术语之间取得平衡，通常是一个挑战。例如，对于专栏11-1这篇完整的研究总结报告，读者是全科医生或执业护士。因此，使用一些专业术语是可以接受的。在这种情况下，读者了解什么是雾化器和吸入器，无须进一步解释。但是再举另一个关于术语"通风"的例子。当一名教师正和学生讨论最近的流感疫情时，一名9岁的儿童反复说，他听他的护士母亲说过，有7人在需要通风的重症监护病房。当教师问学生是否理解这句话的意思时，一名男孩说，这句话的意思是要打开更多的窗户，这样人们才能呼吸新鲜空气！

271

标题

研究报告的标题应该反映研究报告的内容，尤其应该包含关键词。如果你想在万维网上发表和获取你的研究报告，这一点非常重要。当人们在网上通过关键词搜索研究报告时，搜索出来的是标题中含有关键词的研究报告（Ford，2011）。所以在撰写涉及儿童的研究报告时，标题中包含儿童、新生儿、学龄儿童、青少年等适当的关键词是有帮助的。在标题中指出民族志研究、随机对照试验、个案研究和系统综述等研究方法也是有帮助的。

在专栏11-1中，通过研究报告的标题，我们可以确定这是一项探索性研究，它还告诉我们涉及的儿童的年龄范围。此外，标题中还包含急诊室这个关键词。

目录

你应该在目录中向读者表明研究报告的主要部分和子部分。如果你的研究报告中有附录和表格,那么目录还应该包含附录列表和表格列表。在完成研究报告时,记得最后检查一遍,因为对文本的细微修改可能会改变页码。

摘要或概要

研究报告的摘要是对整份报告,包括背景、目的、样本、方法、结果、结论和建议的概括。它应该是短的(通常 250—300 字)、真实的和简洁的。一些期刊的摘要可免费获取,但获取全文需要付费。因此,摘要准确地反映报告这一点很重要。摘要是有效反映报告的"店面"或"窗口"。它应该激发读者阅读整篇报告的兴趣。

较长版本的摘要是执行概要,它同样应该包含背景、目的、样本、方法和结果等内容。撰写执行概要通常是为了将它作为主要报告的独立概要。

专栏 11-1 的研究概要为我们提供了一些关于研究内容和背景的信息。它阐述了研究的目的、样本、方法(即电话采访)、主要结果、结论和两条关键的建议。 272

引言

引言可能是研究报告中最重要的一个部分。在引言中,应明确说明研究的背景和有待研究的问题。此外,还应阐明研究的意义,包括关键的政策驱动因素,研究问题的重要性以及计划研究的内容。费特曼(Fetterman,2010)认为,研究问题既是研究的驱动力,也极大地限制了研究方法的选择。

在引言部分,你应该阐明你的研究和先前研究的关系。例如,你对某一主题采用了一种稍微不同的视角进行研究,这将扩充有关该研究主题的知识体系。

在引言部分，你还应明确指出研究的内容、对象和地点。

专栏 11‑1 的研究只提供了一段简短的引言，但确实涵盖了研究的关键内容，包括研究地点、问题的重要性和一些国家背景。

文献综述或理论基础

做研究是为了扩充知识体系，但在这一部分，你应该简明扼要地说明现有的知识体系是什么。通常，我们会先对一般的文献进行综述，然后转到与研究密切相关的特定的文献上。所有综述的文献都应该是相关的。对于你为什么引用某一篇特定的文献，读者不应该产生疑惑——它与其他文献之间的关系应该是明确的。如果有大量的文献，你可以考虑使用标题，然后在标题下整理各种文献。在对文献进行综述时，说明文献的性质对读者很有帮助。由此，读者就可以清楚知道这篇文献是一篇原创性的研究、一篇系统的综述、一篇评论的文章还是一篇政策或立法，等等。你还可以简单描述一下你的检索策略——你是如何检索到这些文献的。研究者应该准确引用所有文献，这样读者就可以访问相同的文献。在文献综述的最后，你可以总结一下你是如何利用这些文献来确定研究方法的。

索麦克和勒温（Somekh & Lewin，2011）在他们的书中专门用一节的篇幅详细介绍如何进行文献综述，而杰森等人（Jesson et al.，2011）的书通篇都是关于这个主题的——文献综述不是一项简单的活动，需要时间和努力才能完成！

值得注意的是，在扎根理论研究中，我们通常不会将文献综述放在报告的开头。科宾和施特劳斯（Corbin & Strauss，2008，p.35）是这一领域的开创性作者，他们写道："正如使用量化研究方法的研究者经常做的那样，没有必要事先对这一领域的所有文献进行综述。"这背后的原因是，虽然研究者需要熟悉某一领域的研究，但在进入调查的实地考察阶段时，他们不应该有先入为主的想法，而应该相信自己具有创造知识和发现知识的能力。（对扎根理论的全面介绍，见 Birks & Mills，2010）。

在专栏 11‑1 的摘要中，没有提供完整的文献综述。我们期望文献综述能详细阐述文献以涵盖如下内容。

- 国家政策驱动因素。
- 儿童去急诊室就诊情况的国家数据。
- 表明频繁接受急诊会影响心理发展的数据。
- 这一领域的研究和研究结果。

理论和概念框架

简单地说,要么通过归纳推理这一过程创造理论,要么通过演绎推理这一过程检验理论。费特曼(Fetterman,2010)指出,即使引进新的跨学科的研究方法,这两大传统的差异依然存在(例如,Repko et al.,2012)。费特曼(Fetterman,2010,p.4)认为,这两大传统的差异在于"对问题之间关系的表征、阐述、研究和撰写……"

学生经常会犯这样一个错误:根据这篇研究是使用质性方法还是量化方法来判断研究用的是归纳推理还是演绎推理(质性方法一般使用归纳推理,量化方法一般使用演绎推理)。然而并不是这么简单的。例如,在专栏 11-1 的摘要中,研究获得了一系列数值信息,包括儿童去急诊室的次数、时间以及其他可以计算出来的信息。但这项研究并没有使用量化方法——它没有检验理论。这项研究旨在探索儿童去急诊室就诊的原因,从而创造理论以供后人检验。

关于理论,我们要强调的最后一点是,理论不需要太过复杂、宏大或详尽。费特曼认为,理论,特别是使用纯归纳法研究的理论,可以是"关于世界或它的一小部分是如何运作的个人理论"(Fetterman,2010,p.7)。格林纳(Greener,2011)认为,理论的重要之处在于,它是合适的、易于使用的并具有解释力。换句话说,你应该选择一种有助于你理解研究问题的理论。

274

研究目的、目标和研究问题

在对文献进行综述之后,你应该明确阐述研究目的——而且它应该和你在引言中所陈述的研究目的保持一致。之所以在这个位置阐述研究目的、目标和研究问题,是因为按照逻辑,它应该来自文献综述。正如我们已说的,研究应该扩充知识体系,所以在阐述现有的知识体系是什么之后,你要具体说明你的研究目的以及它将如何扩充现有的知识体系。

根据你的研究方法,你的研究目的可以采取多种表述形式。你的研究可能有一系列的研究目的、目标和研究问题或研究假设。如果研究目的、目标和研究问题或研究假设不止一个,那么应该按逻辑顺序排列。你可以按照重要性或优先顺序排列,也可以按照研究问题的顺序排列。

专栏 11 - 1 的研究在摘要中说明了研究目的。在完整的研究中,你会看到一组详细的研究目的、目标和研究问题。在探索性研究中不适合陈述研究假设。

方法

方法一般包括三个部分: 样本、伦理考虑和收集数据的方式。下面我们将依次简要介绍这三个部分。

1. 在方法的第一部分,你应该概述研究的总体或使用的样本。你应该说明选择某个总体或样本的原因,以及任何纳入或排除的标准。对于纳入或排除的标准,你应该提供理论进行解释。在方法的第一部分,你需要概述样本的类型和取样方法,例如随机取样、方便取样或滚雪球取样。福勒(Fowler,2009)对取样作了非常明确的概述,对一个具有挑战性的议题——一个样本应包含多少参与者进行辩论。他还对时下非常流行的其他议题展开讨论,例如使用网络进行取样,以及在移动电话时代使用电话取样将面临的挑战。

275　　2. 在方法的第二部分,你应该明确研究过程以保证能保护样本。当你和儿童一起做研究时,这点尤其重要(Hall & Coffey,2011;见第十章)。你应该阐明研究中主要的伦理问题,你如何获得伦理委员会等"看门人"的同意和许可以及其他相关信息。在保护样本这一部分,你要说清楚你是如何实现保密和匿名的。

3. 在方法的第三部分,你应该说明样本需要做什么来为你提供数据。你应该详细描述收集数据的工具和保证工具信度和效度的方法。你还应该详细描述对变量的控制(见第五章、第六章、第七章和八章)。如果可以的话,你应该复制你在文本或附录中使用的收集数据的工具。你可以使用许多翔实的好书来帮助你开发收集数据的工具和技术(Birks & MiIJs,2010;Fowler,2009;Creener,2011;Liamputtong,2011;Repko et al.,2012;Somekh et al.,2011)。

专栏 11-1 的研究说明了纳入儿童的标准和排除儿童的标准(即全科医生要求不要联系的家庭)。为什么以这种方式选择样本,你可以阅读完整的研究报告以获取更多的信息。该研究提到,它获得了英国国家医疗服务体系伦理委员会的批准和父母的知情同意。该研究在方法部分只提到电话访谈,但完整的研究报告能为我们提供更多的信息,包括问了哪些问题,为什么要问这些问题,如何记录信息,谁来进行访谈以及访谈者接受过哪些培训。

结果

量化研究通常会在讨论之前专门用一节来报告研究结果。而质性研究通常会将研究结果和讨论这两个部分结合。如果单独报告研究结果,你应该以价值中立的方式如实报告。换句话说,你要做的是报告研究结果,而不是讨论研究结果的意义。如果使用了统计检验,你应该解释检验应用于哪些数据,以及观测值和概率水平(见第六章)。对于获得的统计显著性水平,你应该指出,它们是否足以拒绝任何零假设(Argyrous,2011;Vogt,2011)。

如果你用图表来呈现研究结果,那么你应该明确解释支持性文本中的图表。换句话说,先介绍图表,然而再将它插入文本。格里斯利(Greasley,2011)在他书中专门用一节阐述怎样不使用图表,这非常值得一读。

在质性研究中,你可以使用直接引语或其他信息,也可以使用访谈或谈话中的原话来使你的结果生动。费特曼(Fetterman,2011)指出,逐字引用有助于提高研究报告的可信度,还有助于使一种情况或事件具有生动的特征。同样,这里也应该有支持性文本,由此我们就可以将引语插入上下文了。

专栏 11-1 的研究呈现了一些研究结果。很明显,完整的研究报告将呈现更多的细节,包括对数据的分类、编码和分析等。例如,用表格来呈现儿童去急诊室就诊的次数,用一些逐字引用来说明父母不知道超时服务的情况。

讨论

在讨论这一部分,你要将研究结果和研究目的、目标和研究问题或研究假设结合起来解释数据。在这一部分,你还应该比较你的研究结果和先前的研究结果,发现它们的相似性和差异,讨论可能的原因,从而解释你的研究结果如何扩充现有的知识体系。在这一部分,你还应该提及研究的局限性,例如取样方式的不足或者无法控制某些变量。

讨论部分极为重要,因为阅读讨论部分,可以让人真正理解研究已取得的成果。在专栏 11-1 的研究中,研究结果与国家数据大致一致。而完整的研究报告将把该研究的研究结果和其他文献相关联。专栏 11-1 的研究只提到从 7 家全科诊所取样的局限性。

建议

大多数研究都有研究结果和影响,即使研究结果是未得出研究结果,建议开展进一步研究。与回答的问题相比,研究提出的问题通常更多,但这是对现有知识体系的补充。即使得出的研究结果非常少或是负面的,但通过交流,你至少可以帮助另一名计划从事相似研究的研究者,这样他们就不用浪费时间走你走过的路。如果你要提出建议,那么应该按照优先顺序或者研究顺序列出这些建议。

专栏 11-1 列出了两条主要的建议。在完整的研究报告中可能还会列出一些不太重要的建议,包括追踪儿童群体未来的就诊情况,为去急诊室就诊的家庭提供其他可行的方式以及为全科诊所管理其他儿童(除了患哮喘病的儿童)提供信息。

结论

在结论部分,你应该对研究要点进行汇总,使用研究中常用的术语进行总结。在这一部分,你要重述研究目的并说明这些研究目的是否实现。如果没有实现,重申没有实现的原因也是有帮助的。

与研究对象交流研究报告

在本章的这一部分,我们将探讨与研究对象交流研究报告的重要性。我们已经在第九章讨论过与儿童协商和让儿童参与研究的重要性。作为一名负责任的研究者,你应该将信息反馈给研究对象。无论是整份研究报告还是部分研究报告,我们都应该与研究对象交流,将信息反馈给研究对象。例如,你可能想要通过成员检查的过程来验证你是否准确捕获和解释了信息,这个过程正如字面意思所说的——你和样本中的成员一起检查研究发现的过程。

当你与参与研究的儿童交流研究报告时,必须确保使用的语言和媒介是合适的,能让儿童理解。范·布莱克和安塞尔(Van Blerk & Ansell,2007)对此进行了一场有趣的辩论,并使用海报、视频和戏剧系统来进行交流,传播他们的发现。他们讨论道:当收集数据和完成报告之间有一段时间时,找到儿童并与他们交流研究报告存在一定挑战。如果参与者是年龄较大的儿童,可以考虑使用通讯媒介,例如短信、电子邮件。你甚至可以和参与者建立一个社交网站,这样你就可以进行电子交流了。

英国国家医疗服务体系证据网还提供了一套非常明确的指南,以此来说明如何为存在学习障碍的人编写易于阅读的文件。同时该指南还提供其他一些有用的信息,包括如何使用图片、符号、视频和音频技术提供信息,以及如何排版和使用恰当的语言(NHS Evidence,2008)。

278 　　如果你正在与儿童交流你的研究报告，那么我们为你提供了一些有用的建议。

- 确定你的读者类型。
- 确定交流的形式以适应整体理解水平。
- 确定将成果转变成一种适当格式的方式。
- 确定一种格式是否足够，或者你是否应该有一种以上的格式。
- 确定你是否需要帮助——你可以寻求商业网站的帮助，也可以寻求读者中重要成员的帮助。
- 一旦换了新的格式，就和几个读者一起看看吧。

通过会议和研讨会交流

　　在这一部分，我们简要概述一些在会议和研讨会上交流研究的原则。这是另一种与广大读者分享研究的方式。这一部分不是为经验丰富的会议演讲者写的——一些演讲者似乎能在没有笔记和准备不充分的情况下登台演讲并吸引观众，在观看了他们的这一技能后，我们十分敬畏。但是实际上，大多数演讲者在演讲之前都会花费数小时去完善他们的演讲，所以不要被表面现象欺骗！

　　如果你要对一大群或一小群观众演讲，你应该熟悉你的目标观众、演讲地点、视听设备和其他技术的可用性、摘要或概要的要求和呈现形式，以及会议组织者通过信息或设备提供的任何其他东西。

　　现在，演讲者通常会展示一组幻灯片，这组幻灯片可以帮你完成一场相当流畅的报告。经验丰富的演讲者甚至会使用背景中的漫画或图片作为提示，并顺势制造一些幽默。如果你是一位演讲新手，那么你最好在演示文稿中准备一组内容丰富的可供大家讨论的幻灯片，这种做法更安全。当你是一位经验丰富的演讲者时，尝试那些聪明的东西吧！

下文我们用如下四个标题为演讲提供分步指导。

- 规划时间
- 准备演示文稿
- 准备好回答问题
- 常见的陷阱

规划时间

当演讲人演讲超时时，大部分人会继续坐着听完整个演讲。尽管演讲可能很有趣，但超时会让观众，包括有固定休息时间（例如用食休息时间等）的会议组织者，以及演讲时间紧张和需要按时开始演讲的其他演讲者感到不舒服。在大型活动中，同时进行许多会议十分常见，而一位演讲者演讲超时可能会导致混乱。

因此，如果你要演讲，那么你要仔细规划你的时间。你要为前面的介绍以及后面的提问留出时间——你要考虑到这些活动的时间。

如果你要使用幻灯片，那么每分钟播放的幻灯片尽量不超过一张（减去提问的时间）。这只是一个大致的标准，如果你的幻灯片特别复杂，那么播放的时间也可以更长。

做一个内容大纲对你的演讲很有帮助，你可以将它当成你的第一张幻灯片——只需要简单的标题。例如，你的内容大纲只需要像下面这样呈现。

演示文稿大纲

- 研究简介
- 方法
- 讨论
- 建议

- 研究目的和研究问题
- 结果
- 结论
- 问题？

准备演示文稿

在准备演示文稿时，你应该思考：在被分配的时间里安排哪些内容是合理的——不要塞太多的东西。如果你介绍的是你的博士论文，那么你不可能介绍研究的每个部分（博士论文可能有 10 多万字）。尽量简单，最重要的是有趣。用一些来自实践的实例让你的研究生动起来，这是一条非常好的建议。

为每张幻灯片确定一个标题。除了介绍研究结果，还要用几个要点来简单介绍你的目标和方法（包括样本、伦理和收集数据）。有的内容只需要简单提一下，例如收集数据的工具的验证。有的内容即使你花了很长的时间和很多的努力来准备，人们也不会特别感兴趣，例如文献综述。

一条经验是，在准备幻灯片时，你也可以为自己准备一套笔记，这样你就能详细阐述要点了。在大多数软件中，你可以给幻灯片添加笔记，将有笔记的幻灯片副本打印出来。但是不要照着幻灯片读，也不要把太多的信息放在幻灯片上——将主要议题按要点排列，然后逐个讨论。另一条经验是，在准备幻灯片时，每张幻灯片上的要点不超过 8 个。

观众真正感兴趣的是你的研究结果，所以你要在演讲中留出时间让人们了解你的研究结果。如果你要用表和图，那么就要保证人们能够读懂。我们参加过许多会议，有的演讲者会放出一张做得很棒的表格，然后说："虽然你看不懂这个，但是……"如果人们看不懂幻灯片，那么它就没有意义了。如果某张表格非常重要，但你无法将它投影出来给观众看，那么你可以请组织者将这张表格放在会议资料包中，这样观众就可以看到你想让他们看到的表格了。字体的大小和类型也是你在准备幻灯片时需要考虑的重要问题。对于前者，理想情况下，字体应不小于 30 号；对于后者，无衬线字体效果最好（尽管避免了无处不在的赫维提卡体）。因为大多数数据投影仪的分辨率相对较低，所以衬线字体往往会在屏幕上消失。在演示文稿中，所有幻灯片的字体尽量保持一致，并且使用的互补字体最好不超过两种（例如等线体和等线粗体）。

在实际演讲时，有一个很好的技巧，即站在过道的正中间，对着某位观众演讲,但偶尔也要向左边、右边和后面看看,这样就会让人感觉你顾及到了所有观众。演讲者通常会让一位同事坐在礼堂中央比较中间的位置,然后对着这张友好的面孔进行演讲。记住要在适当的时候微笑并改变你的声调。说话要慢且清晰。如果在演讲过程中出现了思维短路,请深呼吸并整理一下思路,然后继续。

最后一点是练习。每个优秀的演员都是"台上一分钟,台下十年功",你也不例外。练习你要演讲的内容,加入停顿,控制好时间,在朋友面前或至少在镜子前进行排练。

准备好回答问题

如果你留出了提问的时间,那么你应该为这些问题做好准备。你会发现,当优秀的政治家被提问时,他们会重复这个问题,为自己争取一些思考的时间。你也可以照着练习。如果某个问题太难回答或太有争议,你可以和这个提问人进行协商,告诉他你愿意和他私下讨论这个问题。

你会发现,有些观众会利用提问时间来发表个人观点或声明。尽量避开这些问题,同时保持冷静和礼貌。例如,你可以这样说:"谢谢你。这是一个非常有趣的观点,但我恐怕没时间考虑。"千万不要在公众场合与观众争论。

观众有时会问非常长的问题,或者问两个、三个或更多的问题。如果可以的话(尤其是你在讲台后面或坐在舞台的桌子旁),用笔把后几个问题记下来是很有帮助的。重复这些问题并逐个回答——不一定按照提问的顺序来回答。

常见的陷阱

这一部分为避免常见的陷阱提供一些指导。陷阱的种类实在太多,以至于我们在此无法涵盖每一种可能的情况,但我们列举了如下几种。

- 只有当你确信你能做到的时候,才使用幽默。

- 只有当你认为你能做到的时候，才表现出创造力。
- 避免因为争议、性别歧视等激怒观众。
- 让观众轻松度过你的演讲——不要失去他们。
- 时不时看看观众，试着将他们带入你的语境。
- 不要让观众睡着——改变你的声音并保持活泼。

为发表而写作

这一部分讨论为发表而写作，特别是为期刊发表而写作。作为一名负责任的研究者，广泛分享研究成果是你研究工作中非常重要的一部分。关于这一主题，有一些好书。特别推荐爱泼斯坦等人（Epstein et al.，2007）和西吉斯蒙德·赫夫（Sigismund Huff，2009）的书。同时，关于发表研究，我们还为读者提供下面这些顶级技巧。

- 选择期刊。你应该将研究发表在合适的期刊上，你应该查阅它最近几期发表的研究，以保证它是发表过相似研究的期刊。期刊是有优劣等级的。虽然大出版社的同行评审期刊通常是最难发表的，但一般也被认为是最好的。
- 如果你已经完成一项重要的研究，并且想要发表多篇论文，那么你应该从这项研究的不同方面撰写论文，并且发表在不同的期刊上。如果你开展的是多学科研究，那么和不同的读者分享研究成果是一件有用的事情。但是，你不能同时向多个期刊投递同一篇论文。
- 了解期刊的发表指南。这些指南将告诉你发表的要求，例如摘要的长度和结构、字数限制、引用格式等。大出版社会收到成千上万份手稿，所以那些不符合出版社要求的论文，它们通常不会考虑。
- 按照发表指南的格式撰写文章。查看期刊最近发表的几篇文章，检查你的文章格式是否和这些文章大致一致。例如，每一部分有多少字，是否使用了图或表等。你可能会发现,这对你是有帮助的。

- 让同事阅读你的文章,确保它是有意义的,并对任何错误或不一致的地方进行修改。

- 按照发表指南规定的格式投递文章。

- 做好等待的准备。你的文章可能需要几个星期才能通过审查。

- 做好被拒绝的准备——不要把它当回事。如果你收到了反馈,那就行动起来。如果反馈意见是让你重新修改这篇文章,那么你需要将修改后的文章投到同一个期刊。如果没有收到反馈,试试另一个期刊——反正有几百个期刊呢!

- 如果期刊接受了你的文章,但需要你修改(这并不少见),请尽快修改并重新提交。

- 一旦期刊接受了你的文章,它们会发送校样给你,让你检查。这时一定要完成得彻底且迅速。

- 没有什么比在期刊上看到自己成果的感觉更好了,所以坚持下去吧!

专栏 11-2

研究在实践中的应用:发表

此实践的目的是为你发表成果提供帮助。

1. 选择一项你以学生或专业人员身份完成的成果。它可以是一篇论文、一项研究、一份审计或者任何你为之骄傲的东西。

2. 花一个小时左右的时间在图书馆里翻阅期刊,看看能否找到一本发表过相似主题的期刊。

3. 在万维网上搜索期刊的发表指南。

4. 试着按照期刊发表指南中规定的格式大纲修改你的成果。

5. 投递成果。

参 考 文 献

Argyrous, G. (2011). *Statistical for research* (3rd ed.). London: Sage Publications.

Birks, M., & Mills, J. (2010). *Grounded theory: A practical guide*. London: Sage Publications.

Corbin, J. M., & Strauss, A. L. (2008). *Basics of qualitative research: Techniques and procedures for developing grounded theory* (3rd ed.). Los Angeles, CA: Sage Publications.

283　Epstein, D., Kenway, J., & Boden, R. (2007). *Writing for publication*. London: Sage Publications.

Fetterman, D. M. (2010). *Ethnography: Step-by-step*. Los Angeles, CA: Sage Publications.

Ford, N. (2011). *The essential student's guide to using the web for research*. London: Sage Publications.

Greasley, P. (2011). *Doing essays and assignments: Essential tips for students*. London: Sage Publications.

Greener, I. (2011). *Designing social research: A guide for the bewildered*. London: Sage Publications.

Hall, T., & Coffey, A. (Eds.). (2011). *Researching young people*. London: Sage Publications.

Jesson, J., Matheson, L., & Lacey, F. M. (2011). *Doing your literature review: Traditional and systematic techniques*. London: Sage Publications.

Liamputtong, P. (2011). *Focus group methodology: Principle and practice*. London: Sage Publications.

NHS Evidence. (n.d.). How to make information accessible: A guide to writing easy read documents. Retrieved May 14, 2012, from the World Wide Web: http://www.changepeople.co.uk.

Repko, A. F., Newell, W. H., & Szostak, R. (2012). *Case studies in interdisciplinary research*. Los Angeles: Sage Publications.

Somekh, B., & Lewin, C. (Eds.). (2011). *Theory and methods in social research* (2nd ed.). London: Sage Publications.

Sigismund Huff. A. (2009). *Designing research for publication*. California: Sage Publications.

Van Blerk, L., & Ansell, N. (2007). Participatory feedback and dissemination with and for children: Reflections from research with young migrants in southern Africa. *Children's Geographies*, 5(3), 313-324.

Vogt, W. P. (Ed.). (2011). *Quantitative research methods for professionals in education and other fields*. Boston, MA: Pearson/Allyn and Bacon.

推 荐 阅 读

Epstein，D.，Kenway，J.，& Boden，R.（2007）. *Writing for publication*. London：Sage
　　Publications.

Thomas，D.，& Hodge，I. D.（2010）. *Designing and managing your research project: Core
　　skills for social and health research*. London：Sage Publications.

Welch‐Ross，M. K.，& Fasig，L. G.（2007）. *Handbook on communicating and
　　disseminating behavioral science*. Los Angeles：Sage Publications.

第十二章
主题与观点

> **本章目标：**
> - 汇总和考察儿童研究中主要的主题与观点。

本书汇总研究知识有两大用意：一是使从事儿童研究工作的专业人员能灵活地开展研究；二是帮助那些关注儿童特殊性和儿童研究的准研究者做好准备。基于我们对即将从事儿童研究工作的学生的观察和自己做研究的经历，我们觉得，本书有必要读一读。一般的研究书籍很少注意到儿童研究和成人研究的区别，它们也许会用几行话或一段话来讨论儿童的特殊性，但通常情况下，几乎没有或根本没有注意到儿童的特殊性。写本书的想法由此诞生。令我们高兴的是，在编写第三版时，我们能够参考其他专门为儿童编写的研究书籍，这是我们在编写第一版时非常关注的一件事情。与此同时，我们很高兴自己成为一股真正的力量，确保儿童研究被视为一门独立的学科。

我们试图在书中描绘儿童研究的特殊方面，例如特殊技术、参与式方法和伦理问题。为了让读者理解所有的研究都必须是情境化的，我们在其他章节阐述了儿童研究的一般方面及其在儿童环境中的应用。我们将在下文详细考虑这个方面的问题。

　在本书中，显而易见的是，每一章都有许多值得我们关注的共同主题与观点，因而我们对其进行汇总，希望读者能由此发现，这是一本令人兴奋且有意义的书。

儿童是特殊的

在本书的开头，我们讨论了儿童在社会中的特殊地位。他们不是小大人，而是正在发展和成长的独特的生命体。在针对儿童开展的专业项目中，越来越多的项目强调，从事儿童工作需要一套特殊的技能。儿童研究亦是如此。儿童研究在收集数据的技术（见第七章和第八章）、研究伦理（见第十章）和研究与实践的理论（见第二章）方面与成人研究不同。儿童以一种不同于成人的方式看待和理解世界。显然，成人研究者无法从儿童的视角看世界，但是他们承认儿童世界不同于成人世界，这是一个良好的开端。

同样重要的是，要认识到儿童不是一个同质的群体。在儿童期这个发展的首要阶段，儿童之间存在大量差异。这些差异可能是由年龄、性别、种族和文化、教育、社会阶层、教养等造成的。造成差异的因素确实无穷无尽。在读完本书后，我们希望，你能理解儿童和成人之间，以及儿童和儿童之间存在差异的重要性，以及造成这些差异的一些因素。

知识是成功的关键

首先，成功的儿童研究者不仅要认识到儿童是特殊的，还要对儿童的各个方面有基本的了解。这包括情感与认知、学习与人格、身体生长与发展以及儿童关系方面的理论知识——我们已在第二章详细讨论过这些理论。除了这些基本的理论，准研究者还要发展与特定研究问题相关，并且能以适当方式解决研究问题的特殊技能（见第五章）。这些特殊技能可以通过广泛阅读和批判分析特定领域先前的研究来获得。如果研究者想要制定一份严谨和适宜的研究协议，上述技能很重要。学习理论是研究的基础，在加强研究的基础上花费时间是值得的。

我们可以通过各种活动学习知识，特别是日常实践和对更有经验的人的观察。传统上，大部分专业部分依赖于学徒制，即让专业学生和更有经验的人一起工作。每个人掌握的知识数量以及知识对每个人的意义存在个体差异。我们当然不是海绵——在特定的环境中纯粹地吸收知识——这是不幸的。当我们得不到满意的答案时，我们必须观察周围的环境，提出问题并从文献中寻求答案。我们必须学会成为反思性的实践者，思考每一次新的经历，并将它与过去的经历进行比较，以获得理解。

特 殊 技 术

一名研究者进入一家医院的新生儿病房，试图采访新生儿（见图 12-1），只要想象一下，你就会发现，这个做法很荒谬。我们在前面已经讨论了儿童是特殊的，研究者应该建立一个知识库以更好地理解差异。

图 12-1　采访新生儿……

在掌握知识的同时,我们还需要掌握一套能够捕捉儿童世界的研究技能。采访新生儿是一个反映研究者完全没有能力的极端案例,但在完全没有能力和完全有能力之间,有许多灰色地带。在本书的第二部分,我们已经重点阐述了儿童研究的特殊技能和技术。在第六章、第七章和第八章,我们已经介绍过量化方法和质性方法,并列举了一些比较实用的研究技术,这些技术与所有的研究技术一样,需要实践和仔细思考。我们希望本书能让你在设计研究时变得有识别力和鉴别力。仅仅使用为成人被试设计的工具是不够的。正如儿童研究需要特殊技能一样,儿童研究也需要特殊工具。我们绝不会假装自己知道所有答案,但在这里要强调的一点是,你应该使用你的儿童发展知识和儿童研究经历来帮助你 287
做出选择。在绝大多数情况下,学生会对知识进行僵化地划分,导致无法整合知识。而在研究中,你应该使用自己所有的技能了解儿童,这样会直接或间接地运用到许多理论(见第二章)。

从不同的视角探讨研究

从不同的视角探讨研究与儿童研究中使用特殊技术的需要密切相关。这也是对量化方法和质性方法在儿童研究中所处地位的思考。正如我们在第三章讨论过的,这两种方法有各自的适用范围。研究者需要根据先前该领域的工作和 288
待解决的研究问题来确定最适合的方法。

在本书中,我们反复提到这两种研究方法,并强调每一种研究方法适用的情境。正如我们在第七章和第八章讨论的,这两种研究方法各自有一套独立的技能、方法和技术。但是现在存在这样一种危险,即研究者可能会调整研究方法来匹配自己的专业,而不是采用最适合研究问题的方法。按照逻辑,我们的决定应该基于研究问题,而不是研究者的研究偏好。值得肯定的是,大多数涉及儿童的专业学科目前都承认,无论是质性方法还是量化方法,在帮助我们创造和建构儿童知识方面都占有一席之地。

培　　训

我们意识到,研究者在收集数据时,我们很难直接观察他们,因为直接观察有时会干扰研究者和参与者之间的关系。但我们还有其他的研究方式,例如模仿、角色扮演、在实验室进行研究,等等。在学习研究技能时,对专家进行观察也是一种有用的学习方式,学校通常将其作为研究生学术课程的一部分。我们相信,在你有了资历后,也会有人在你做研究时观察你。你的观察者很可能是你的同事或同行,而不是拥有大量研究经验的人。这样做的好处在于,它能为你的研究带来一种新的、更客观的视角。无论如何,两个脑袋总比一个好。

当你进行研究时,还有其他非正式的培训方法。经验告诉我们,即使最杰出的研究者,通常也愿意与新手和学生深入讨论研究。我们有几个学生参与了长期的国际电子邮件交流活动,通过交流,他们能够深入了解研究者做出某个特定决定的原因或他们不使用某种特定调查方法的原因。我们还发现,总的来说,研究者愿意与你分享他们的观点,甚至他们收集数据的工具,只要他们能够获得你的结果。虽然你不能进行大规模的研究,但是如果有一位经验丰富的研究者对你的研究主题感兴趣,那么他也很可能对你的研究内容和研究原因感兴趣。

跨机构合作

我们在第五章对每一门学术性学科如何以自己偏好的方式提出研究问题进行了探讨。但是,专业人员很少单独工作,从事儿童工作的专业人员多数情况下会组成多学科小组,与来自不同机构的专业人员合作。在研究中,这是一个重要的问题。儿童综合服务正在成为规范,研究必须承认并考虑到这一点。具体而言,需要考虑以下两点:第一,在做提供服务的研究时,研究者需要考虑不同专业人员对特定照顾方式的看法;第二,研究者在撰写研究报告时必须考虑到,能获得这项研究的人不只是这个专业小组的人(见第十一章)。其他专业人员(实际上也包括父母和儿童自己)也能访问专业期刊,研究者在写作时应牢记这一点。相比于以前,现在大多数专业期刊更愿意发表各种类型的研究,而不是局限于特定研究类型的研究。

儿童的声音

特别的一点是,在本书中出现了许多关于儿童实际参与研究的观点和想法。正如我们在书中提到过的,人们普遍认为,儿童必须有发言权并能参与研究,争议在于这种发言和参与应在多大程度上发生。第九章我们讨论了与儿童协商和让儿童参与研究的问题,提供了许多儿童参与研究的例子。从某种象征性地参与到儿童担任研究者的角色,我们已经提出各种模型帮助研究者做出参与的决定。当研究涉及儿童时,研究者需要确保自己考虑到以下这一系列因素:对研究领域进行风险评估,考虑伦理问题以及赋予儿童就切身问题协商的权利。

我们之所以无法解决这一争议,部分原因可能是我们具有不同的学术背景,有源自自身专业的相关观点。我们注意到,所有领域都在发展,只不过一些领域的发展比其他领域更慢。然而,我们并不是唯一经历争议的人,因为我们已在书中提到各种不同的专业观点。在实践中,我们或许应该接受这些差异而不是忽视它们,因为它们能让我们质疑同行观点的来源。当然,在这个跨专业研究和教育的时代,我们欢迎不同的观点带来的挑战。我们的学习势必会更加丰富,因为这些差异使我们对自己和他人的观点进行反思。重要的是,我们不应该让这些差异阻碍研究发展。合作、尊重和信任的精神将促成健康的合作,同时作为最低标准,我们必须确保自己能够维护儿童就涉及自身利益的法律问题协商的权利(见第九章和第十章)。

290

情　境　化

无论是儿童直接参与研究,还是间接参与研究,儿童研究都必须被置于一个情境中,情境化的主题被反复强调。本书的三位作者都有管理研究、做研究和阅读研究的经验,基于这些经验,我们对什么是好研究和什么不是好研究,形成了一种近乎直观的理解。我们相信答案是情境化。也就是说,研究者要能真正证明研究问题、取样、工具选择、伦理和研究过程中的所有其他方面都是有意义的,而不是停滞不前的。我们在前文已经提到,儿童的生活是复杂的,需要了解发展中的儿童。在第二章中,我们不仅讨论了承认儿童是社会系统一部分的新兴理论,还探讨了儿童外部社会世界与内部心理世界的联系。研究者要特别了解情境中的儿童社会生态模型,这至关重要。儿童不仅是环境的接受者,还能影响他们世界中发生的事情,积极地使环境变成现在的样子。因此,作为一名研究者,无论你的专业背景和研究传统是什么,采用整体法研究儿童非常重要。只有这样,你才能了解儿童;只有这样,你才能通过研究这一神秘的过程来了解儿童的世界。

人名索引*

---

　　* 本索引中，人名之后的数字为英文版页码，现为中文版的页边码，提示可在本页边码中检索到该人名。——译者注

主题索引[*]

---

[*] 本索引中，索引主题之后的数字为英文版页码，现为中文版的页边码，提示可在本页边码中检索相关内容。——译者注